DATA LAKE 플랫폼 아키텍처

빅데이터 서비스 플랫폼의 설계

DATA LAKE
플랫폼 아키텍처

ⓒ 윤선웅, 2021

초판 1쇄 발행 2021년 7월 16일

지은이   윤선웅
펴낸이   이기봉
편집   좋은땅 편집팀
펴낸곳   도서출판 좋은땅
주소   서울 마포구 성지길 25 보광빌딩 2층
전화   02)374-8616~7
팩스   02)374-8614
이메일   gworldbook@naver.com
홈페이지   www.g-world.co.kr

ISBN   979-11-388-0028-0 (03000)

빅데이터 서비스 플랫폼의 설계

DATA LAKE
플랫폼 아키텍처

윤선웅 지음

좋은땅

머리말

　이 책은 Data Lake 시리즈의 세번 째 책으로, Data Lake 플랫폼의 청사진(Blueprint)을 설계하기 위한 실무자들을 위한 책입니다. 첫 번째 책인 《차세대 빅데이터 플랫폼 Data Lake》는 Data Lake 플랫폼의 전반적인 개요를 다루었고, Data Lake가 무엇이고, 무엇을 목적으로 하는지를 알리고자 하였습니다. 이 책은 Data Lake를 구축하고자 준비 중인 기획자와 CEO(Chief Executive Officer), CIO(Chief Information Officer), CDO(Chief Data Officer), COO(Chief Operation Officer) 등의 경영진을 주된 타깃으로 하였습니다.

　두 번째 책인 《Data Catalog 만들기》는 Data Lake 플랫폼의 핵심 서비스라고 할 수 있는 Data Catalog 서비스를 소개하고, 이를 어떻게 설계하고 구축해야 하는지에 대한 방법론과 예시를 중심으로 기술하였습니다. 이 책은 Data Lake의 구현을 책임지는 담당자와 설계자, 개발자, 관련 솔루션 벤더를 타깃으로 하였습니다.

　세 번째, 《Data Lake 플랫폼 아키텍처》는 Data Lake의 전체 플랫폼을 어떻게 설계할지에 대한 내용입니다. Data Catalog는 '사용자 Self-Service Layer'의 하나의 구성요소에 불과하지만, Data Lake 플랫폼은 많은 구성요소와 기술요소를 포함하고 있는 복잡한 시스템입니다. Data Lake 아키텍트는 이러한 많은 구성요소를 정의하고 기술을 검토하고 아키텍처를 설계해야 합니다. 이들 아키텍트가 참고할 수 있는 자료는 사실상 해

외 자료 몇 권과 이를 번역한 자료 정도이며, 이 자료들은 '람다 아키텍처'를 기반으로 한 아주 대략적인 구현 모습만을 제공하고 있습니다. 이렇게 Data Lake 설계를 위한 참고 자료가 부족한 상황에서, 저의 지난 3년간의 Data Lake 프로젝트 수행과 리서치 경험을 바탕으로 좀 더 종합적인 관점에서 설계를 위한 기초 자료를 제공하고자 하였습니다.

최근에 쏟아지고 있는 각종 빅데이터와 관련된 신기술을 모두 검토하는 것은 사실상 불가능하고, 저의 능력에도 한계가 있기에, 그간의 경험상 동료 혹은 주변의 전문가들에 의해 주요 기술로 언급되는 것 위주로 예시적으로 아키텍처를 구성하였습니다. 물론 저의 얕은 지식으로 인해 잘못 언급된 내용도 있을 것이며, 이를 저의 개인 메일(suyoon75@gmail.com)로 지적해 주시면, 검토하여 차기 버전에 반영하도록 하겠습니다.

이 책은 앞선 저의 책을 읽어 보지 못한 분들을 위해 우선 Data Lake의 간략한 개요에 대해 설명할 것입니다. Data Lake가 등장한 배경과 왜 차세대 빅데이터 플랫폼으로 언급되고 있는지 그 중요성에 대해 설명하겠습니다. 그리고 Data Lake를 어떻게 정의해야 하는지, 또한 어떤 구성요소들로 이루어져 있는지 살펴보겠습니다.

다음으로 Data Lake 플랫폼 설계 시에 참조할 수 있는 아키텍처를 검토해 보겠습니다. 빅데이터 플랫폼 구성 시에 항상 언급되는 '람다 아키텍처'와 '카파 아키텍처'를 각각 살펴본 후, 이들 간의 비교 검토를 통해 장/단점을 분석해 보도록 하겠습니다. 또한 빅데이터 솔루션 벤더가 제공하는 아키텍처와 기술요소를 검토해 보도록 하겠습니다. 이들 벤더들은 On-Premise 버전, Private Cloud 버전, Public Cloud 버전 등 다양한 종류의 솔루션을 제공하며, 업계에서 가장 대표적으로 언급되는 솔루션만 선정하여 비교 검토해 보도록 하겠습니다.

다음으로 본격적으로 Data Lake 플랫폼의 아키텍처 설계를 시작하기 위해, 먼저 아키텍처 설계 시의 기본 원칙을 어떻게 수립해야 하는지와 수립 예시를 살펴보도록 하겠습니다. 그리고 '개념 아키텍처'를 수립하는 방법과 단기와 장기 아키텍처의 수립 예시를 살펴보고, 아키텍처 전체에 영향을 미치는 주요한 의사결정 사항들은 어떤 것들이 있고, 어떻게 의사결정해야 하는지에 대해 검토해 보겠습니다.

그 이후에는 Data Lake 플랫폼의 영역(Layer)별로 구성요소를 정의하고, 구성요소별로 아키텍처(논리)를 설계하는 작업을 진행합니다. 화면(UI) 계층, 애플리케이션 계층, 데이터 계층으로 나누어, 각 계층(Tier)별로 어떤 처리를 해야 하고, 어떤 흐름으로 연결되어야 하는지를 예시적으로 보여 주려고 합니다. 그리고 처리 순서별로 대한 어떤 처리를 해야 하고, 어떤 기술요소를 사용하는지에 대해 설명하고자 합니다. 각 구성요소별로 더 다양한 처리 방식이 있을 수 있고, 다른 기술요소를 사용할 수도 있으나, 이를 모두 나열하고 설명하는 것은 방대한 추가 분량을 필요로 하므로, 각 개별 요소별 상세 문헌을 참고할 것을 부탁드립니다. 예시 아키텍처는 제가 생각하는 가장 바람직한 구성 안이고, 이를 구현하기 위한 방안을 기술한 것임을 알려 드립니다.

Data Lake 플랫폼을 설명하기에 세 권의 책으로도 부족한 부분이 많이 있으나, 독자들은 전체적인 큰 그림을 이 책들을 통해 이해하시고, 세부적으로 궁금한 사항에 대한 답변은 추가 문헌 조사나 전문 벤더를 통해 획득해야 할 것입니다.

그리고 이 책을 쓰기까지 많은 도움을 주신 분들을 계십니다. 우선 Data

Lake 프로젝트 수행 시, To-Be 방향성에 대한 많은 고민을 함께 나누고, 여러 가지 아이디어를 주셨던 고객사분들에게 우선 감사의 말씀을 드립니다. 그리고 프로젝트 초기에 빅데이터 플랫폼에 대한 여러 가지 지식들을 공유해 주시고 함께 고생했던 수행사분들에게도 감사의 말씀드립니다. 그리고 컨설팅 동료로서 같이 프로젝트를 수행하면서 여러 가지 아이디어를 공유했던 분들에게도 감사의 말씀을 드립니다. 그리고 빅데이터 기술과 관련된 세부적인 사항을 공유해 주셨던 벤더사분들, 개발자분들에게 감사드립니다. 또한 개인적으로 저를 응원해 주시는 가족에게도 감사의 말씀드립니다.

목차

제3장
Data Lake 아키텍처 설계

그림 목차

제1장

Data Lake
개요

Data Lake에 대한 전반적인 내용은 저의 이전 책《차세대 빅데이터 플랫폼 Data Lake》에 이미 기술하였으나, 해당 책을 읽지 못한 독자들을 위해 다시 한번 간략하게 요약하겠습니다. 먼저 Data Lake라는 개념이 등장하게 된 배경에 대해서 설명하고, 기업이 왜 Data Lake를 활용해야 하는지 그 중요성에 대해서 논의하겠습니다. 그리고 Data Lake가 무엇인지 그 개념에 대해서 정의하고, 어떤 요소들로 구성되어 있는지에 대해서도 간략히 요약하겠습니다.

1. Data Lake의 등장 배경

Data Lake라는 개념은 Pentaho라는 BI(Business Intelligence) 소프트웨어 기업의 창업자이자 CTO인 James Dixon이 2010년에 처음 언급하면서 등장한 것으로 알려져 있습니다. 그는 데이터를 가공하고 필터링하여 적재하는 'Data Mart'와 상반되는 개념으로서, **Raw Data를 원천 데이터 포맷 그대로 적재하는 'Data Lake'**라는 개념이 필요함을 주장했습니다. 즉 지금까지는 데이터 분석을 위해서는 Raw Data를 미리 가공하여 'Data Mart'(혹은 '데이터 웨어하우스')에 적재한 후 분석해야 했으나, 이제는 **Raw Data를 Data Lake에 적재하여 사용자가 원하는 형태와 방식으로 자유롭고 유연하게 분석하는 방향**으로 변해야 한다는 것입니다.

이와 같은 주장이 설득력이 있기 위해서는 기존의 '데이터 웨어하우스'를 활용하는 방식이 어떤 문제가 있으며, 반대로 Data Lake를 활용하면 어떤 점이 개선되는지에 대해 설명할 수 있어야 합니다. 또한 Data Lake가 가능하게 된 기술적 배경에 대해서도 살펴보아야 필요가 있습니다.

기존의 '데이터 웨어하우스'의 문제점을 논의하기 전에 먼저 구조적 특성을 이해해야 합니다. '데이터 웨어하우스'는 **데이터 분석을 위해 사전에 데이터를 모델링하여 적재**해야 하는 **'Schema-on-Write'**라고 부르는 특성을 가지고 있습니다. 'Schema-on-Write'란 데이터를 쓰기(Write) 위해서는 스키마, 즉 데이터 구조가 정의되어 있어야 한다는 의미입니다. 데이터 구조는 'IT 담당자' 혹은 'DA(Data Architect) 담당자'가 설계해야 하며, DA 담당자가 데이터 구조를 설계하기 위해서는, 데이터를 활용할 사용자가 데이터 분석 요건을 정의하여 DA 담당자에게 전달해야 합니다. DA 담당자는 사용자가 제시한 분석 요건에 따라 데이터 구조를 설계한 후 '데이터 웨어하우스'에 모델링하여 반영해야 합니다. 모델링이 반영된 후에야 사용자는 '데이터 웨어하우스'에서 자신이 요청한 데이터 분석 요건에 따른 반영 내용을 확인하고 분석을 수행할 수 있습니다.

이러한 구조적 특성으로 인한 첫 번째 문제점은 **사용자가 실데이터를 분석하기도 전에 분석 요건을 정의하는 것이 쉽지 않다는 것입니다.** 또한 분석 요건을 정의한다고 하더라도 시간이 지남에 따라 비즈니스 환경이 변화하고 그에 따른 **분석 요건도 계속해서 변경**해야만 합니다. 사용자는 또다시 변경된 분석 요건을 DA 담당자에 전달하고, DA 담당자는 그에 따른 데이터 구조를 다시 설계해야 합니다. 이러한 데이터 분석을 위한 과정은 최근의 데이터 분석 트렌드와는 너무나도 동떨어진 방식이라고 할 수 있습니다. 사용자는 자신이 원하는 도구와 방식으로 즉시 분석을 진행하고, 분석 과정에서 시사점과 데이터의 '숨겨진 의미(Insight)'를 도출하고, 이를 또다시 분석 과정에 곧바로 반영하여 새로운 관점으로 분석을 진행합니다. 이러한 과정을 반복적으로 진행하면서 의미 있는 알고리즘을 빠르게 찾아 나가야 합니다. 즉 사용자는 데이터 분석을 진행하면서 계속 분석 요건을 바꾸고 업데이트하는 과정을 반복해야만 의미 있는 결과를 도출할 수 있는 것입니다.

두 번째 문제점은 **사용자가 요청한 데이터 분석 요건이 구현되기까지 기다려야 합니다.** DA 담당자는 사용자가 요청한 분석 요건을 검토하고, 데이터 모델링을 수행하고, 변경 처리 프로세스를 진행합니다. '데이터 웨어하우스'는 전사의 주요한 데이터가 모두 적재되는 곳으로 여러 업무의 데이터가 서로 밀접하게 연결되어 있는 경우가 많아, 기존 데이터 모델을

Data Lake 플랫폼 아키텍처

변경하기 매우 까다로우므로, '변경 영향도 검토[1]'에 상당한 시간이 소요됩니다. 통상 수개월이 소요되거나, 경우에 따라 신규 시스템으로 구현해야 하는 경우도 있어 그 이상이 소요되기도 합니다. 사용자는 요건이 구현되기를 기다리는 도중, 급격하게 변화하는 비즈니스 환경에 따라, 계속하여 기존 요건을 변경하거나 추가하기도 할 것입니다. 변경/추가 요건을 DA 담당자에 전달하고 다시 처음부터 변경 처리 프로세스를 진행해야 합니다. 이러한 '영원히 끝나지 않는(Never Ending)' 프로세스는 요즘과 같은 인스턴트 시대, 최첨단의 시대와는 너무나도 어울리지 않는 구습의 절차일 것입니다.

세 번째 문제점은 **'데이터 웨어하우스'의 성능과 데이터 정합성이 저하**됩니다. DA 담당자는 '데이터 웨어하우스'의 변경 요건 검토 시, 스파게티와 같이 얽혀 있는 데이터 구조를 모두 검토하기란 사실상 불가능합니다. 이를 모두 검토하지 않고 변경 시, 기존 업무에 어떤 영향이 있을지 예측하기 힘들고, 혹시라도 영향이 있을 경우에 그 책임은 DA 담당자에게 있을 것이기 때문에, DA 담당자는 당연하게도 변경에 있어 보수적인 입장을 취하게 됩니다. 따라서 기존 모델링을 수정하기보다는 이를 신규 요건으로 간주하여 '데이터 객체(데이터베이스, 테이블, 컬럼 등)'를 추가하게 됩니다. 이러한 과정이 누적되면, 데이터 용량은 지속적으로 증가하고, 이를 처리하기 위한 ETL(Extract, Transform, Load) 부하도 계속 증가하여 전체적인 성능이 저하됩니다. 중복 데이터는 증가하고, 그러한 중복 데이

---

1) '변경 영향도 검토'란 데이터 혹은 애플리케이션 변경 시, 이를 활용하고 있는 다른 데이터/애플리케이션이 없는지 검토하고, 이를 함께 변경하는데 소요되는 비용과 예상 리스크를 산정하는 과정을 의미함. 통상 '변경 관리' 프로세스의 가장 핵심적인 작업임.

터 간의 정합성을 맞추기 위해 계속적으로 노력함에도 불구하고, 배치 처리에 의한 시간 차에 의해 정확한 데이터 정합성을 유지하기 어렵습니다. 결과적으로 사용자는 성능도 느리고, 중복 데이터로 인해 정합성도 낮은 '데이터 웨어하우스'를 이용해야 합니다.

네 번째 문제점은 **사용자는 데이터 분석을 위해 반드시 DA 담당자를 통해야만 합니다.** 사용자는 데이터 분석 요건이 추가될 때마다 DA 담당자에게 해당 요건을 '데이터 웨어하우스'에 모델링하도록 요청해야 합니다. 즉 사용자는 데이터 분석 요건이 변경될 때마다 이를 직접 처리하는 것이 불가능하며, 반드시 제3자인 DA 담당자를 통해서만 처리가 가능합니다. 이는 사용자가 Self-Service로 직접 데이터를 분석할 수 있도록 다양한 도구와 지원이 이루어지는 최근의 트렌드와는 전혀 맞지 않는 구시대적인 방법이라고 할 수 있습니다.

Data Lake는 '데이터 웨어하우스'와는 달리 어떤 데이터 포맷이든 일단 (모델링 없이) 적재할 수 있고, 데이터를 읽을 때 자신이 필요한 형태로 활용할 수 있는 'Schema-on-Read'의 특성을 가지고 있습니다. 즉 데이터를 적재할 때 사전에 정의된 형태대로 모델링하여 적재할 필요가 없이 '쉬운 적재(Frictionless Ingestion)'가 가능하며, 데이터를 조회 시에는 분석가가 필요한 포맷에 맞춰 유연하게 활용할 수 있는 것입니다. Data Lake의 이러한 특성으로 인해 '데이터 웨어하우스'에서 지적한 문제점을 해소할 수 있으며 오히려 이를 장점으로 바꿀 수 있습니다.

첫 번째, **사용자는 데이터 적재 시 분석 요건을 정의할 필요가 없으며,** 데이터 활용 시 분석 요건이 변경되더라도 변경된 요건에 따라 유연하게 활용할 수 있습니다. 분석 요건을 모델링하여 데이터를 적재하는 것이 아닌, 원본 데이터를 그대로 적재하게 되므로, 원본 데이터를 사용자가 원하는 형태로 다양하게 가공할 수 있기 때문입니다. 즉 사용자는 고정된 요건에 따라 데이터를 분석하는 것이 아닌, 분석 요건을 추가하거나 변경하면서 다양한 관점으로 데이터를 분석할 수 있는 것입니다.

두 번째, **사용자는 DA 담당자를 거치지 않고 본인이 직접 Self-Service로 데이터를 분석**하므로, 분석 요건이 시스템에 구현될 때까지 기다릴 필요가 없습니다. 즉 DA 담당자가 분석 요건을 검토하고 시스템에 반영하는 절차가 없으므로, 사용자는 DA 담당자에 의존할 필요 없이 변화하는 비즈니스 환경에 따라 즉시 데이터 분석 요건을 변경하고 추가할 수 있습니다.

세 번째, **데이터 중복을 최소화하여 적재 공간을 효율적으로 관리**할 수 있습니다. Data Lake는 데이터를 모델링, 가공하여 적재하는 것이 아닌 원천 데이터를 원본 포맷 그대로 적재하므로, 동일한 데이터를 여러 벌 적재할 필요가 없습니다(원본 데이터는 한 벌이므로). 반면 '데이터 웨어하우스'는 '스타 스키마(Star Schema)' 형태로 가공 시, 동일 데이터가 여러 테이블에 적재되는 구조를 가질 수밖에 없습니다. 따라서 데이터 중복을 최소화하여 효율적인 적재 공간 관리가 가능합니다. 또한 데이터 중복을 최소화하므로 데이터 정합성에 대한 우려도 줄일 수 있습니다.

이렇게 편리한 데이터 서비스를 제공할 수 있는 **Data Lake를 구현할 수 있는 기술적 배경**에 대해서도 알아볼 필요가 있습니다. 먼저 Data Lake가 'Schema-on-Read'라는 특성을 가질 수 있게 된 것은 **'하둡(Hadoop)'이라고 불리는 빅데이터를 분산 처리/적재할 수 있는 시스템의 급속한 발전** 때문입니다. 이 하둡은 대용량(Volume), 빠른 속도(Velocity), 다양한 유형(Variety)의 빅데이터를 효율적으로 적재하고 처리할 수 있는 체계로써, 상용 솔루션이 아닌 '오픈 소스(Open-Source)'로 구현되어, 많은 기업들이 비교적 적은 비용[2]으로 적극적으로 도입하여 활용하고 있습니다. 이렇게 하둡의 활용이 확대됨에 따라, 지속적으로 새로운 버전(업그레이드)이 등장하고 있고, '하둡 에코시스템(Hadoop Ecosystem)'라고 불리는 각종 요소 기술도 계속적으로 새롭게 등장하고 있어, 다양한 비즈니스 환경에, 그리고 다양한 목적으로 활용할 수 있게 되었습니다. 앞으로도 이러한 추세는 더욱 가속화할 것으로 보입니다.

또 하나의 중요한 기술 트렌드로써, **BI(Business Intelligence)라고 불리는 데이터 분석 도구가 급속하게 발전**하고 있습니다. 이 'BI 도구'는 데이터를 가공하여 리포트(Report)를 작성하거나, 대시보드(Dashboard)[3] 형태로 가시화(Visualization)하여 보여 주는 도구들을 통칭하는 용어입니다. 이와 같은 'BI 도구'는 데이터를 다루는 사용자의 지식이나 스킬이 부족하더라도 쉽게 활용할 수 있도록 나날이 발전하고 있으며, 대표적으로 Tableau, QlikView, MicroStrategy 등이 있습니다. 사용자는 이를 활용하여 직접 Self-Service를 통해 데이터를 분석할 수 있는 환경이 조성된 것입니다. Data Lake의 창시자인 James Dixon도 이 BI 솔루션 업계의 전문가로써, 이러한 사용자의 Self-Service 분석 환경이 조성되었음을 강조하기 위해 Data Lake라는 개념을 도입하였습니다.

---

2) 과거 중앙 집중형의 메인프레임(Mainframe) 시스템에 비해 비교적 적은 비용이 소요된다는 의미임.
3) 대시보드는 데이터를 그래프 등을 통해 한눈에 파악할 수 있도록 시각화하여 구성한 현황판을 의미함.

그리고 최근에 대부분의 대형 기업에서는 자사의 빅데이터를 실제 업무에 활용하기 위해 **Data Science 조직**을 구성하고 있습니다. 이 조직은 데이터에 각종 통계 기법을 적용하여 알고리즘을 개발하는 업무와 관련된 전문가, 즉 Data Scientist가 중심이 되어 구성되었으며, **빅데이터를 비즈니스에 적용하기 위한 다양한 과제를 추진** 중에 있습니다. 이 Data Scientist는 빅데이터 과제 추진을 위해, 해당 과제와 관련된 데이터를 '하둡 저장소(HDFS)'에 수집하고, 이 데이터에 각종 통계 기법을 적용하여 알고리즘을 개발하고, 개발한 알고리즘을 별도의 '비즈니스 애플리케이션'으로 개발, 배포하여 실제 현업의 업무에 적용하는 작업을 시도하고 있습니다. 이때 별도로 구성한 '하둡 저장소'는 전사의 모든 데이터를 적재한 것이 아니라, **해당 분석 알고리즘이 필요로 하는 데이터만 수집**합니다. 또한 이 '하둡 저장소'에는 해당 업무를 담당하는 Data Scientist만 접근할 수 있으며, 일반 사용자가 접근할 수 없습니다. 즉 전사의 구성원이 활용할 수 있는 '데이터 자원'이 아닌, 또 하나의 '원천 시스템'이 됩니다. 이렇게 구성된 '로컬 하둡 저장소'를 **'데이터 웅덩이(Data Puddle)'**라고 부르며, 전사의 Raw Data를 적재하여 모든 구성원에게 공유하는 **전사 데이터 호수(Enterprise Data Lake)**'가 아닙니다. 이 '데이터 웅덩이'는 과제(프로젝트) 단위로 구성한 적재소를 의미하고, 부서 단위로 구성한 적재소를 **'데이터 연못(Data Pond)'**이라고 부르기도 합니다.

'**데이터 웅덩이**'와 '**데이터 연못**'은 그 명칭에서 알 수 있듯이 작은 단위의 '로컬 적재소'로써, 전사 단위로 구성하는 것이 아니며, **특정 목적을 가지고 특정 사용자들이 특정한 용도로 활용하는 적재소**를 의미하는 것입니다. 하지만 **Data Lake**는 **전사 단위로 구성하여 모든 사용자들이 활용할**

수 있도록 하는 플랫폼을 의미합니다. 즉 Data Scientist가 중심이 되어 빅데이터를 '데이터 웅덩이/연못'에 수집하였으나, 전사에 공유되지 못하고 로컬에 남아 있게 된 것도 Data Lake가 출현하게 된 중요한 배경입니다.

이 Data Lake 개념이 등장한 시점은 2010년으로 벌써 10년이 넘은 개념이지만, 아직까지 국내에서는 널리 알려져 있지는 못합니다. 과거에 대부분의 IT 신기술이 그랬듯이 국내는 항상 도입 시점이 수년 정도 늦는 경향이 있습니다. 사실 국내에서는 Data Lake와 관련된 자료를 찾는 것도 쉽지 않은 상황입니다. 하지만 해외에서는 상당 수의 글로벌 기업들이 어떤 형태로든 Data Lake를 구축하는 프로젝트를 시작하였고, 국내에서도 조만간 관련된 프로젝트의 추진을 시작할 것으로 예상합니다. 이 시점에서 Data Lake에 대한 정확한 개념과 목적을 이해하지 못하고 추진한다면 큰 리소스의 낭비와 함께, 빅데이터의 활용 경쟁에서도 계속해서 뒤처지게 될 것입니다.

2. Data Lake의 중요성

Data Lake가 기업에게 중요한 이유는 무엇일까요? 기업은 왜 Data Lake를 구축하여 활용해야 하는 것일까요? 기업은 Data Lake를 활용함으로써 어떤 문제를 개선할 수 있고, 어떤 이점이 있을까요?

첫 번째는 앞서 설명했듯이 **기존의 '데이터 웨어하우스'를 통한 데이터 활용 시 발생했던 문제점을 해결**할 수 있기 때문입니다. Data Lake를 통해 필요한 데이터를 활용한다면, 사용자가 데이터 분석 요건을 사전에 정의할 필요가 없으며, 데이터를 원하는 형태대로 유연하게 활용할 수 있습니다. 또한 데이터 분석을 위해 'DA 담당자'를 거쳐야 할 필요가 없고, 'DA 담당자'가 '데이터 웨어하우스'에 모델링을 반영하고 구현 완료하기까지 기다릴 필요가 없습니다. 그리고 데이터 중복을 최소화할 수 있고, 이로 인해 효율적으로 적재 공간을 관리할 수 있으며, 데이터 정합성을 더욱 효과적으로 관리할 수 있게 됩니다.

두 번째는 **전사 데이터의 단절(Silo) 현상을 타파**할 수 있기 때문입니다. 전사의 데이터는 많은 원천 시스템에 산재해 있고, 각 시스템의 데이터에는 해당 담당자 외에는 접근하기 어렵습니다. 원천 시스템의 담당자는 외부의 요인[4]에 의해 시스템의 성능에 영향을 받는 것을 매우 경계하며, 이러한 이유로 다른 시스템과의 연계에 대해 매우 보수적인 입장을 취하게 됩니다. 원천 시스템의 데이터가 필요한 사용자는 해당 시스템 담당자와의 협의를 거쳐 별도의 승인 절차를 거친 후에 시스템에 접근이 가능하고, 또한 조인(Join) 대상 데이터를 확보하기 위해 이러한 절차를 여러 번 거쳐야만 합니다.

물론 '데이터 웨어하우스'를 통해 필요한 데이터를 일부 확보할 수는 있으나, 앞서 얘기한 바와 같이 여러 가지 과정을 거쳐야 하는 불편함이 있습니다. 또한 '데이터 웨어하우스'가 제공하는 데이터는 원본 데이터의 포맷이 아닌 '스타 스키마(Star Schema)' 구조로 모델링된 데이터이므로, 이를 다운로드 받아 또다시 가공하는 과정을 거쳐야만 활용이 가능합니다.

---

4) 사용자나 애플리케이션의 쿼리 등으로 원천 시스템의 성능에 영향을 미치는 경우를 의미함.

그리고 '데이터 웨어하우스'는 사용자의 데이터 탐색 과정(키워드 검색 등)에 대한 지원을 하기 어려운 구조로, 사용자가 필요한 데이터를 찾기도 어렵습니다.

반면, Data Lake는 원천 시스템의 Raw Data를 '일단 수집(Frictionless Ingestion)'하여 필요한 모든 사용자에게 제공하는 것이 원칙이므로, 사용자는 Data Lake를 통해 필요한 Raw Data를 확보할 수 있습니다. 또한 Data Lake는 키워드 검색, 카테고리 검색 등 강력한 검색 기능을 제공하고, 제목, 설명, 태그 등의 '비즈니스 메타데이터'와 '데이터 리니지', '데이터 프로파일링' 등의 유용한 '기술 메타데이터', 쿼리, Data API 등의 '활용 메타데이터'도 제공하여, 데이터의 배경지식(Context)에 대한 이해를 지원합니다. 그리고 데이터를 자유롭게 쿼리하고 결과 데이터를 확보할 수 있으며, 다양한 전처리/분석 도구와 연계하여 작업할 수 있습니다. 즉, 사용자는 Data Lake를 통해 전사의 데이터를 검색하고 이해하고 확보하고 분석할 수 있어, **전사 데이터 간의 단절을 타파할 수 있는 기반을 마련**할 수 있는 것입니다. 전사의 다양한 데이터를 자유롭게 연계하여 분석하면서, 기존에 발견하지 못했던 새로운 '숨겨진 의미(Insight)'를 발견하고 이를 업무에 적용할 수 있게 되는 것입니다.

세 번째는 **전사의 원천 시스템 간에 스파게티와 같이 얽혀 있는 연계 구조를 개선**할 수 있기 때문입니다. 일부 기업은 이와 같은 구조를 개선하고자 EAI(Enterprise Application Integration)라고 불리는 시스템을 통해 Hub-and-Spoke 방식의 연계 구조를 도입하고자 했으나, 몇 가지 한계점에 부딪혀 큰 개선 효과를 거두지 못하였습니다. 우선 끊임없이 변화하는 데이터 구조에 신속하게 대응하지 못하였습니다. 이 방식 역시 '데이터 웨어하우스'와 마찬가지로 사용자가 EAI를 담당하는 IT 담당자에게 연계를 요청하고 IT 담당자가 시스템에 반영해야 하는 방식입니다. EAI 담당자는 시스템 내부의 복잡한 구조를 검토하고 변경하는 작업을 신속하게 진행하기 어려웠고, EAI의 내부 구조는 갈수록 복잡해졌으며, 데이터의 정합성을 보장하기 어려운 상태에 도달했습니다. 또한 컴퓨팅 리소스의 한계로 성능도 보장하기 어려워, 더 이상의 추가 연계를 수용하기 어려운 상태에 도달했습니다. 그래서 결국 일부 연계는 EAI를 통하고, 일부 연계는 기존과 같은 Point-to-Point 방식[5]에 의존하는 이중적인 구조를 가져야만 하는 상황으로 이어졌습니다.

하지만 Data Lake는 기본적으로 하둡을 기반으로 한 분산 처리를 기반으로 하므로, 리소스의 확장이 용이하여 성능상의 제약은 거의 받지 않으며, 다양한 '하둡 에코시스템(Hadoop Ecosystem)' 내의 도구를 통해 다양한 유형의 데이터에 대해 실시간/배치 등 여러 가지 방식의 연계 처리도 가능합니다. 또한 사용자는 자신이 작성한 쿼리를 기반으로 결과 데이터를 정해진 스케줄에 따라 전송할 수도 있으며, 이를 'RESTful API' 형태로 전환하여 외부 애플리케이션에서 웹(HTTP)상으로 필요한 시점에 필요한 데이터를 확보할 수도 있습니다. 이러한 다양한 방식의 연계를 리소스에 제한을 받지 않고 처리할 수 있어 Data Lake는 실질적인 Data Hub의 역할까지도 수행할 수 있게 되므로, 기존의 복잡한 연계 구조를 개선할 수 있을 것입니다.

네 번째는 **사용자의 데이터 Self-Service 기반을 마련**할 수 있기 때문입

---

5) 애플리케이션 간에 직접 연계하는 방식을 의미함.

니다. 사용자는 IT 담당자를 통할 필요 없이, Data Catalog 서비스를 통해 Data Lake에 수집한 Raw Data를 직접 검색하고 확보하여 분석할 수 있습니다. 사용자 데이터 Self-Service가 계속적으로 가속화하는 또 하나의 이유는, 다양한 '데이터 전처리/분석 도구'가 지속적으로 사용자 친화적으로 진화하고 있기 때문입니다. 따라서 전문적인 통계학적 지식, IT 활용 역량, 데이터 처리 스킬이 없더라도 손쉽게 원하는 데이터 가공하고 분석할 수 있도록 변화하고 있습니다. 또한 Data Scientist와 같은 데이터 활용 전문가가 생성한 '데이터 객체(Data Object)'를 다른 사용자에게 공유할 수 있는 체계를 갖추고 있습니다. 즉 '데이터 분석가'가 작성한 쿼리, Data API, 보고서/대시보드, 지식(Article)과 같은 '데이터 객체'를 다른 사용자에게 공유하여 손쉽게 재활용할 수 있도록 함으로써, 일반 사용자의 원활한 데이터 활용을 지원할 수 있습니다.

다섯 번째는 Data Scientist와 같은 '전문 데이터 분석가'의 영역이었던 **빅데이터의 활용을 활성화**할 수 있기 때문입니다. Data Lake는 하둡 분산 처리 기술을 기반으로 하고 있어, 테라바이트(Terabyte)급 이상의 빅데이터를 적재하고 처리하기 용이한 기술적 구조를 가지고 있습니다. 기업은 최근 '사물 인터넷(Internet of Things: IoT)'이라고 불리는 각종 센서나 장비로부터의 실시간 스트리밍 데이터의 처리에서부터, 웹 채널 로그 데이터 분석을 통한 고객의 온라인 행동 패턴 파악, 기업 '소셜 미디어(Social Network Service: SNS)' 채널의 고객 반응 데이터에 대한 '자연어 처리(Natural Language Processing)', 이미지/동영상 등 대용량 콘텐츠 데이터의 처리와 서비스에 이르기까지 처리해야 할 빅데이터 원천이 급격히 증가하고 있습니다. 이러한 빅데이터를 저렴한 비용으로 수집하고 처리하기 가장 용이한 기술이 바로 하둡이며, Data Lake는 이를 기반으로 하고 있습니다. '데이터 분석가'는 이러한 다양한 종류의 빅데이터를 Data Lake 와 관련된 서비스를 통해 빠르게 처리하고 가공할 수 있으며, 또한 분석 한 결과를 Data Lake에 배포하여 공유할 수도 있습니다. 다른 분석가는 이를 참조하여 자신만의 빅데이터 분석을 또다시 수행할 수도 있어, 빅데 이터의 활용을 활성화할 수 있는 것입니다.

3. Data Lake의 개념

Data Lake는 기본적으로 전사의 Raw Data를 원본 포맷 형태 그대로 수 집하여 보관하는 적재소로 알려져 있습니다. 하지만 Data Lake를 단순 히 데이터를 적재하기 위한 '적재소(Repository)'의 개념으로 한정한다면, Data Lake가 가진 다양한 잠재력을 표현할 수 없을 것입니다. Data Lake 는 단순한 원천 데이터의 적재소가 아니라, **전사의 원천 데이터와 사용자 가공 데이터를 수집하여 서비스하고, 사용자의 전체 데이터 Self-Service 프로세스를 지원할 수 있는 '플랫폼(Platform)'의 역할을 수행**해야 합니 다. 이러한 Data Lake 플랫폼을 통해 전사의 데이터 활용 문화를 획기적 으로 개선할 수 있는 계기가 되어야 합니다. 이와 같은 Data Lake의 역할 을 기반으로 하여 개념을 정의해 본다면,

"전사의 주요한 Raw Data뿐만 아니라 사용자 가공 데이터까지 수집

하고 서비스하며, 모든 구성원들이 Self-Service를 통해 손쉽게 데이터를 활용할 수 있도록 서비스하는 플랫폼."

이라고 할 수 있을 것입니다. 즉, 단순히 Raw Data뿐만 아니라 사용자가 가공한 데이터나 작업한 결과물까지 공유할 수 있도록 서비스해야 하며, 사용자가 직접 Self-Service를 통해 데이터를 활용할 수 있도록 서비스해야 합니다. 또한 데이터를 활용하는 '수요자(사용자)'와 데이터를 생성/공급하는 '공급자(제공자)'가 Data Lake를 통해 각자 자신의 업무를 수행할 수 있도록 함으로써, 자율적으로 자동화하여 운영될 수 있도록 하는 '서비스 플랫폼'의 형태로 발전되어야 합니다.

또한 Data Lake는 '**전사(Enterprise)**' 단위의 데이터 서비스 플랫폼으로, 특정 데이터에 한정하여 수집하거나, 특정 사용자에 한정하여 서비스해서는 안 됩니다. 모든 사용자가 손쉽게 필요한 데이터에 접근할 수 있으며(일부 보안 데이터만 제외하고[6]), 사용자 간에 자유롭게 데이터를 가공하여 공유할 수 있는, '**데이터 민주화(Data Democratization)**'라 불리는 최근의 데이터 활용 트렌드에 부합하는 체계인 것입니다. 사용자는 데이터를 활용하는 과정에서 승인과 같은 번거로운 절차를 최소화하고, 최대한 자율적인 데이터 활용 문화를 조성해 나갈 수 있도록 Data Lake 플랫폼 서비스를 구성해야 합니다.

---

6) 보안 데이터의 경우라 하더라도 메타데이터 서비스는 제공해야 함.

4. Data Lake 구성요소

Data Lake는 수행해야 하는 논리적 역할에 따른 '**영역(Layer)**'과, 각 영역별 세부 기능에 따른 '**구성요소(Component)**'로 구분할 수 있습니다. (다음 '그림 1. Data Lake 플랫폼 기능 구성도' 참조.)

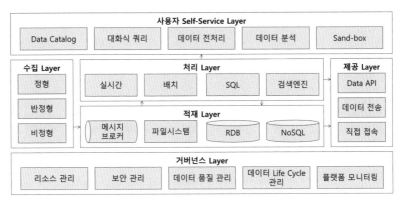

그림 1. Data Lake 플랫폼 기능 구성도

그림 1은 Data Lake 플랫폼의 기능 구성도[7]를 예시적으로 구성한 것입니다. 기능 구성도의 좌측 '**수집 Layer**'는 다양한 유형의 원천 시스템 데이터를 Data Lake로 수집하는 역할을 수행합니다. '수집 Layer'는 원천 시스템의 데이터를 별도의 가공 처리 없이 Raw Data의 포맷 형태 그대로 '**일단 수집(Frictionless Ingestion)**'하여 Data Lake에 적재합니다.

---

7) '기능 구성도'란 전체 시스템의 기능적 구성요소를 한눈에 파악할 수 있도록 구성한 '논리 아키텍처'의 한 유형임.

'수집 Layer'는 먼저 '관계형 데이터베이스' 데이터, CSV(Comma-Separated Value)/TSV(Tab-Separated Value)와 같은 정형 텍스트 데이터를 포함하여 별도의 처리 없이 곧바로 활용이 가능한 **정형 데이터**를 수집합니다. 기업 원천 데이터의 상당수가 이에 해당할 것입니다. 또한 XML(eXtensible Markup Language), JSON(JavaScript Object Notation)과 같이, 데이터에 일정한 규칙이 있으나 파싱(Parsing)을 통해 필요한 데이터를 추출하여 활용해야 하는 **반정형 데이터**도 수집합니다. 그리고 자연어로 입력된 텍스트 문서, 동영상/음성/이미지 등의 대용량 콘텐츠와 같이, 데이터에 일정한 규칙이 없어 별도의 프로세싱을 통해 활용할 수 있는 데이터를 만들어 내야 하는 **비정형 데이터**도 수집합니다.

원천 시스템으로부터 수집한 원본 데이터는 **적재 Layer**에 저장하여 보관합니다(그림의 중앙부). 수집한 데이터는 '주 저장소(Main Storage)'의 '준비 데이터 영역'에 일단 보관하고, 데이터 보안 처리, 메타데이터 추가 생성 등의 처리를 완료한 후, 사용자에게 서비스하기 위해 '원천 데이터 영역'으로 이동합니다.

Data Lake의 '주 저장소'는 '람다 아키텍처[8]'를 기준으로 했을 때, **하둡 분산 파일시스템(Hadoop Distributed FileSystem: HDFS)**이며, 데이터 활용 편의성을 제공하기 위해 데이터 유형에 따라 추가적인 적재소를 보유할 수 있습니다. 적재소의 유형으로는 먼저, '실시간 이벤트 메시지'를 큐(Queue) 방식으로 저장하여 동시에 여러 타깃으로 배포하는 기능을 가진

---

8) '람다 아키텍처'는 배치와 실시간 프로세싱을 모두 수용하는 구조로, 이후에 상세하게 설명 예정임.

'메시지 브로커(Message Broker)'가 있으며, 이는 메시지의 형태(포맷)를 변경하고, 원천과 타깃의 부하를 분산시키는 역할도 함께 수행합니다.

다음 적재소 유형으로, '근 실시간(Near Real-Time)'으로 업데이트(Update) 위주의 대량 트랜젝션 처리를 수용하기 위한 **관계형 데이터베이스(Relational Database: RDB)'**가 있으며, 주로 '기준정보'나 '마스터 데이터'를 이와 같은 적재소에 저장하여 서비스합니다. HDFS와 같은 파일시스템은 업데이트보다는 추가(Append) 트랜젝션을 처리하기 용이한 구조이기 때문입니다.

그리고 다음 적재소 유형으로, 분석용 대용량 데이터를 고성능으로 서비스하기 위한 **'NoSQL 데이터베이스'**가 있습니다. 대용량 Raw Data를 미리 가공하여 'NoSQL DB'에 적재해 놓고, 사용자의 요청이 있을 경우, 빠른 속도로 제공하기 위한 '데이터 마트'의 용도로 활용할 수 있습니다. 하지만 '관계형 데이터베이스'와 'NoSQL 데이터베이스'를 구축하여 운영 시에는, 상당한 비용의 부담, 운영의 어려움, 데이터의 중복 등이 발생할 우려가 높으므로, 제한적으로 활용해야만 합니다.

다음으로 그림의 '적재 Layer' 상단에 위치한 **'처리 Layer'**는 데이터를 가공/변환 처리 후 '서비스용 데이터베이스'에 적재하거나, 사용자 애플리케이션에 서비스 역할을 수행합니다. '처리 Layer'는 먼저 실시간 이벤트 데이터에 대한 스트리밍 처리를 수행하는 **'실시간 처리'** 기능이 있으며, 데이터를 일정 주기에 따라 가공/이동 등의 처리를 수행하는 **'배치 처리'** 기능이 있습니다. 또한 적재소에 저장된 데이터를 SQL문(쿼리)을 통해 조회할 수 있도록 처리하는 **'SQL 처리'** 기능이 있으며, 사용자가 키워드 등을 통해 필요한 데이터를 검색하는 요청을 처리하기 위한 **'검색엔진'** 기능도 포함합니다.

다음으로 그림의 최상단에 위치한 '**사용자 Self-Service Layer**'는 사용자가 UI(화면)을 통해 직접 필요한 데이터를 찾고, 조회하고, 전처리하고 분석하는 등의 서비스를 제공하는 역할을 수행합니다. 즉, 사용자가 데이터를 활용하기 위한 전체 프로세스를 지원하는 모든 기능을 포함하고 있습니다.

먼저, 사용자가 Data Lake 플랫폼에 접근하기 관문 역할을 수행하고, 필요한 데이터를 검색하고, 데이터의 배경지식을 이해하고, 다양한 전처리/분석 도구로 데이터를 연계하고, 데이터를 큐레이션하는 등 다양한 기능을 제공하는 '**Data Catalog 서비스**'가 있습니다. 그리고 실데이터를 쿼리를 통해 조회하고, 결과 데이터를 다운로드하며, 지정한 주기와 위치로 데이터를 전송하며, Data API를 생성하는 등의 기능을 가진 '**대화식 쿼리 서비스**'를 포함합니다. 또한 데이터를 프로파일링(Profiling)[9]하고, 정제하고, 가공하는 등의 전처리 작업을 수행하고 이를 다시 Data Lake로 배포하는 기능을 가진 '**데이터 전처리 서비스**'가 있습니다. 데이터 분석 프로그래밍 언어를 통해 알고리즘을 개발하거나, 데이터를 가공하여 리포트 혹은 대시보드를 작성하고, 데이터 분석 과정/결과를 Data Lake에 배포하는 기능을 가진 '**데이터 분석 서비스**'를 포함합니다. 그리고 대용량 데이터를 하둡 기반의 고성능 분석 환경에서 분석할 수 있도록 하는 '**Sandbox 서비스**'도 포함하고 있습니다.

---

[9] '데이터 프로파일링(Data Profiling)'이란 데이터에 대한 각종 통계를 산출하여 실데이터에 대한 조회 없이도 데이터의 구성 내용이나 품질을 파악할 수 있도록 하는 기능을 의미함.

다음으로 그림의 우측에 위치한 '**제공 Layer**'는 Data Lake의 데이터를 외부의 적재소나 애플리케이션에 다양한 방식으로 연계하는 역할을 수 행합니다. 사용자는 '대화식 쿼리 서비스'를 통해 작성한 쿼리를 REST[10] 형식의 '**Data API**'로 전환할 수 있으며, 외부에서 웹(HTTP)을 통해 'Data API'를 호출하여 필요한 데이터를 확보할 수 있습니다. 또한 '대화식 쿼리 서비스'를 통해 작성한 쿼리를 주기적으로 실행하고 그 결과를 사용자가 지정한 위치로 전송하는 '**데이터 전송**' 기능을 포함합니다. 그리고 Data Lake 외부의 '데이터 전처리/분석 도구'에서 Data Lake의 저장소에 '**직접 접속**(Direct Connection)'하여 '임의의 쿼리(Ad-hoc Query)'를 수행하고, 결과 데이터를 '작업 데이터 영역'에 다운로드하여 추가 작업을 진행할 수 있습니다.

마지막으로 그림의 최하단에 위치한 '**거버넌스 Layer**'는 Data Lake 플 랫폼의 관리자 혹은 운영자가 내부 애플리케이션과 데이터를 안정적으로 관리하고 운영하기 위해 필요한 기능들로 구성되어 있습니다. 먼저 Data Lake 플랫폼을 구성하는 컴퓨팅 및 저장공간 리소스를 안정적으로 배분 하고 관리하는 '**리소스 관리**'[11] 기능이 있습니다. 그리고 Data Lake에 수집 하는 데이터 중 보안 규제 대상 데이터를 식별하여 필요한 처리를 수행할 수 있도록 관리하고, 사용자의 플랫폼 접근과 인증, 권한을 관리하는 '**보 안 관리**' 기능을 포함합니다. 또한 '데이터 프로파일링' 결과를 바탕으로

---

10) REST란 'Representational State Transfer'의 약자로, 웹(HTTP)상으로 데이터를 간편하게 전송하 기 위한 인터페이스를 의미함.

11) 하둡에서는 인프라 리소스를 YARN(Yet Another Resource Negotiator)이라 불리는 소프트웨어 가 자동으로 관리함.

품질 문제를 식별하고 즉시 조치하도록 관리하는 '**데이터 품질 관리**' 기능을 포함하고, 데이터의 수집/생성에서부터 이동, 보관, 폐기에 이르는 전체 '데이터 생명 주기'가 원활하게 운영되도록 관리하는 '**데이터 Life Cycle 관리**' 기능이 필요합니다. 그리고 전체 Data Lake 플랫폼의 기능이 원활하게 처리되고 있는지 모니터링하고 문제 발생 시 즉시 조치되도록 관리하는 '**플랫폼 모니터링**' 기능도 포함합니다.

이 각각의 구성요소에 대한 상세 아키텍처는 이후의 '구성요소별 아키텍처 설계' 챕터에서 상세하게 설명하겠습니다.

제 2 장

Data Lake
참조 아키텍처

　Data Lake의 아키텍처를 본격적으로 설계하기 전에, 다양한 유형의 아키텍처들을 비교 검토한 후, 설계를 진행하는 것이 바람직합니다. 아무것도 없는 상태에서 밑바닥부터 설계해 나가는 **'무에서 유를 창출**(build from scratch)**'**하는 방법보다는 기초적인 큰 틀(Framework)을 먼저 만들어 놓고, 조금씩 살을 붙이면서 완성해 나가는 **'템플릿 기반 구축**(build from template)**'** 방법이 훨씬 수월하기 때문입니다. 수월하다는 것은 비용 대비 효과 측면, 즉 구축 기간을 단축시킬 수 있고, 설계 인건비가 적게 소요되며, 비교적 좋은 품질의 결과를 낼 수 있다는 의미입니다. 물론, 완전히 새로운 창조적인 결과물을 내고 싶다면, '무에서 유를 창출'하는 방식이 더 효과적이긴 하지만, 최초 연구(Research) 단계부터 차근차근 시작해 나가야 하므로, 상당한 기간과 비용이 필요합니다. Data Lake 플랫폼을 통해 완전히 새로운 비즈니스 모델을 구현하려고 하거나, 새로운 솔루션을 구현하여 '경쟁 우위(Competitive Advantage)'의 도구로 활용하려면 이 '무에서 유를 창출'하는 방법을 선택해야 할 것입니다. 하지만 일반적인 기업의 경우, 현실적으로 소요되는 비용 대비 높은 품질의 Data Lake 플랫폼을 구현하는 것이 목적이므로, '템플릿 기반 구축' 방식을 적용하는

것이 좀 더 효과적일 것입니다.

'템플릿 기반 구축' 방식을 적용한 Data Lake 설계를 위해, 우선 참조할 아키텍처, 즉 '템플릿'을 찾아보고 검토해야 합니다. 빅데이터 아키텍처로써 가장 자주 참조하는 템플릿은 **'람다 아키텍처**(Lambda Architecture)'라고 부르는 실시간과 배치를 병행하여 처리하는 구조가 있으며, 이와 대비되는 **'카파 아키텍처**(Kappa Architecture)'라고 부르는 실시간 단일 흐름으로 처리하는 구조가 있습니다. 또한 이러한 빅데이터 참조 아키텍처를 상용 솔루션 형태로 구현한 사례들이 있으며, 대표적인 솔루션 몇 건을 검토하고자 합니다. 첫 번째 솔루션은 오픈 소스 기반의 하둡 솔루션인 'Apache Hadoop'을 Cloudera[12]가 상용 배포판으로 구현한 **'Cloudera Hadoop**(CDH)'가 있습니다. 두 번째는 역시 Cloudera가 하둡 기반의 빅데이터 플랫폼을 Private Cloud 버전으로 구현한 **'Cloudera Data Platform**(C-DP)'이 있습니다. 세 번째는 'Amazon Web Service(AWS)'가 Public Cloud를 기반으로 Data Lake 솔루션을 구현한 **'AWS Data Lake**'를 검토하겠습니다. 네 번째는 'Microsoft Azure'에서 Public Cloud를 기반으로 Data Lake 솔루션을 구현한 **'Azure Data Lake**'를 검토하겠습니다.

이 네 건의 빅데이터 아키텍처의 목적과 전체적인 구성을 살펴보고, 개별 구성요소들의 기능과 각 기능별로 활용하는 기술을 검토해 보며, 각 아키텍처의 특장점도 비교 검토해 보도록 하겠습니다. '람다 아키텍처'와 '카파 아키텍처'는 기업에서 Data Lake를 자체 개발할 경우, 이를 기반으

---

12) Cloudera는 'Apache Hadoop'을 상용 솔루션 형태로 구현하여 서비스하는 대표적인 기업 중 하나임.

로 하여 설계해 나갈 수 있을 것입니다. '빅데이터 솔루션 아키텍처'의 경우는 기업에서 이 중 하나의 솔루션을 선정하여 구현하거나, 각 솔루션에서 필요한 기능/기술요소를 선별하여 적용하는 형태로 아키텍처를 구성해 나갈 수 있을 것입니다. 따라서 특정 솔루션을 도입하는 경우라고 하더라도, 다른 솔루션이나 참조 아키텍처의 구성요소들을 파악하여 적용을 검토해야 할 필요가 있습니다.

1. 빅데이터 참조 아키텍처

기업은 Data Lake 플랫폼을 직접 개발하여 구현할 경우에는, 통상 '람다 아키텍처' 혹은 '카파 아키텍처' 중에 하나를 선정한 후, 이를 기초로 추가적인 구성요소를 추가하는 방식으로 아키텍처를 설계해 나가야 합니다. 어떤 아키텍처가 우수하다 혹은 바람직하다고 단정하기는 어려우며, 각 아키텍처는 장/단점이 있으므로, 해당 기업의 비즈니스 상황에 적합한 아키텍처를 선정해야 합니다.

1-1. 람다 아키텍처

'**람다 아키텍처**'는 전통적인 빅데이터 플랫폼에서 활용하는 '**배치 데이터 파이프라인**(Batch Data Pipeline)'을 보완하기 위해 '**실시간 데이터 파이프라인**(Real-Time Data Pipeline)'을 결합한 형태의 아키텍처입니다. '람다 아키텍처'는 Nathan Marz라는 빅데이터 엔지니어가 2011년 그의 블로그의 글 〈CAP 정리 타파하기(How to beat the CAP theorem)〉에서 최초로 주창한 개념입니다. 그는 전통적인 '배치 처리 파이프라인' 중심의 빅데이터 플랫폼에서 '실시간 처리 파이프라인'을 결합한 형태의 아키텍처를 구성해야 한다고 주장했습니다. 이후 2013년 그의 책《빅데이터: 확장 가능한 실시간 데이터 시스템의 원칙과 적용 사례(Big Data: Principles and best practices of scalable realtime data systems)》에서 이러한 아키텍처를 '람다 아키텍처'[13]라는 용어를 붙여 사용하기 시작했습니다. (다음 '그림 2. 람다 아키텍처 예시' 참조.)

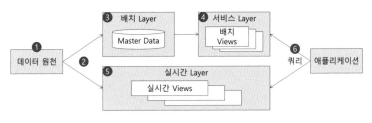

그림 2. 람다 아키텍처 예시

그림 2의 '람다 아키텍처'의 구성도 예시에서 좌측의 '데이터 원천(1)'은 다양한 유형이 있을 수 있으나, 통상 실시간 데이터를 큐(Queue) 형태로 처리가 가능한 '메시지 브로커(Apache Kafka 등)'로 가정합니다. '메시지 브로커'는 실시간 스트리밍 데이터를 '배치 Layer'와 '실시간 Layer' 양측에 동시에 제공하여(2), 데이터 정합성에 문제가 없도록 합니다. 여기서 주의할 점은 실시간 데이터는 '실시간 Layer'만 제공하고, 배치성 데이터는 별도 ETL(Extract, Transform, Load)을 통해 '배치 Layer'에 제공하는 것이 아니라는 점입니다. **모든 데이터를 '실시간 Layer'와 '배치 Layer' 양측에 동시에 제공**합니다. 이러한 동시 배포 처리가 가능한 것이 바로 '메시지 브로커'이므로, '데이터 원천'의 데이터 수집 시 '메시지 브로커'를 거쳐서 내부 저장소에 적재하는 형태로 구성합니다.

---

13) '람다 아키텍처'라는 용어는 아키텍처를 도식화했을 때의 모양이 그리스어 '람다(λ)'와 같이 두 갈래로 갈라지는 형태이기 때문에 붙여진 이름이라고 함.

Data Lake 플랫폼 아키텍처

그러면 동일한 데이터를 왜 굳이 양쪽 Layer에 모두 제공해야 하는 것일까요? 실시간 성격의 데이터는 '실시간 Layer'에서 확인하고, 배치 성격의 데이터는 '배치 Layer'에서 확인하면 되지 않을까요? 왜 굳이 양쪽 Layer에 제공하는 프로그램도 개발해야 하고, 이중으로 적재하여 저장 공간도 낭비해야 하며, 실시간/배치를 병행 운영하여 운영 비용도 증가하는 방식으로 아키텍처를 구성하는 것일까요? 그 이유는 **'배치 Layer'는 통상 하둡의 '맵리듀스(MapReduce)' 기반으로 처리되므로,**[14] **조회에 필요한 '색인(Index)'과 '배치 View'를 생성하는데 일정 시간이 소요되기 때문입**니다. '맵리듀스'는 대용량 배치 처리에 강점을 가진 기술로, 실시간 스트리밍 처리에는 한계가 있습니다. 따라서 '맵리듀스' 처리에는 일정 시간이 소요될 수밖에 없으며, 사용자가 처리 결과 데이터를 조회하기 위해서는 처리에 소요되는 시간만큼 기다려야 합니다. 결론적으로, 사용자는 '배치 Layer'를 통해서는 실시간 데이터를 조회할 수 없게 됩니다. 따라서 **'배치 Layer'에서 '색인' 및 '배치 View'를 생성하는 작업을 수행하는 시간 동안은 '실시간 Layer'를 통해 사용자가 필요한 최신의 실시간 데이터를 조회**하도록 하는 것입니다. 사용자의 입장에서는 최신의 실시간 데이터를 조회(정합성 미보장)하려면 '실시간 Layer'에 접속하고, 일정 기간이 지난 데이터를 조회(정합성 보장)하려면 '배치 Layer'에 접속해야 합니다.

다음으로 '배치 Layer(3)'는 사실상 본 아키텍처의 메인 서비스 영역으로써, 원천으로부터 수집하는 모든 '원본 데이터'를 보관하고 있습니다.

---

14) 하둡에서도 '맵리듀스'를 통해 처리되지 않는 방식이 존재(Spark, Impala 등)하나, '람다 아키텍처'가 처음 등장했던 당시를 기준으로 하여 설명하는 것임.

따라서 처리 프로그램의 오류가 발생했을 경우, 이 '원본 데이터'를 활용하여 재처리할 수 있습니다. 이 '배치 Layer'는 통상 '하둡 분산 파일시스템(Hadoop Distributed FileSystem: HDFS)'으로 구성하여 데이터의 '쉬운 유입(Frictionless Ingestion)', 대용량 분산 처리 및 적재가 가능합니다.

하지만 이 HDFS상의 '원본 데이터'를 직접 조회하기 위해서는 '색인'과 '배치 View'를 생성해야 하며, 이를 생성하기까지는 앞서 언급했듯이 일정 시간이 소요됩니다. 생성한 '색인'과 '배치 View'는 '서비스 Layer(4)'에 적재하여 사용자가 쿼리를 통해 데이터를 조회할 수 있게 됩니다. 통상 HDFS 기반의 Hive(혹은 별도의 '서비스용 데이터베이스')를 통해 '서비스 Layer'를 구성합니다. 따라서 사용자는 일정 기간이 지난 데이터에 대해서는 Hive를 대상으로 쿼리(HiveQL)를 통해 조회할 수 있습니다.

다음으로 '실시간 Layer(5)'는 실시간 스트리밍 처리 기술인 Apache Storm, Apache Samza, Apache Spark 등을 통해 '지연 시간 없이(Low Latency)' 색인과 실시간 View를 생성합니다. 즉, 실시간 스트리밍 처리를 통해 사용자는 지연 시간 없이 최신의 데이터를 조회할 수 있음을 의미합니다. '실시간 Layer'도 '배치 Layer'와 동일하게 모든 데이터를 수집하지만, 일정 시간, 즉 '배치 Layer'에서 색인 처리를 완료하기까지의 시간 동안만 보관하고, 곧바로 삭제하게 됩니다. **'실시간 Layer'의 데이터는 보관 기간이 매우 짧기 때문에 해당 기간 이외의 데이터는 모두 '배치 Layer'를 통해 확인**해야 합니다. 또한 '실시간 Layer'의 스트리밍 처리 기술의 한계로 인해 **데이터 정합성을 보장하지 못하므로,**[15] 정합성이 보장된 고품질의

---

15) '람다 아키텍처'의 경우, 실시간 처리 기술의 성숙도가 낮기 때문에 정합성을 보장하지 못한다

데이터를 필요로 할 경우에는 '배치 Layer'에 접근해야 합니다.

사용자는 애플리케이션에서 쿼리를 통해 '서비스 Layer'의 '배치 View'에 접근하거나, '실시간 Layer'의 '실시간 View'에 접근할 수 있습니다(6). 앞서 설명했듯이 최신의 데이터를 접근하려면 '실시간 View'에 접근해야 하고, '배치 View'를 통해서는 일정 기간이 지난 데이터, 즉 전체 '원본 데이터'에 접근할 수 있습니다. '실시간 View'를 제공하기 위한 데이터베이스는 Apache Cassandra, Apache HBase 등이 있으며, 이러한 '실시간 View'와 '배치 View'를 동일한 데이터베이스에 적재하기 위해서는 Apache Druid를 활용해야 합니다. 실시간/배치 데이터가 동일 데이터베이스 내에 있을 경우, 조인(Join) 등을 통해 가공/병합하기가 용이하므로, 사용자의 활용성이 향상되기 때문에 Druid를 활용하는 방법도 좋은 대안이 될 것입니다.

1-2. 카파 아키텍처

'카파 아키텍처'는 '실시간 데이터 파이프라인'과 '배치 데이터 파이프라인'이 공존하는 복잡한 '람다 아키텍처'를 보완하기 위한 대안으로, '실시간 데이터 파이프라인'으로만 구성한 아키텍처입니다. Jay Kreps라는 빅데이터 아키텍트는 2014년 〈람다 아키텍처에 대한 의문(Questioning the Lambda Architecture)〉이라는 블로그 글을 통해 '람다 아키텍처'의 복잡한 구조를 비판하고, '실시간 데이터 파이프라인'을 중심으로 빅데이터 아

는 것을 전제로 함.

키텍처를 설계해야 한다는 주장을 하였고, 이를 '카파 아키텍처'라고 불렀습니다. Jay Kreps는 SNS 기업 LinkedIn의 '데이터 인프라 아키텍트'였고, 현재 Apache Kafka의 상용 배포 솔루션 서비스 기업인 Confluent의 창립자이자 CEO로서 활동하고 있습니다. 그는 실시간 빅데이터 아키텍처에 대한 상당한 전문성을 보유하고 있는 만큼, '실시간 데이터 파이프라인'만으로 빅데이터 아키텍처를 구성하는 것이 타당하다고 주장하고 있습니다. (다음 '그림 3. 카파 아키텍처 예시' 참조.)

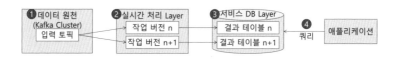

그림 3. 카파 아키텍처 예시

그림 3은 '카파 아키텍처'를 예시적으로 구성해 본 것입니다. 그림의 좌측에 있는 '데이터 원천'은 '메시지 브로커'로서, 원천 시스템으로부터 실시간으로 데이터를 수집하여 다중 타깃으로 배포하는 중간 매개자 역할을 수행합니다(1). 이러한 '메시지 브로커' 역할로는 Apache Kafka를 많이 활용하며, Kafka 내의 데이터 저장 단위를 '토픽(Topic)'이라고 부릅니다. '데이터 원천'에서 수집한 '토픽'은 '실시간 처리 Layer'에서 스트리밍 처리를 통해 '색인'을 생성하고 '서비스 DB Layer'로의 적재를 위해 데이터 포맷을 변환합니다(2). 이러한 실시간 스트리밍 처리는 '람다 아키텍처'의 '실시간 Layer'와 동일하게 Apache Storm, Apache Samza, Apache Spark 등의 기술을 활용하여 이루어집니다. '실시간 처리 Layer'에서 변환 처리

를 완료 후, 변환 결과 데이터를 '서비스 DB Layer'에 제공하여 결과 테이블에 적재합니다(3). '서비스 DB Layer'는 실시간 처리 결과를 적재할 수 있는 Apache Cassandra, Apache HBase 등을 활용할 수 있습니다. 애플리케이션은 '서비스 DB Layer'의 결과 테이블을 쿼리를 통해 조회할 수 있습니다(4).

'카파 아키텍처'는 한 번에 알 수 있듯이 '배치 Layer'가 없기 때문에 '람다 아키텍처'에 비해 구조가 훨씬 간단해 보입니다. 이러한 간단한 구조만으로 '람다 아키텍처'를 대체할 수 있을까요? 만약 대체가 가능하다면, '카파 아키텍처'가 구조적으로 간단하여 구축과 운영 비용 측면에서 모두 용이하므로, 이를 적용하는 것이 더욱 유리할 것입니다. 또한 모든 데이터가 실시간으로 처리되고 서비스되므로, 사용자의 입장에서도 최신의 데이터를 제공받을 수 있을 것입니다.

이 질문에 답하기 위해서는 **'람다 아키텍처'는 왜 굳이 '배치 Layer'를 포함시킬 수밖에 없었는지**에 대해 먼저 답해야 합니다. '람다 아키텍처'는 전체 데이터의 '원장(System of Record)', 즉 '원본 데이터'를 '배치 Layer'에서 보관합니다. 이는 '실시간 Layer'는 데이터의 소실 가능성이 있어 데이터의 정합성을 담보하지 못한다는 전제에서 출발합니다. '배치 Layer'는 엄격하게 데이터의 정합성을 관리할 수 있지만, '실시간 Layer'는 기술적 오류가 발생할 가능성이 있어 고품질의 데이터를 유지하기 힘들다는 것입니다. 이러한 이유 때문에 '람다 아키텍처'는 '배치 Layer'를 별도로 두어 관리하는 것입니다. 반면, '카파 아키텍처'의 주장자 Jay Kreps는 이러한 실시간 처리 기술의 오류 발생 가능성에 대해, 이제는 충분히 기술이 성숙하였으므로 그럴 가능성은 거의 없다고 주장합니다. 즉 Kafka Cluster

내의 별도의 저장소에서 '원본 데이터'를 보관하여도 충분히 데이터 정합성을 보장할 수 있다는 것입니다. 따라서 '배치 Layer'가 없이도 '원본 데이터'를 정합성을 보장하여 관리할 수 있으니, 굳이 실시간/배치 Layer를 병행하여 운영할 필요가 없다는 것이 Kreps의 주장입니다.

또 하나의 문제는 **'실시간 처리 Layer'의 처리 프로그램의 오류 시, 프로그램 수정 후 어떻게 '원본 데이터'를 재작업하여 결과 데이터를 다시 생성할 수 있는가** 하는 것입니다. '람다 아키텍처'의 경우 모든 '원본 데이터'를 '배치 Layer'에서 보관하고 있으므로 이를 활용하여 언제든지 재작업할 수 있지만, '카파 아키텍처'는 별도의 '배치 Layer'가 없으므로 어떻게 재작업할 것인지에 대한 대안이 필요합니다. 그 대안은 Kafka Cluster의 별도 저장소에 모든 '원본 데이터'를 일정 기간(수개월 이상) 보관하게 하여 이를 활용하여 재작업하는 것입니다. 처리 프로그램 오류 발생 시의 프로세스는, 먼저 '실시간 처리 Layer'의 '작업 버전 n'에 오류 발생 시, 오류를 수정한 '작업 버전 n+1'을 생성한 후, Kafka Cluster의 '원본 데이터'를 활용하여 재작업을 진행합니다. 재작업을 수행한 결과 데이터는 '서비스 DB Layer'의 '결과 테이블 n+1'에 저장합니다. 재작업 처리가 완료된 후에는 기존의 '작업 버전 n'을 중지시키고, '결과 테이블 n'을 제거함으로써 작업을 완료합니다. 이와 같은 과정을 거치면, '카파 아키텍처'의 프로그램 오류 발생 시에도 문제없이 재작업을 진행할 수 있게 됩니다.

이와 같이 '카파 아키텍처'는 이론상으로는 '람다 아키텍처'가 가진 기능을 충분히 수행할 수 있으므로 대체가 가능하다고 결론지을 수 있습니다.

1-3. 참조 아키텍처 간 비교

기업에서는 Data Lake 플랫폼 설계 시, 참조할 아키텍처의 선정을 위해 '람다 아키텍처'와 '카파 아키텍처'에 대해 세심하게 비교 검토할 필요가 있습니다. (다음 '그림 4. 람다 아키텍처 vs. 카파 아키텍처 비교' 참조.)

비교 항목		람다 아키텍처	카파 아키텍처
기능	데이터 수집	• 모든 데이터를 실시간/배치 Layer에서 동시 수집	• 모든 데이터를 '실시간 Layer'에서만 수집
	배치 처리	• 모든 '마스터 데이터' 보관(HDFS) • 색인, 배치 View 생성, '서비스 Layer' 적재 • 데이터 정합성 보장	• N/A
	실시간 처리	• 색인, 실시간 View 생성, 구조에 따라 별도 '서비스 Layer' 적재 • 배치 처리 기간만 보관, 이후 폐기 • 데이터 정합성 미보장	• 모든 '마스터 데이터' 보관(Kafka Cluster) • 색인, 포맷 변환, '서비스 DB Layer' 적재 • 데이터 정합성 보장
	사용자 활용	• 실시간 데이터는 '실시간 Layer' 통해 조회, 일정 기간 지난 데이터는 '배치 Layer' 통해 조회 • 일부는 실시간/배치 데이터를 Join하여 활용 필요	• '서비스 DB Layer' 통해 모든 데이터 조회
	재작업	• '배치 Layer'의 '마스터 데이터' 활용	• Kafka Cluster의 '마스터 데이터' 활용
비용	구현 난이도	• 높음(구조 복잡. 실시간/배치 처리 모두 구현)	• 중간(구조 단순. 실시간 처리만 구현)
	운영 난이도	• 높음(많은 운영 인력. 디버깅 어려움)	• 중간(필요한 기술요소 상대적 적음)
효과	안정성	• 높음(배치 처리 위주. 실시간 비중 낮음)	• 중간(실시간 중심. 오류 발생 시 영향도 높음)
	성능	• 중간(대용량 처리. 일부만 실시간 조회 가능)	• 높음(실시간 조회 가능)
	데이터 품질	• 높음(배치 Layer에서 엄격한 품질 관리)	• 중간(실시간 데이터 품질 관리 한계 존재)

그림 4. 람다 아키텍처 vs. 카파 아키텍처 비교

그림 4는 '람다 아키텍처'와 '카파 아키텍처'를 기능, 비용, 효과의 세 가지 측면에서 비교 분석한 표입니다. 먼저 **기능 측면**의 '**데이터 수집**' 기능은 '람다 아키텍처'의 경우는 모든 데이터를 '배치 Layer'와 '실시간 Layer'에서 동시에 수집하는 반면, '카파 아키텍처'의 경우는 '배치 Layer'가 없으므로 '실시간 Layer'에서만 데이터를 수집합니다.

다음 '**배치 처리**' 기능은 '람다 아키텍처'의 경우는 HDFS 기반의 '배치 Layer'에 모든 '원본 데이터'를 보관하며, '색인' 처리와 '배치 View' 생성 이후, Hive를 기반으로 하는 '서비스 Layer'에 적재합니다. '배치 Layer'의 '원본 데이터'는 데이터 정합성을 보장하도록 엄격하게 관리합니다. 반면 '카파 아키텍처'의 경우는 배치 처리 기능이 존재하지 않습니다.

다음 **'실시간 처리'** 기능은 '람다 아키텍처'의 경우는 '실시간 Layer'에서 실시간 스트리밍 데이터에 대한 '색인' 처리와 '실시간 View'를 생성하며, 구조에 따라 별도의 '서비스용 데이터베이스'에 데이터를 적재하기도 합니다. 다만 '배치 Layer'에서 처리가 완료되기 전까지 기간의 데이터만 임시로 보관하며, '배치 Layer'에서 처리가 완료된 후 서비스하기 시작한 '실시간 Layer'의 데이터에 대해서는 폐기 처리합니다. 또한 '실시간 Layer'의 데이터는 '배치 Layer'의 데이터와 같은 수준의 데이터 정합성을 보장하지 않습니다. 반면 '카파 아키텍처'에서는 모든 '원본 데이터'를 Kafka Cluster 의 별도 저장소에 보관하고, '색인' 처리와 '데이터 포맷'에 대한 변환 처리 후 '서비스 DB Layer'에 적재합니다. '카파 아키텍처'는 '람다 아키텍처'와는 달리 '실시간 처리 Layer'의 데이터에 대해서도 정합성을 보장합니다.

다음으로 **'사용자 활용'** 기능은 '람다 아키텍처'의 경우는 최신의 실시간 데이터는 '실시간 Layer'를 통해 조회해야 하고, 일정 기간이 지난 데이터는 '배치 Layer'를 통해 조회해야 하며, 일부 데이터는 실시간/배치 Layer 의 데이터 간 조인(Join)을 통해 조회해야 하는 경우가 있습니다. 이 경우 발생할 수 있는 불편함을 해소하기 위해 실시간/배치 데이터를 모두 적재한 별도의 '서비스용 데이터베이스(Apache Druid 등)'를 구성할 수도 있습니다. 반면 '카파 아키텍처'의 경우는 '서비스 DB Layer'를 통해 모든 데이터를 조회할 수 있어 사용자는 간편하게 모든 데이터를 조회할 수 있습니다.

처리 프로그램 오류 시 **'재작업'**을 수행해야 할 경우, '람다 아키텍처'는

Data Lake 플랫폼 아키텍처

'배치 Layer'에 보관하는 '원본 데이터'를 활용하여 재작업할 수 있으며, '카파 아키텍처'는 Kafka Cluster의 별도 저장소에 보관하는 '원본 데이터'를 활용하여 재작업할 수 있습니다.

다음으로 **'비용'** 측면에서 비교 시, 먼저 **'구현 난이도'**는 '람다 아키텍처'의 경우, '실시간 처리 Layer'와 '배치 처리 Layer'를 모두 구현해야 하여 구조가 복잡하지만, '카파 아키텍처'의 경우, '실시간 처리 Layer'만 구현하면 되므로 비교적 구조가 간단합니다. 또한 **'운영 난이도'** 역시 '람다 아키텍처'의 경우, 복잡한 구조로 인해 디버깅(Debugging)이 어렵고, 하둡 기반의 배치 기술 스택(Stack)의 운영 인력과 실시간 처리 기술 스택의 운영 인력이 모두 필요하므로, 많은 운영 비용이 소요되고, 운영 부담도 증가합니다. 반면 '카파 아키텍처'의 경우는 실시간 처리 기술 스택만 운영하면 되므로, 필요한 기술요소가 적어 적은 운영 인력을 필요로 하며, 단순한 구조로 인해 오류 발생 시 디버깅이 비교적 쉬운 편입니다. 그러나 모든 주요 기능이 실시간으로 제공되므로 운영에 대한 부담은 큰 편입니다.

다음으로 **'효과'** 측면에서 비교 시, 먼저 **'시스템 안정성'**은 '람다 아키텍처'의 경우, 배치 처리가 중심이며 실시간 처리는 이를 보조하는 정도로 비중이 낮으므로, 안정적 시스템 운영이 가능하지만, 많은 기술요소와 복잡한 구조로 인한 오류가 잦을 가능성은 존재합니다. '카파 아키텍처'의 경우는 실시간 처리가 중심으로 오류 발생 시 치명적인 영향을 미치고, 배치 처리 기술에 비해 기술 성숙도는 낮은 편(하지만 최근에 많은 발전 중)이나, 간단한 구조로 인해 오류가 발생할 가능성은 낮은 편입니다. **'성능'**은 '람다 아키텍처'의 경우, '배치 Layer'를 통해 대용량 데이터의 처리와 보관이 용이하지만, 배치 처리 기반이므로 서비스 속도가 빠르지는 않습니다. 하지만 최근의 데이터는 실시간으로 제공되므로, 높은 응답 속도로 제공이 가능합니다. '카파 아키텍처'의 경우는 대용량 데이터의 처리와 보관은 쉽지 않으나, 전체 데이터가 실시간으로 제공되어 응답 속도가 빠릅니다. '**데이터 품질**'은 '람다 아키텍처'의 경우, '배치 Layer'에서 데이터 정합성을 엄격하게 관리하므로 비교적 품질이 높은 편이나, '카파 아키텍처'의 경우는 실시간 데이터 처리 기술이 배치 처리 기술에 비해 성숙도가 낮은 편이므로, 단정하기는 어려우나 비교적 데이터 품질에 한계가 존재하는 편입니다.

비교 결과를 요약하면, '**람다 아키텍처**'에 비해 '**카파 아키텍처**'가 구조적인 단순함으로 인해 구축/운영 비용이 적게 소요되며, 사용자가 활용하기도 용이하나, 시스템 안정성과 데이터 품질은 비교적 낮은 편이라고 할 수 있겠습니다. 따라서 소요 리소스에 상관없이 안정적인 시스템을 구축하여 운영하려는 기업은 '람다 아키텍처'를 선택하고, 소요 리소스 대비 효율적이면서 고성능 시스템을 운영하려는 기업은 '카파 아키텍처'를 선택하는 것이 바람직하다고 결론지을 수 있을 것입니다.

일반적인 Data Lake 플랫폼은 통상 '카파 아키텍처'보다는 '람다 아키텍처'를 주로 활용해 왔으며, 그 이유는 '람다 아키텍처'가 좀 더 다양한 형태와 방법으로 유연하게 활용할 수 있고 비교적 안정적으로 운영할 수 있기 때문입니다. 하지만 Apache Kafka와 관련 실시간 스트리밍 기술의 성숙도가 지속적으로 향상됨에 따라 '카파 아키텍처'의 도입 사례는 점점 증가하고 있습니다. Apache Samza와 같은 실시간 처리 기술의 경우, 대용량 배치 데이터에 대해서도 Low Latency로 처리할 수 있어, '카파 아키텍처'의 약점으로 지적되던 대용량 배치 데이터 처리도 커버할 수 있게 되었습니다. 또한 '사물 인터넷(Internet of Things: loT)'이나 AI(Artificial Intel-
ligence) 등과 같은 실시간 분석 요건이 증가함에 따라 '카파 아키텍처'의
활용은 점점 선택이 아닌 필수가 되어 가고 있습니다.

 Data Lake 플랫폼을 구축하고자 하는 기업은 자신의 비즈니스 상황, 데
이터 처리 요건, 리소스 보유 상황, 향후 기술 트렌드 등의 종합적인 여건
을 잘 고려하여 아키텍처를 선정해야 하며, 지나치게 안정성만을 강조하
는 보수적인 접근으로는 미래를 선도할 수 없음을 명심해야 합니다.

2. 빅데이터 솔루션 아키텍처

 빅데이터 플랫폼을 솔루션으로 구현한 사례는 크게 두 가지 유형으로
구분됩니다. **Apache Hadoop을 기반으로 상용 배포판으로 구현한 솔루
션**(Cloudera Hadoop 등)과 **Cloud 인프라를 기반으로 구현한 솔루션**으로
구분됩니다. 또한 Cloud 기반 솔루션도 Private Cloud를 기반으로 한 솔루
션(Cloudera Data Platform 등), Public Cloud를 기반으로 한 솔루션(AWS
Data Lake, Azure Data Lake 등)으로 구분할 수 있습니다. 기업은 이들 솔
루션 중 반드시 한 가지만을 선택해야 할 필요는 없습니다. 이들 솔루션
중 필요한 기능만을 선별하여 자사에서 직접 On-Premise로 구현한 시스
템과 연계한 Hybrid Cloud 플랫폼을 구성할 수 있기 때문입니다. 따라서
각 솔루션의 개별 구성요소를 상세하게 검토하여 솔루션 간 비교 분석할
필요가 있습니다.

2-1. Cloudera Hadoop

Cloudera는 오픈 소스인 Apache Hadoop을 상용 배포판 솔루션으로 구현하여 제공하는 가장 대표적인 회사입니다. 이 회사가 구현한 '**Cloudera Hadoop**(CDH)'이라고 부르는 솔루션은 Apache Hadoop의 생태계(Eco-system) 구성요소 중 핵심적이면서도 검증된 기술요소만을 선별하여 구성하였습니다. (다음 '그림 5. Cloudera Hadoop 솔루션 구성도' 참조.)

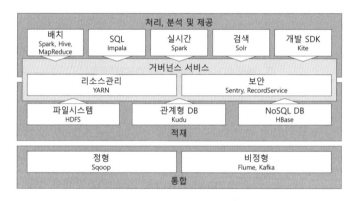

그림 5. Cloudera Hadoop 솔루션 구성도

그림 5와 같이 CDH는 '**통합**', '**적재**', '**처리, 분석 및 제공**', '**거버넌스 서비스**'의 네 개의 Layer로 구성됩니다. 먼저 '**통합**(Integrate)' Layer는 원천 시스템의 데이터를 플랫폼 내부로 수집하고, 내부 적재소 간 이동하는 역할을 담당하며, **정형** 데이터의 수집과 이동을 담당하는 Sqoop과, **비정형** 데이터의 수집과 이동을 담당하는 Flume, Kafka로 구성됩니다. **Sqoop**은 Oracle, MySQL 등과 같은 '관계형 데이터베이스'로부터 데이터를 수집,

파일로 변환하여 HDFS(Hive)로 적재하고, Hive에 적재된 데이터를 다시 RDB 테이블 형태로 변환하여 '관계형 데이터베이스'에 적재할 수 있습니다. **Flume**은 실시간으로 대용량 IoT[16] 로그 데이터 등을 수집하여 '메시지 브로커'인 **Kafka**를 거쳐 HDFS를 포함한 다중 타깃으로 전송할 수 있습니다. 이와 같은 기능을 고려했을 때 Cloudera에서 사용하는 '비정형'이라는 용어는, 이미지/동영상 등의 이진(Binary) 데이터뿐만 아니라, 로그 등의 '반정형' 데이터도 포함하는 용어로 보입니다.

다음으로 **적재**(Store)' Layer는 원천 시스템으로부터 수집한 데이터와 내부적으로 가공한 데이터를 보관하는 역할을 담당합니다. 가장 기본적으로 플랫폼의 '주 저장소(Main Storage)'인 **하둡 분산 파일시스템**(Hadoop Distributed FileSystem: HDFS)'이 있으며, 외부에서 수집되는 모든 '원본 데이터'를 보관합니다. 내부적으로 가공한 데이터나 사용자가 가공한 데이터를 HDFS의 '가공 데이터 영역'에 적재할 수도 있으며, 이는 '서비스용 데이터베이스'로 대체할 수도 있을 것입니다.

그리고 하둡 기반의 '관계형 데이터베이스'인 **Kudu**가 있으며, 업데이트 트랜잭션(Transaction)이 자주 발생하거나 대량의 트랜잭션[17]이 발생하는 데이터의 경우(기준정보 등), HDFS에서는 이를 처리하기 어려우므로 Kudu를 통해 처리하도록 합니다. 또한 기준정보를 '근 실시간'으로 업데이트해야 하는 애플리케이션 등에서 활용해야 할 경우 Kudu와 연계하여 활용하면 편리할 것입니다.

---

16) '사물 인터넷(Internet of Things)'은 전자 제품, 장비 등에 부착된 센서, 장치가 웹을 통해 연결되어, 실시간으로 데이터를 전송하거나 전송 받을 수 있는 체계를 의미함.

17) 여기서 대량이란 용량이 큰 데이터가 아닌, 트랜잭션의 수가 많은 것을 의미함.

다음은 하둡 기반의 'NoSQL 데이터베이스'인 **HBase**가 있으며, 대용량 분석용 데이터를 적재하여 서비스해야 할 경우에 주로 활용합니다. HDFS에 적재되어 있는 Raw Data를 서비스하기 편리한 형태로 가공하여 HBase에 적재해 놓으면, '데이터 분석가'는 이를 별도의 전처리 없이 곧바로 활용할 수 있어 사용자의 편의성을 향상할 수 있습니다. 하지만 이러한 Kudu와 HBase에 너무 많은 데이터를 적재하면 HDFS의 데이터와 중복 적재로 인한 적재 공간의 비효율, 또한 지속적 업데이트와 정합성 관리의 부담 등의 비용요소가 증가할 수 있어 신중하게 검토하여 꼭 필요한 경우만 활용할 수 있도록 해야 합니다.

다음으로 '**처리, 분석 및 제공**(Process, Analyze & Serve)' Layer는 데이터를 가공 처리한 후 분석할 수 있도록 제공하고, 필요한 처리 후 애플리케이션에 서비스하는 역할을 담당합니다. 먼저 '**배치**(Batch)' 처리 기능은 HDFS에 적재된 '원본 데이터'에 대해 **MapReduce** 또는 **Spark**를 통해 '색인'을 생성하거나 가공 처리를 수행하며, **Hive**를 통해 사용자의 데이터 조회가 가능하도록 쿼리를 처리하는 등의 역할을 수행합니다. MapReduce는 하둡의 분산 병렬 처리를 위한 기본적인 체계로써, '하둡 에코시스템'의 다양한 데이터 처리 도구들이 내부적으로는 MapReduce를 기반으로 처리하도록 설계되어 있는 경우가 많습니다. 예를 들어, Apache Hive와 Pig와 같은 경우, 사용자는 쿼리 혹은 프로그래밍 언어를 통해 처리 로직을 구현하지만, 내부적으로는 이를 다시 MapReduce 프로그램으로 전환하여 처리를 수행합니다. 즉 사용자는 이러한 내부 처리 로직을 이해할 필요가 없이, 비즈니스 로직만 구현하면 되는 것을 '추상화(Abstraction)'라고 부릅니다. Apache Hive와 Pig와 같은 도구들은 '추상화'를 통해 사용자들이 간편하게 하둡 시스템을 활용할 수 있도록 해 주는 것입니다. Spark는 복잡한 데이터 가공 처리가 필요하거나, 대용량 데이터를 빠른 속도로 처리하기 위해 이용하며, 실시간 스트리밍 처리에도 활용할 수 있는 등 다양한 용도에 적용할 수 있는 유용한 도구입니다. Spark는 Hive 혹은 Pig와 달리 내부적으로 MapReduce를 통해 구현되지 않으므로, 배치 처리뿐만 아니라 실시간 처리에도 이용 가능한 것입니다. MapReduce를 기반으로 하는 처리는 내부적인 변환 처리에 소요되는 시간으로 인해, 실시간 처리에는 적합하지 않기 때문입니다. 그리고 Hive는 HDFS에 적재되어 있는 데이터를 HiveQL이라는 언어를 통해 조회할 수 있도록 합니다. HiveQL은 일반 SQL문과 유사한 형태로 작성하면 되므로, SQL문에 익숙한 사용자들은 하둡에 적재되어 있는 데이터를 손쉽게 조회할 수 있습니다.

다음으로 'SQL' 기능은 사용자가 HDFS에 저장된 데이터를 편리하게 조회하기 위한 처리를 수행합니다. 앞서 언급한 Hive를 통해서도 조회가 가능하나, Impala를 활용하여 조회할 수도 있습니다. Impala도 Hive와 마찬가지로 HiveQL을 통해 쿼리를 작성하여 데이터를 조회할 수 있습니다. 그러나 Hive와 다른 점은 **Impala**는 '대규모 병렬 처리(Massively Parallel Processing: MPP)' 엔진을 통해 대용량 데이터를 조회 시에도 높은 성능을 제공할 수 있습니다. Hive는 내부적으로 MapReduce로 작업으로 변환하여 처리하므로 시간이 많이 소요되나, Impala는 자체 MPP 쿼리 엔진을 통해 처리하므로, Hive 대비 속도가 비교적 빠를 수밖에 없습니다. 따라서 빠른 처리 속도를 요구하는 애플리케이션에서는 Hive 대신 Impala를 이용하는 것이 좋습니다.

다음으로 '**실시간**' 처리 기능은 Kudu, HBase 혹은 Kafka(HDFS는 실시
간 처리에 적합하지 않으므로 제외)에 적재된 데이터를 실시간 스트리밍
처리 후 애플리케이션에 제공하는 역할을 수행합니다. Spark의 구성요소
중 **Spark Streaming**은 이러한 실시간 스트리밍 처리에 특화되어 있는 도
구로써, 데이터를 짧은 배치 단위로 세분화하여 메모리를 기반으로 빠른
속도로 처리 후 결과 데이터를 타깃 애플리케이션에 제공합니다. HDFS
에 적재되어 있는 데이터는 대체로 속도에 민감하지 않은 배치 기술로 처
리되나, Kudu, HBase, Kafka에 적재되어 있는 데이터는 대체로 빠른 속
도로 처리가 필요하므로, Spark Streaming 등의 실시간 처리 도구를 통해
처리하는 것이 바람직합니다.

다음으로 '**검색**' 기능은 Data Lake에 적재된 '데이터 객체'의 메타데이터
에 대한 '색인'을 생성하고, 사용자가 키워드 입력 시, 해당 키워드에 대한
'색인' 검색 결과를 신속하게 제공하고, 사용자의 편의를 위해 정확도, 인
기도 등을 기준으로 우선순위화하는 등의 역할을 수행합니다. 하둡 에코
시스템 중 **Apache Solr**라는 검색엔진이 이와 같은 기능을 수행하며, Data
Catalog 서비스의 검색엔진 기능 구현 시 이를 활용할 수 있습니다.

다음으로 '**개발 SDK**' 기능은 하둡 기반 애플리케이션을 편리하게 개발
할 수 있도록 지원하는 역할을 수행합니다. **Kite**는 하둡에 적재된 데이터
셋(DataSet)을 편리하게 이용할 수 있도록 API 및 관련 도구(CLI[18] 등)를
제공합니다. 즉 적재소 내부의 상세한 구조를 이해하거나 작업할 필요 없

---

18)　Command-Line Interface의 약자로써, 명령어를 입력하여 해당 명령의 실행 결과를 출력하는
방식의 사용자 인터페이스를 의미함.

이, 데이터의 조회, 가공, 스키마 생성, 데이터 입력 등 데이터와 관련된 모든 처리를 Kite에서 제공하는 명령어 기반으로 혹은 API를 활용하여 수행할 수 있습니다.

다음으로 '**거버넌스 서비스**(Unified Service)' Layer는 하둡의 전체 리소스를 안전하고 효율적으로 운용할 수 있도록 관리하는 역할을 수행합니다. 전체 Layer의 기능이 본 '거버넌스 서비스'의 통제를 받아 작동되어야 하므로, 시스템 안정성이 매우 중요한 영역입니다.

먼저 '**리소스 관리**(Resource Management)' 기능은 하둡 클러스터를 구성하는 리소스(컴퓨팅/적재소 자원)를 자동으로 분배하고 조정하는 역할을 수행합니다. 하둡은 기본적으로 분산 처리를 기반으로 하는 시스템이고, 통상 수백 개 이상의 서버로 구성[19]된 '하둡 클러스터'로 이루어져 있습니다. 빅데이터의 처리/적재 시에는 많은 리소스를 필요로 하며, 전사(Enterprise) 레벨의 수많은 작업을 동시에 처리하기 위해서는 '하둡 클러스터'에 포함된 '리소스 풀(Resource Pool)'의 분배와 조정 관리가 매우 중요합니다. '**YARN**(Yet Another Resource Negotiator)'은 이러한 하둡 리소스의 분배와 조정, 관리를 수행하는 도구로써, 애플리케이션의 작업 요청을 받으면, 전체 리소스에서 현재 수행하고 있는 작업의 진행 상황과 이용 가능한 리소스를 파악하여 적절한 리소스에 분배합니다. 이용 가능한 리소스가 없을 경우 대기하다가 진행 중인 작업이 완료되면 해당 리소스에 작업을 할당합니다. YARN은 이러한 복잡한 리소스 조정 관리를 자동

---

19) 이렇게 수백 개 이상의 서버 리소스를 하나로 묶어, 효율적으로 운영하는 방식을 '클러스터링(Clustering)'이라고 하며, 하둡에서는 이를 '하둡 클러스터'라고 부름.

으로 처리하므로, 사용자는 이러한 복잡한 내부 처리 과정을 이해할 필요 없이 '비즈니스 로직' 구현에만 몰두하면 됩니다.

다음으로 '**보안**(Security)' 기능은 사용자의 기능 및 데이터에 대한 접근 권한을 관리하고, 민감 데이터에 대한 보안 처리를 수행하는 역할을 담당합니다. 사용자의 권한/인증 관리와 비식별화/마스킹/암호화 등의 데이터 보안 처리는 CDH 내에서는 Sentry와 RecordService가 담당하며, 추가적인 보안 처리 기능 필요시 외부의 솔루션을 활용해야 합니다.

Sentry는 사용자의 '역할(Role)'에 따른 보유 권한에 따라, 하둡 클러스터 내의 데이터 및 메타데이터로의 접근을 관리하는 기능을 수행합니다.[20] 사용자는 자신의 담당 업무에 따라 Data Lake 플랫폼에 접근할 수 있는 '시스템 역할(데이터 분석가, 데이터 Steward, 시스템 관리자 등)'을 부여받고, 플랫폼 관리자는 각 '시스템 역할'별로 활용할 수 있는 기능, 데이터 및 메타데이터에 대한 접근 권한을 설정합니다. 이로 인해 사용자는 각 '시스템 역할'별로 설정된 권한에 한해서만 플랫폼의 기능과 데이터를 활용할 수 있습니다.

RecordService는 Apache가 아닌 Cloudera가 개발한 모듈로써, Sentry가 정의한 사용자 접근 권한 관리 정책을 다양한 '하둡 에코시스템'의 도구(Spark, MapReduce, Impala, Solr 등)에 적용할 수 있도록 합니다. 또한 데이터의 레코드(Row), 컬럼(Column) 레벨까지 세부적으로 권한을 통제할 수 있는 기능을 제공합니다. 그리고 사용자가 부여받은 데이터 접

---

20) Sentry는 2021년 4월 현재 Apache 프로젝트에서 종료되어 더 이상 업그레이드 버전을 출시하지 않음.

근 권한에 따라 동적으로 마스킹(Masking) 처리를 함으로써, 데이터 활용을 위한 별도의 승인을 받는 절차가 필요 없도록 합니다. 즉 개인 정보 등의 민감 데이터를 마스킹 처리하여 Data Lake 적재소에 저장하는 것이 아니고, 원본 데이터를 저장하고, 해당 데이터를 조회 시에 사용자의 권한에 따라 On-demand로 마스킹 처리를 하는 방식입니다. 이러한 방식을 적용한 데이터의 경우에는 민감 데이터라고 하더라도, 별도의 활용 승인 처리를 받지 않아도 될 것입니다.

Apache Hadoop은 CDH가 제공하는 기능 외에도 다양한 에코시스템 도구를 지속적으로 개발하고 있고, 기존 도구의 기능을 업데이트하고 있습니다. 따라서 이 도구들을 세부적으로 검토하여, CDH에 추가하여 도입할지에 대한 의사결정을 해야 합니다. 단, 이 경우에는 오픈 소스 솔루션이므로 CDH 솔루션과의 연계, 운영을 위한 모니터링과 같은 추가 기능을 자체적으로 개발해야 하고, 각 도입 모듈별로 별도의 전문 운영 인력을 마련해야 하므로 운영에 대한 부담이 증가합니다. 반면 CDH 솔루션은 Cloudera에서 운영과 관련한 시스템 도구, 전문 인력을 제공하고, 문제 발생 시를 대비한 SLA(Service Level Agreement)를 적용할 수 있어, 상대적으로 운영의 부담을 줄일 수 있으므로, 꼭 필요한 경우에만 추가 모듈을 도입/구현하는 것이 바람직할 것입니다.

2-2. Cloudera Data Platform

Cloudera는 빅데이터 플랫폼을 Private Cloud상에서 구현이 가능하도록 하는 'Cloudera Data Platform(CDP)' 솔루션을 제공하고 있습니다. 기업의 IT 환경이 점차 Cloud 기반으로 전환하고 있는 것을 고려했을 때, 빅 데이터 플랫폼으로 CDP를 선택하는 것도 고려할 수 있는 대안 중 하나라 생각됩니다. 그러면 이 CDP는 CDH와 어떻게 다른 것인지, CDP는 단지 CDH 플랫폼을 Private Cloud 기반으로 전환하는 것인지, 추가된 기능은 무엇인지에 대해 검토해 보겠습니다. (다음 '그림 6. Cloudera Data Platform 솔루션 구성도' 참조.)

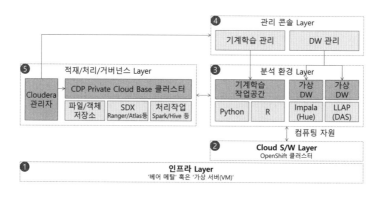

그림 6. Cloudera Data Platform 솔루션 구성도

그림 6은 CDP Private Cloud 솔루션의 구성도로, 다섯 개의 Layer로 구성됩니다. 첫 번째는 '**인프라 Layer**'로(1), 물리 서버인 '베어 메탈(Bare-Metal)' 혹은 이를 가상화한 '가상 서버(Virtual Machine: VM)'로 구성됩니다. CDP의 '적재/처리/거버넌스 Layer'과 같은 안정적 처리를 요구하는 영역은 '베어 메탈' 서버에 설치될 것이며, 안정성보다는 유연한 리소스 활용을 요구하는 '분석 환경 Layer'와 '관리 콘솔 Layer'는 VM 서버에 설치될 것입니다. VM 서버에는 Private Cloud 구성을 위한 소프트웨어가

설치될 것입니다.

두 번째는 '**Cloud 소프트웨어 Layer**'로(2), Cloud 서비스를 구현하기 위한 OpenShift라는 소프트웨어가 설치된 서버 클러스터입니다. OpenShift는 '쿠버네티스(Kubernetes: K8s)'라는 오픈 소스 소프트웨어를 기반으로 한 상용 버전의 소프트웨어이며, 애플리케이션의 '컨테이너화(Containerization)'와 자동 배포, 확장 등을 관리하는 역할을 수행합니다. 이 OpenShift가 설치되어 있는 서버의 애플리케이션은 Client의 요청에 따라 리소스를 가변적으로 활용할 수 있게 되어, 많은 리소스를 필요로 하는 빅데이터 분석 작업용으로 활용할 수 있을 것입니다. CDP에서도 가장 많은 리소스를 필요로 하는 '기계 학습(Machine Learning)'이나 빅데이터 쿼리를 위한 애플리케이션(Impala, LLAP 등)을 'OpenShift 클러스터'를 기반으로 구현합니다.

세 번째는 '**분석 환경 Layer**'로(3), 빅데이터 분석을 위한 애플리케이션이 Private Cloud를 기반으로 실행되는 영역입니다. '기계 학습'을 위한 Python, R과 같은 데이터 분석 프로그래밍 소프트웨어, 빅데이터 쿼리를 위한 Impala, 캐싱(Caching)을 통해 고성능 데이터 처리를 지원하는 'Hive LLAP(Live Long And Process)' 등의 애플리케이션을 이 영역에서 실행합니다. 사용자가 데이터 분석을 위한 작업 요청 시, 해당 작업을 위한 공간을 동적으로 자동 생성하고, 작업을 위한 리소스를 할당하며, 작업 완료 시에는 해당 리소스를 반환하여 다른 사용자들이 이용할 수 있도록 합니다. '데이터 분석가'가 대용량 데이터를 빠르게 분석하기 위한 작업 환경이라고 이해할 수 있으며, 'OpenShift 클러스터'상에서 이와 같은 동적인 분석 환경이 구성됩니다.

네 번째는 '**관리 콘솔 Layer**'로(4), 사용자가 직접 Self-Service를 통해 데이터 분석 환경을 구성하기 위한 기능입니다. 사용자는 '기계 학습' 알고리즘 개발을 위해 Python, R 프로그램을 작성할 수 있는 환경을 구성할 수 있고, 쿼리를 활용하여 데이터를 조회하고 가공하는 작업을 위해 Impala와 Hive LLAP를 실행할 수 있는 환경을 구성할 수도 있습니다.

다섯 번째는 '**적재/처리/거버넌스 Layer**'로(5), 데이터를 수집하고 적재하고 처리하는 작업에 대한 관리와, 보안 관리, 메타데이터 관리와 같은 거버넌스 기능을 담당합니다. 본 Layer는 '분석 환경 Layer'와 다르게 Cloud 기반이 아닌 On-Premise 기반으로 구현됩니다. 데이터를 수집하고 적재하고 처리하고 거버닝하는 기능은 지속적이고 안정적인 리소스와 빠른 응답성을 요구하므로, Cloud보다는 On-Premise상에서 구현하는 것이 더 적합하기 때문입니다. 반면 데이터 분석 애플리케이션의 경우는 응답성과 안정성보다는 리소스의 유연성을 더 많이 요구하므로(시점에 따른 필요 리소스 차이가 큼), Cloud상에서 구현하는 것이 더 적합할 것입니다.

'적재/처리/거버넌스 Layer'에는 먼저 데이터를 적재하기 위한 '**파일/객체 저장소**'가 있으며, 하둡 적재소인 **HDFS**와 '객체 저장소(Object Storage)'인 **Ozone**, '관계형 데이터베이스'인 **Kudu**로 구성됩니다. HDFS는 Data Lake의 '주 저장소'로서 원천 시스템으로부터 수집한 모든 Raw Data를 보관하고 서비스하는 용도로 활용합니다. Ozone은 HDFS에 적재 시에 비효율적일 수 있는 적은 용량 파일을 대량으로 적재하거나,[21] 웹(HTTP)을 통해 직접 사용자에게 서비스해야 할 필요가 있는 데이터(이미지, 동

---

21) HDFS는 적은 용량의 파일을 대규모로 적재할 경우, 적재 공간의 낭비가 심한 구조적 특성이 있음.

영상 등)의 경우 등에 활용하기에 적합한 적재소입니다(AWS의 S3와 유사). Kudu는 하둡 기반의 '관계형 데이터베이스'로 대규모로 대량의 업데이트 트랜젝션이 필요한 경우, 그리고 이를 애플리케이션에 서비스할 경우에 주로 활용합니다. 기준정보의 경우, 데이터의 '근 실시간' 업데이트가 필요하고 정합성의 유지가 대단히 중요합니다. 이러한 전사의 기준정보를 수집하고 현행화하여 여러 애플리케이션들에 서비스해야 할 경우에 활용하면 유용할 것입니다.

다음으로 거버넌스 기능을 수행하는 'SDX(Shared Data Experience)'[22]가 있으며, 빅데이터 플랫폼의 메타데이터를 관리하고, 사용자 인증/권한 관리, 데이터 보안 처리 등을 수행합니다. 'Hive Metastore(HMS)'를 통해 하둡에 저장하는 데이터의 기술 메타데이터를 관리하고, Atlas를 통해 비즈니스 메타데이터 관리, 키워드 검색, 데이터 리니지 등 Data Catalog 기능을 제공합니다. 또한 Ranger를 통해 'LDAP(Lightweight Directory Access Protocol)' 기반의 'SSO(Single Sign-On)' 인증을 제공하므로, 전사에서 관리하는 사용자 인증 체계에 따라 플랫폼의 접근을 관리할 수 있고 (전사의 단일 ID 체계를 통해 빅데이터 플랫폼에 로그인이 가능함), 사용자의 역할을 기반으로 한 권한 관리 기능도 제공합니다. 따라서 사용자별로 '시스템 역할'을 부여하고, '시스템 역할'별로 접근 가능한 기능, 데이터베이스, 테이블, 컬럼, 로우, 파일을 지정할 수 있어 세부적인 권한 관리가 가능합니다. 그리고 동적으로(사용자 요청 시) 컬럼 데이터를 마스킹(Masking)하여 민감 데이터의 노출을 보호할 수 있고, 보안 정책 규칙

---

22) SDX는 Cloudera의 거버넌스 기능을 모아 놓은 소프트웨어의 명칭.

(Rule)을 설정하여 자동으로 위반 사례를 적발하는 등의 보안 관리가 가능합니다.

다음으로, 데이터를 하둡 에코시스템 도구를 통해 가공하고 처리하여 사용자에 서비스하는 기능을 담당하는 '**데이터 처리**'가 있습니다. **MapReduce**는 하둡의 기본적인 분산 처리를 담당하며, 모든 배치 기반의 데이터 처리는 내부적으로 MapReduce 작업으로 변환하여 처리됩니다. **Hive**는 HDFS에 적재된 데이터에 대한 '색인'을 생성하고 '배치 View'를 생성함으로써, 사용자에게 쿼리를 통해 필요한 데이터를 조회할 수 있는 기능을 제공합니다. **Spark**는 대용량 데이터를 메모리를 기반으로 신속하게 처리하는 역할로 실시간 스트리밍 처리에 적합한 도구입니다. **HBase**는 HDFS에 적재된 원본 데이터를 가공한 데이터(주로 대용량 데이터)를 적재하고, 이를 사용자/애플리케이션에 신속하게 서비스하는 역할을 수행합니다.[23] **Solr**는 검색 색인을 생성하여 저장하고, 사용자가 요청한 검색을 처리하는 역할을 담당합니다. 이와 같이 '데이터 처리' 기능은 하둡을 기반으로 수행하는 데이터 관련 처리 작업을 모두 담당합니다.

이와 같이 CDP 구성요소도 CDH와 마찬가지로 대부분 하둡 생태계로 구성되므로 서로 중복되는 부분이 많이 있습니다. 가장 큰 차이점은 사용자의 '데이터 분석 환경'을 Private Cloud 기반으로 동적으로 리소스를 할당하여 구성할 수 있도록 하는 점입니다. 최근에 Data Scientist 조직을 중심으로 대용량 데이터를 분석하는 니즈가 점점 증가하고 있으므로, CDH

---

23) HBase는 '서비스용 데이터베이스'의 역할을 수행하므로, '파일/객체 저장소'에 속하는 기능으로 볼 수 있으나, CDP에서는 '데이터 처리' 기능에 포함되는 것으로 정의하고 있음.

보다는 CDP를 선택하는 것이 이러한 요구사항을 충족할 수 있는 방법일 것입니다. 물론, CDH를 기반으로 하되, '데이터 분석 환경'을 AWS, Azure 등의 Public Cloud 서비스로 활용한다면, 유사한 효과를 거둘 수 있을 것입니다.

2-3. AWS Data Lake

AWS(Amazon Web Service)는 Azure와 함께 전 세계적으로 가장 많이 활용되는 Public Cloud 서비스로, Data Lake를 구축하고자 하는 기업이 참조할 수 있도록 'Data Lake on AWS'라는 이름으로 별도로 솔루션을 구성하여 제공합니다. 물론 이 솔루션의 구성요소들은 전체 140개 AWS 서비스 목록 중 선별하여 제공하는 것으로, 이 중 추가로 필요한 구성요소를 선택하여 추가로 구성할 수 있습니다. (다음 '그림 7. AWS Data Lake 솔루션 아키텍처' 참조.)

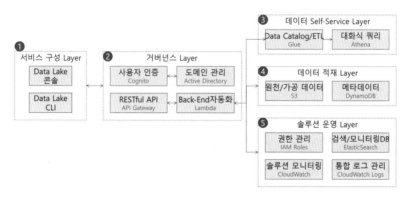

그림 7. AWS Data Lake 솔루션 아키텍처

그림 7은 AWS에서 구성한 일반적인 Data Lake 솔루션 아키텍처를 독자의 이해도를 높이기 위해 일부 수정하여 도식화하여 구성하였습니다. 'Data Lake on AWS' 솔루션은 전체 다섯 개의 '영역(Layer)'으로 구성되어 있습니다. 첫 번째, **'서비스 구성 Layer'**는 Data Lake 관리자가 AWS 솔루션을 활용하여 Data Lake 서비스를 구성하고 설정하는 기능을 수행합니다. 본 Layer는 **'Data Lake 콘솔'**(웹 기반의 사용자 인터페이스 도구)'과 **'Data Lake CLI**(Command-Line Interface 도구)'로 구성되어 있습니다.

'Data Lake 콘솔'은 웹 화면을 기반으로 하여 Data Lake의 사용자를 관리하고, Data Lake의 정책을 수립(등록)하고, 데이터를 검색/추가/삭제하는 등의 기능을 수행할 수 있습니다. **'Data Lake CLI'**는 명령어 텍스트를 입력하고, 명령 실행 결과도 텍스트로 보여 주는 형태의 인터페이스를 기반으로 합니다. 이를 통해 Data Lake의 데이터 처리를 자동화하거나, 기업 내부 데이터센터에 있는 기존 시스템과 외부에 있는 AWS와의 데이터 연계 처리 등을 수행할 수 있습니다.

두 번째, **'거버넌스 Layer'**는 AWS Data Lake 솔루션으로의 사용자와 애플리케이션 접근을 관리하고, Back-End 자동화 처리를 관리하는 등의 역할을 수행합니다. 모든 사용자와 애플리케이션은 '거버넌스 Layer'를 통해서만 AWS Data Lake 솔루션에 접근할 수 있도록 하고, 특정 이벤트 발생 시 자동으로 프로그램을 실행하고 인프라 자원을 유연하게 조정할 수 있도록 함으로써 고성능의 자동화 서비스를 유지할 수 있도록 합니다. '거버넌스 Layer'는 **'사용자 인증'** 기능, **'도메인 관리'** 기능, **'RESTful API'** 기능, **'Back-End 자동화'** 기능으로 구성됩니다.

'사용자 인증'은 **'Amazon Cognito'**가 담당하며, 사용자의 계정을 관리하고 인증을 처리합니다. 전사에서 관리하고 있는 계정 정보인 'AD(Active Directory)'와 연동하여 SSO(Single Sign-On)가 가능하도록 하므로, Data Lake를 위한 별도의 계정 정보를 관리할 필요가 없으며, 별도 로그인도 불필요합니다(전사 계정에 로그인 시). 또한 SNS(Social Network Service) 와의 인증 연동 기능도 제공하여, SNS에 로그인하면 별도의 로그인 절차 를 생략할 수 있는 기능을 제공합니다.

'도메인 관리'는 'AWS Directory 서비스'가 담당하며, 'AWS Directory 서 비스'는 기존에 대부분의 기업에서 전사 도메인 관리용으로 활용 중인 'Active Directory' 서비스를 Cloud 버전으로 전환한 것이라고 이해하면 됩니다. 'AWS Directory 서비스'는 전사 도메인에 참여하고 있는 사용자 의 계정을 관리하고, 본사/지사 그룹별 보안 정책을 관리하며, Kerberos 기반의 SSO 인증 기능을 제공하는 등 기존 Microsoft의 'Active Directory' 서비스와 동일한 기능을 제공합니다. 단, 도메인의 부하에 따라 자동으로 리소스를 확장/축소하고, 자동 백업과 모니터링 등 관리 서비스를 추가로 제공한다는 점이 기존 'Active Directory' 서비스와의 차이점입니다. 이 서 비스를 활용하기 위해서는 기존 'Active Directory' 서비스를 AWS로 이관 (Migration)해야 합니다.

'RESTful API'는 'Amazon API Gateway'가 담당하며, Data Lake의 데이터와 기능(서비스)을 웹(HTTP)을 통해 활용할 수 있도록 하는 'REST(Representational State Transfer)' 기반의 API(Application Programming Interface) 서비스입니다. 'API Gateway'는 'RESTful API'를 생성하 고 배포하고 활용할 수 있도록 관리하는 역할을 수행합니다. 사용자와 애 플리케이션은 'API Gateway'에서 생성한 API를 웹을 통해 호출하여 필요

한 데이터를 확보하거나 필요한 서비스를 이용할 수 있습니다. '데이터 쿼리' 혹은 'AWS 서비스'에 대한 URL을 제공하고, 사용자는 이 URL을 웹을 통해 호출함으로써 해당 쿼리 혹은 서비스를 실행할 수 있는 것입니다. 그리고 이때 'AWS Lambda' 서비스와의 연동을 통해 추가 리소스 필요시 자동으로 확장하고 필요 없을 시 축소하는 등의 자동화 처리를 수행합니다.

'Back-End 자동화'는 'AWS Lambda'가 담당하며, AWS Cloud 서비스의 가장 핵심적인 기능인 애플리케이션의 수요에 따른 필요 리소스를 자동으로 확장하고 축소하는 역할을 수행합니다. 이를 통해 급격한 애플리케이션의 리소스 수요 증가(많은 사용자의 동시 접속으로 인한 트래픽 증가 등)에도 안정적으로 대응할 수 있는 체계를 갖출 수 있습니다. Data Lake 관리자는 특정 이벤트 발생 시, Lambda 서비스를 통해 자동으로 프로그램(또는 서비스)을 호출할 수 있도록 설정할 수 있으며, Lambda는 해당 프로그램의 부하 정도에 따라 자동으로 리소스를 할당, 확장 혹은 축소를 진행하여 서비스의 일관된 성능을 유지해 주는 역할을 수행합니다. 이를 통해 Data Lake 관리자는 Back-End 프로그램의 리소스 수요를 예측하고 할당하고 확장하고 축소하는 등의 수작업 관리 활동을 수행할 필요가 없으며, 이를 위한 인프라 투자도 불필요하여, 초기 비용 없이 '이용한 만큼 지불'하는 Cloud의 핵심적인 목적을 달성할 수 있도록 해 줍니다.

세 번째, '데이터 Self-Service Layer'는 사용자가 직접 Self-Service로 데이터를 활용할 수 있도록 지원하는 역할을 담당합니다. 즉 사용자가 필요한 데이터를 직접 탐색하고 확보하고 타깃 위치로 이동할 수 있고, 실데이터를 조회하고 분석할 수 있는 등 데이터 활용을 위한 전체 프로세스를 지원합니다. 본 Layer는 '**Data Catalog/ETL**' 기능, '**대화식 쿼리**' 기능으로 구성됩니다.

'**Data Catalog/ETL**'은 '**AWS Glue**'를 통해 수행하며, 사용자가 필요 데이터를 검색하고 확보할 수 있도록 하는 Data Catalog와 '데이터 엔지니어(혹은 개발자)'가 ETL을 통해 Data Pipeline을 구성하는 기능으로 구성됩니다. 사용자는 Data Catalog를 통해 필요 데이터를 검색하고, 상세 정보를 조회하고, 다운로드할 수 있습니다. 또한 '데이터 엔지니어' 혹은 'ETL 개발자'는 필요 데이터를 선택 후, 타깃 위치를 지정하고 변환 로직(데이터 Join, 정제, 포맷 변경 등)을 추가하고 전송 주기를 설정하여 ETL Data Pipeline을 구성할 수 있습니다.

'**대화식 쿼리**'는 '**Amazon Athena**'를 통해 수행하며, 사용자가 'Amazon S3'라 불리는 '객체 저장소(Object Storage)'의 데이터를 표준 SQL을 통해 조회하고, 신규 테이블을 생성하여 데이터를 입력하고, 이를 다시 Data Catalog에 배포하는 작업을 수행할 수 있습니다. S3는 Data Lake가 원천 시스템으로부터 수집한 Raw Data를 보관하는 '주 저장소' 역할을 담당하는 적재소로, 실질적으로 전사의 모든 원천 데이터를 적재하는 곳입니다. 이 S3에 적재된 전사의 모든 원천 데이터를 쿼리를 통해 조회하고, Join을 통해 병합하여 신규 테이블에 적재하는 등의 작업을 수행할 수 있는 것입니다.

네 번째, '**데이터 적재 Layer**'는 Data Lake에서 수집한 원천 데이터 혹은 사용자가 가공한 데이터를 모두 저장, 보관하고 필요한 애플리케이션에 서비스하는 역할을 담당합니다. Data Lake가 원천 시스템으로부터 수집한 원천 데이터를 적재하고, '대화식 쿼리'를 통해 가공한 데이터를 보관한 후 애플리케이션에서 요청하는 시점에 서비스합니다. 또한 수집/가공한 모든 데이터에 대한 메타데이터(비즈니스/기술/운영)를 적재하여 Data Catalog에 서비스하는 역할도 수행합니다. '**원천/가공 데이터**'는 '객체 저장소(Object Storage)'인 '**Amazon S3**'에 적재하고 '**메타데이터**'는 '문서 기반의 NoSQL 데이터베이스'인 '**Amazon DynamoDB**'에 적재합니다.

'**원천/가공 데이터**' 저장소인 '**Amazon S3**(Simple Storage Service)'는 Amazon의 가장 대표적인 고성능 빅데이터 저장소로써, 저장 공간에 구애받지 않고 데이터를 저장할 수 있고, 자동으로 백업이 이루어지며(하둡과 동일), 분석용 빅데이터뿐만 아니라, 업무용 애플리케이션 데이터의 저장소로도 활용할 수 있는 다용도의 적재소입니다. 사용자는 Data Catalog 혹은 '대화식 쿼리'를 통해 직접 S3의 데이터를 조회할 수도 있고, 애플리케이션은 Lambda 함수를 통해 필요한 데이터를 가공/변환하여 확보할 수도 있습니다. 따라서 애플리케이션은 ETL 역할을 수행할 수 있는 Lambda 함수 덕분에, S3 데이터를 확보하기 위해 별도 ETL을 구성해야 할 필요가 없으니, ETL 개발비, 별도 인프라 구축비/운영비 등의 비용을 절감할 수 있을 것입니다.

'**메타데이터**' 저장소인 '**Amazon DynamoDB**'는 문서(Document) 및 키-값(Key-Value) 기반의 'NoSQL 데이터베이스'로, 주로 고성능을 요구하는 애플리케이션 데이터베이스의 용도로 활용됩니다. 'Dynamo DB'는 Data Lake 솔루션에서는 메타데이터 저장소로써 활용되며, S3에 적재되는 다양한 '데이터 객체'의 메타데이터를 저장하여 Data Catalog 및 '대화식 쿼리'에 빠른 속도로 서비스합니다. S3에 적재되는 '데이터 객체(Data Object)'는 테이블, 컬럼, 폴더, 파일, 필드, 이벤트 메시지의 토픽(Topic)과 같은 'Raw Data 객체'에서부터 쿼리, API, 보고서/대시보드, 지식(Article)과 같은 '사용자 생성 객체'도 포함합니다. 이에 대한 세부적인 내용은 이전 책《Data Catalog 만들기》를 참고하시기 바랍니다. 이러한 '데이터 객체'의 개수는 기업 내에서 통상 수백만 개 이상으로, 이러한 많은 건수의 데이터를 빠르게 처리할 수 있어야 합니다. 또한 다양한 '데이터 객체' 유형별로 관리할 메타데이터 항목이 상이하고, 단순 텍스트가 아닌 '서식 있는 텍스트(Rich Text)', 첨부 파일, 이미지 등도 적재가 가능해야 합니다. 이러한 요건들로 인해 메타데이터 저장소의 역할로 '관계형 데이터베이스'가 아닌, 'NoSQL 데이터베이스'인 DynamoDB를 로 활용하는 것입니다.

다섯 번째, **'솔루션 운영 Layer'**는 Data Lake 관리자가 솔루션을 운영하기 위해 필요한 기능들을 수행합니다. 사용자의 권한을 '시스템 역할(System Role)'을 기반으로 관리하는 **'권한 관리'** 기능과 솔루션의 이상 유무를 점검하고 추적할 수 있는 **'검색/모니터링 DB'**, **'솔루션 모니터링'**, **'통합 로그 관리'** 기능으로 구성되어 있습니다.

'권한 관리' 기능은 **'AWS IAM**(Identity and Access Management) **Roles'**를 통해 수행하며, 사용자가 시스템에서 담당하는 역할인 '시스템 역할'을 생성하고, 역할에 따른 권한을 부여하며, 사용자/그룹을 각 역할에 매핑(Mapping)하는 작업을 수행할 수 있습니다. 권한은 각 서비스의 기능 단위로 부여할 수 있고, S3에 적재된 데이터 단위로도 읽기/쓰기 권한을 부여할 수 있습니다. 이를 통해 사용자는 자신이 부여받는 '시스템 역할'에 따라 특정 서비스, 기능, 데이터에만 접근할 수 있습니다.

'검색/모니터링 DB' 기능은 **'Amazon Elasticsearch Service'**를 통해 수행

되며, Data Lake 솔루션 모니터링을 위한 각종 지표, 로그 데이터를 실시간으로 수집/적재하여, 이를 시각화 대시보드로 제공하는 역할을 수행합니다. Elasticsearch는 Apache Lucene 기반의 오픈 소스 검색엔진으로, 기업에서 검색엔진이나 모니터링 용도로 가장 많이 활용되는 솔루션 중 하나입니다. Elasticsearch는 통상적으로 모니터링 지표/로그 수집을 위한 Logstash, 수집한 데이터를 시각화 대시보드로 보여 주는 Kibana와 함께 사용되며, 이를 통해 솔루션 모니터링에 필요한 각종 지표, 로그 데이터를 수집/적재할 수 있고, 시각화 대시보드를 통해 수집한 데이터를 즉시 조회할 수 있습니다.

'**솔루션 모니터링**' 기능은 '**Amazon CloudWatch**'를 통해 수행되며, Data Lake 솔루션의 모니터링 서비스를 제공합니다. Elasticsearch와 CloudWatch 간의 차이점은 CloudWatch의 경우, AWS에서 사용하는 리소스와 애플리케이션의 모니터링 기능이 이미 구현되어 있어 훨씬 용이하지만, Elasticsearch의 경우, 모니터링이 필요한 대상에 대해 건별로 구현해야 하므로(CloudWatch Logs 등을 활용하여), AWS 솔루션을 모니터링하기 위한 용도로는 CloudWatch에 비해 비교적 구현하기 불편하다는 것입니다. 반면 Elasticsearch의 경우, 범용적인 용도로 활용하기 용이하므로, On-Premise로 구현된 하둡과의 Hybrid Cloud로 구현되어 있을 때에는 모니터링을 위한 목적으로 활용하기에 더 적합할 것입니다.

'**통합 로그 관리**' 기능은 '**Amazon CloudWatch Logs**'를 통해 수행되며, AWS의 로그 데이터를 통합하여 관리하고, '이상 패턴(Abnormal Pattern)'을 감지하여 알림 메시지를 전송하거나, 로그를 시각화하여 분석할 수 있는 서비스를 제공합니다. Elasticsearch 혹은 CloudWatch는 전반적인 모니터링 지표를 대시보드화하여 서비스하는 용도로 활용된다면, Cloud-Watch Logs는 로그 분석을 통해 세부적인 이상 현상을 감지하는 용도로 활용된다고 볼 수 있습니다. CloudWatch Logs의 로그 데이터를 Elastic-search에 실시간 스트리밍을 통해 제공하여 이를 가시화하는 방식으로 많이 활용됩니다.

2-4. Azure Data Lake

Microsoft Azure도 AWS와 마찬가지로 Public Cloud 기반의 Data Lake 솔루션을 제공합니다. (다음 '그림 8. Azure Data Lake 솔루션 아키텍처' 참조.)

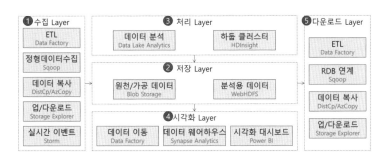

그림 8. Azure Data Lake 솔루션 아키텍처

그림 8과 같이 'Azure Data Lake'는 **수집 Layer**, **저장 Layer**, **처리 Layer**, **시각화 Layer**, **다운로드 Layer**의 다섯 개의 영역(Layer)으로 구성되어 있습니다. Layer 구분과 각 기능의 명칭(논리명)은 제가 Microsoft의 자료

를 토대로 임의로 해석한 부분이 있으므로, 추가적인 상세한 내용은 Microsoft Azure의 원본 자료를 참고하시기 바랍니다.

첫 번째, '**수집 Layer**'는 원천 데이터를 수집하여 Data Lake의 '저장 Layer'에 적재하는 역할을 수행합니다. 다양한 유형의 데이터를 다양한 방식으로 수집할 수 있으며, 먼저 일반적인 데이터 수집 방식으로 가장 많이 활용하는 '**ETL**(Extract, Transform, Load)' 서비스를 제공합니다. ETL 서비스는 '**Azure Data Factory**'를 통해 제공하며, 다양한 유형의 데이터를 일정 주기, 즉 배치로 수집하는 용도로 주로 활용합니다. 만약 기업의 원천 데이터를 내부의 하둡 저장소, 즉 HDFS로 데이터를 적재해야 한다면, 외부의 ETL 서비스를 활용하기보다는, 내부의 하둡 에코시스템의 도구인 Sqoop, DistCp, Storm을 활용하여 데이터를 수집하는 것이 바람직합니다. 하지만, 기업 외부의 SNS 데이터 등을 수집해야 한다면, Public Cloud의 ETL 서비스를 이용하는 것도 고려할 수 있을 것입니다.

'**정형 데이터 수집**' 서비스는 '**Apache Sqoop**'을 통해 제공하며, 원천 시스템이 '관계형 데이터베이스'이고, HDFS로 적재할 경우에 주로 활용합니다. 기업의 원천 시스템의 대부분은 '관계형 데이터베이스'인 경우가 많으므로, 이러한 RDB 시스템의 데이터를 Data Lake로 수집 시에는 Sqoop을 활용하는 것이 바람직합니다.

'**데이터 복사**' 서비스는 '**Apache Hadoop DistCp**(Distributed Copy)' 혹은 '**AzCopy**'를 통해 제공하며, 하둡 저장소 간 혹은 Azure 저장소 간의 파일을 복사할 수 있는 기능을 제공합니다. DistCp는 하둡 저장소 간에 대용량 파일을 이동해야 할 경우, 즉 원천 시스템이 하둡인 경우에 Data Lake 내 하둡 저장소로 데이터를 이동해야 할 경우에 활용합니다. AzCopy는 원천 시스템이 Azure의 적재소인 경우, Data Lake 내 Azure 적재소, 즉 'Blob Storage'로 데이터를 이동할 경우에 활용합니다.

'업/다운로드' 서비스는 'Azure Storage Explorer'를 통해 제공하며, 사용자가 직접 GUI(Graphical User Interface) 화면을 통해 데이터/파일 목록을 조회하면서 건별로 데이터를 수집해야 할 경우에 활용합니다. '윈도우 파일 탐색기'와 유사한 형태로 적재소별 데이터/파일 목록을 조회할 수 있으며, 로컬 PC의 데이터를 Data Lake의 적재소로 업로드할 수 있고, Data Lake 적재소의 데이터를 로컬 PC로 다운로드할 수도 있습니다. 주로 사용자가 가공한 데이터를 Data Lake에 직접 업로드해야 할 경우에 활용할 수 있을 것이며, Data Lake는 사용자 가공 데이터를 수집하는 용도로 활용합니다. 'Storage Explorer' 내에서 쿼리를 수행할 수도 있고, 데이터 프로파일링 통곗값도 제공하는 등의 편의 기능도 함께 제공합니다.

'실시간 이벤트' 데이터 수집 서비스는 'Apache Storm'을 통해 제공하며, 이벤트 메시지를 스트리밍 처리를 통해 Data Lake로 수집하는 기능을 제공합니다. '사물 인터넷(Internet of Things: IoT)' 센서/장비 데이터, '소셜 미디어 서비스(SNS)' 데이터, 부정 행위 감지를 위한 '금융 거래' 데이터 등의 경우는 실시간으로 수집하여 스트리밍 처리를 통해 결과 데이터를 제공해야 합니다. 이러한 실시간 데이터의 경우는 Storm을 통해 Data Lake로 수집하여 스트리밍 처리 후 즉시 애플리케이션에 데이터를 제공할 수 있습니다. 이 경우 실시간 처리를 위해 데이터를 Data Lake의 HDFS에 적재함과 동시에 Apache Kafka에도 동일한 데이터를 제공하여 처리하는 것이 바람직합니다('람다 아키텍처' 적용 시).

두 번째, '저장 Layer'는 원천 시스템으로부터 수집한 Raw Data, 사용자

가공 데이터, 분석용 데이터를 저장하여 보관하고, 사용자와 애플리케이션에 서비스하는 역할을 수행합니다. 본 Layer는 1세대 적재소인 'HDFS'와 2세대 적재소인 'Blob Storage'로 구분합니다. 1세대 'HDFS'는 2024년에 서비스 종료 예정으로, 현재는 2세대 적재소인 'Blob Storage' 중심으로 서비스가 이루어지고 있습니다. 'Blob Storage'는 'HDFS'에 비해 비정형 대용량 데이터의 저장과 실시간 스트리밍 서비스에 특화하여 처리할 수 있도록 구현한 적재소입니다.

메인 적재소인 **Blob Storage**'는 Data Lake의 주요한 원천 데이터와 사용자가 가공한 데이터를 포함한 **'원천/가공 데이터'**를 적재하는 용도로 활용합니다. 'Blob Storage'는 대량의 텍스트 파일뿐만 아니라 이미지, 문서, 동영상, 이진(Binary) 파일 등의 모든 데이터 유형을 효율적으로 적재할 수 있습니다(AWS의 S3와 유사). 또한 REST API 활용 시, 웹(HTTP)을 통해 직접 데이터 서비스를 제공할 수 있어, 사용자나 애플리케이션에 데이터 서비스용으로도 활용할 수 있습니다. 그리고 Python, Java, .NET 등의 프로그램 언어에서 'Blob Storage'에 '직접 연결(Direct Connection)'을 통해 접근할 수 있도록 하여, 데이터를 편리하게 분석할 수 있습니다.

HDFS'는 서비스 종료(2024년)가 예정되어 있어 메인 적재소로 활용하기보다는 보조적인 용도로 활용하는 것이 바람직합니다. 서비스용 데이터를 적재하기보다는 하둡 기반의 처리 프로그램/도구(MapReduce, Spark, HBase, Kafka 등)에서 분석하는 **'분석용 데이터'**를 임시로 적재하는 용도로 활용할 것을 추천합니다. 데이터 처리 프로그램과 데이터가 동일한 서버에 존재하도록 하는 'Hadoop Locality'을 기반으로 하여 데이터를 처리하는 것이 성능 측면에서 훨씬 유리하기 때문입니다.[24] 따라서 분석 작업용 데이터는 HDFS에 적재하고, 분석이 완료된 결과 데이터를 'Blob Storage'에 적재하여 사용자와 애플리케이션에 서비스하는 것이 바람직할 것입니다.

세 번째, '**처리 Layer**'는 Data Lake가 수집한 데이터를 가공 혹은 전처리(Preprocessing)하여 분석이 용이한 형태로 변환 후 다시 적재하거나 곧바로 분석 애플리케이션에 제공하는 역할을 수행합니다. 본 Layer는 '시각화 Layer'에 필요한 데이터를 가공하여 제공하는 단계로 볼 수 있으며, '**데이터 분석**' 서비스와 '**하둡 클러스터**' 서비스로 구성되어 있습니다.

'**데이터 분석**' 서비스는 '**Azure Databricks**'를 통해 제공하며, 'Apache Spark'를 활용하여 빅데이터를 고성능으로 처리하는 역할을 수행합니다. Databricks는 대화형 프로그래밍 방식으로써, Python, R, Scala 등 다양한 프로그래밍 언어를 활용하여 프로그램을 작성하고, 실행 결과를 곧바로 조회하면서 추가로 프로그램을 작성할 수 있는 'Jupyter Notebook', 혹은 'Apache Zeppelin'과 유사한 형태의 데이터 처리 도구입니다. 데이터 분석가는 Data Lake에 수집된 데이터를 가공하여 새로운 데이터를 생성할 수도 있고, 처리 결과를 곧바로 타깃 저장소에 제공할 수도 있습니다.

'**하둡 클러스터**' 서비스는 '**Azure HDInsight**'를 통해 제공하며, 다양한 하둡 에코시스템 도구(Spark, Hive, HBase, Kafka, Storm, MapReduce 등)를 활용하여 데이터를 처리하는 역할을 수행합니다. Databricks와 유사하게 데이터를 처리하는 역할을 수행하나, Databricks는 Apache Spark를

---

24) 데이터를 네트워크를 통해 이동하는 데 소요되는 시간을 줄일 수 있기 때문임.

기반으로 Azure가 자체적으로 개발한 프로그래밍 환경을 활용해야 하는 반면, HDInsight는 다양한 하둡 에코시스템 도구와 범용 개발 환경(Visual Studio, Eclipse, Intellij, Jupyter, Zeppelin)을 활용할 수 있는 서비스입니다. Spark 외의 하둡 에코시스템 도구들에 익숙하거나 기존의 개발 환경에 익숙한 분석가는 HDInsight를 활용하여 데이터를 분석함으로써, 작업 생산성을 향상할 수 있을 것입니다. 그리고 On-Premise 하둡 클러스터와의 차이점은 Cloud를 기반으로 작업 부하에 따라 자동으로 리소스를 확장/축소하고, 관리자가 별도로 운영/관리할 필요가 없다는 것입니다.

네 번째, '**시각화 Layer**'는 전처리가 완료된 데이터를 시각화하여 분석하는 역할을 수행합니다. 본 Layer는 Data Lake 적재소의 데이터를 '데이터 웨어하우스'로 이동하는 '**데이터 이동**' 서비스, 데이터를 고성능 쿼리 엔진을 통해 조회하는 '**데이터 웨어하우스**' 서비스, 쿼리 결과를 보고서 형태로 작성하는 '**시각화 대시보드**' 서비스로 구성됩니다.

'**데이터 이동**' 서비스는 '**Azure Data Factory**'를 통해 제공하며, Data Lake 적재소의 데이터를 '데이터 웨어하우스', 즉 'Azure Synapse Analytics'로 이동하는 역할을 수행합니다. 'Data Factory'는 데이터 이동 주기를 설정하고, 데이터 변환 로직을 추가하여 ETL Data Pipeline을 구성함으로써, 분석을 위해 필요한 데이터를 '데이터 웨어하우스'로 제공할 수 있습니다.

'**데이터 웨어하우스**' 서비스는 '**Azure Synapse Analytics**'를 통해 제공하며, 데이터 분석에 필요한 모델을 구성하고, 고성능 쿼리 엔진을 통해 대용량 데이터를 분석할 수 있습니다. 'Synapse Analytics'는 대용량 데이터의 고성능 쿼리 엔진인 'Synapse SQL', 빅데이터의 스트리밍 처리를 위한

'Apache Spark', 또한 ETL/ELT[25] 기반의 Data Pipeline 구성 기능까지 갖추고 있습니다. 'Synapse SQL'은 MPP(Massively Parallel Processing) 기반의 고성능 쿼리 엔진으로, 사용자는 '전용 SQL 풀'이라 부르는 분석 리소스를 할당받아 사용해야 합니다. 데이터 분석가는 먼저 '전용 SQL 풀'을 할당받은 후, '데이터 가상화'[26] 기술인 T-SQL을 통해 데이터를 쿼리/가공 후 결과 데이터를 '데이터 웨어하우스'에 적재함으로써, Data Pipeline을 구성할 수 있습니다. Data Pipeline 구성 후에는 사용자는 필요한 데이터를 주기적으로 확보하여 활용할 수 있습니다.

'시각화 대시보드' 서비스는 **'Azure Power BI'**를 통해 제공되며, '데이터 웨어하우스'에 적재된 데이터를 대시보드 형태로 시각화하는 기능을 제공합니다. 또는 Data Lake 적재소인 'Blob Storage'와 커넥터(Connector)를 통해 직접 연결하여 데이터를 시각화할 수도 있습니다. 사용자가 작성한 보고서/대시보드는 다시 'Power BI'에 배포하여 다른 사용자와 공유할 수도 있습니다.

다섯 번째, **'다운로드 Layer'**는 Data Lake에 적재된 데이터를 외부 애플리케이션, 데이터베이스, 적재소로 연계하여 이동(복사)하거나, 사용자의 로컬 PC로 다운로드하는 역할을 수행합니다. Data Lake 적재소의 데이터를 검색하고 선택하여 이동하는 기능이 중심으로, 기능상으로는 '데이터 수집 Layer'와 거의 동일하다고 볼 수 있습니다. '데이터 수집 Layer'는

---

25) ELT(Extract, Load, Transform)은 데이터를 추출하여 '데이터 웨어하우스'에 적재 후 변환 처리를 수행하는 방식을 의미함.
26) '데이터 가상화(Data Virtualization)'는 여러 유형의 적재소에 존재하는 데이터를 가상의 'In-Memory DB'로 추출 후 가공하는 방식을 의미함.

Data Lake 외부의 데이터를 내부로 이동하는 기능이라는 부분만 차이가 있습니다. 따라서 Storm에 의한 '실시간 이벤트' 데이터 수집 기능을 제외하고는 기능/기술요소가 두 Layer 간에 동일합니다. 만약 '실시간 이벤트' 데이터를 외부에 제공해야 할 경우에는 '처리 Layer'의 HDInsight의 구성요소인 Kafka와 Storm을 활용하여 외부 타깃 저장소로 데이터를 제공하는 Pipeline을 구성해야 할 것입니다.

먼저 **'Azure Data Factory'**에 의한 **'ETL'** 서비스는 Data Lake에 적재되어 있는 데이터를 ETL을 통해 외부 적재소에 연계하여 제공할 수 있도록 Data Pipeline을 구성하는 기능입니다. 이 기능은 데이터 유형이나 타깃 적재소 유형과 무관하게 사용할 수 있습니다.

'Apache Sqoop'에 의한 **'RDB 연계'** 서비스는 Data Lake 적재소의 데이터를 Sqoop을 통해 외부의 '관계형 데이터베이스'에 연계하여 제공할 수 있는 기능입니다. Sqoop은 HDFS에 적재된 Hive 테이블을 '관계형 테이블' 형태로 변환하고, '관계형 데이터베이스'에 연결 후 변환한 테이블을 적재합니다. 즉 데이터가 하둡에 적재되어 있고, 외부 타깃 적재소 유형이 '관계형 데이터베이스'이며, 배치성으로 대규모 분산 처리 후 데이터를 전송할 필요할 때에 활용할 수 있는 서비스입니다. Sqoop은 내부적으로 MapReduce 작업을 변환하여 처리하므로, 실시간 처리가 필요할 경우에는 적합하지 않을 것입니다.

'Apache Hadoop DistCp(Distributed Copy)'에 의한 **'데이터 복사'** 서비스는 하둡 적재소인 HDFS의 데이터를 외부의 하둡 적재소에 이동(복사)할 경우, 특히 대용량 데이터이면서 배치성 처리가 필요한 경우에 활용할 수 있는 서비스입니다. **'AzCopy'** 역시 **'데이터 복사'** 서비스로서, 파일시스템 기반의 적재소 간에 파일을 복사할 경우에 사용하는 명령줄(명령어를 입력하여 실행) 방식의 도구입니다. Data Lake의 'Blob Storage'에서 외부의 Cloud 기반의 파일시스템(Amazon S3, Google Cloud Storage 등)으로 파일을 복사할 경우 주로 활용합니다.

'Azure Storage Explorer'에 의한 **'업/다운로드'** 서비스는 Data Lake의 내부의 'Blob Storage'에 적재된 데이터를 외부의 Azure 적재소에 제공해야 할 경우에 활용할 수 있는 서비스입니다. GUI 기반의 탐색기 화면에서 데이터 목록을 조회하고, 쿼리 등을 통해 데이터를 가공하여 제공하며, 제공 주기를 설정하여 해당 주기에 따라 자동으로 전송할 수도 있습니다.

2-5. 솔루션 아키텍처 간 비교

지금까지 네 가지 빅데이터 솔루션의 '논리 아키텍처(Logical Architecture)[27]를 검토해 보았습니다. 각 솔루션별로 보유하고 있는 기능과 기술적 특성이 조금씩 상이하고, 각각의 장/단점이 존재하므로, 이들 간의 비교를 통해 어떤 경우에 어떤 솔루션을 선택하는 것이 좋을지 검토가 필요합니다. (다음 '그림 9. Data Lake 솔루션 아키텍처 간 비교' 참조.)

---

27) '논리 아키텍처'란 논리적 기능을 나열하고, 유사한 기능을 그룹화하여 한눈에 보기 쉽도록 구성한 아키텍처.

비교 항목	Cloudera Hadoop	Cloudera Data Platform	AWS Data Lake	Azure Data Lake
구축 방식	• On-Premise	• Private Cloud와 On-Premise의 Hybrid	• Public Cloud	• Public Cloud
적용 기술	• Full-Stack 하둡 적용	• 전반적 하둡 적용 • Cloud 관련 OpenShift 적용 • 관리 기능 자체 개발	• 전체 기능 자체 개발 (일부 예외 존재)	• Full-Stack 하둡을 Cloud 기반 변형 • 처리/분석 기능 일부 자체 개발
기능 특성	• Data Scientist 타깃 기능 • 객체 저장소 부재 • 데이터 분석 기능 제한적	• 분석 환경은 Cloud 기반으로 동적 리소스 활용 • 고급 사용자 기능 중심 • 거버넌스 기능 보완	• 하둡 기반 기능 부재 • 자동화/관리 기능 다양 • Data Catalog, 대화식 쿼리 서비스 포함 • 수집/처리 Layer 부재	• 다양한 기능 존재 (일부 중첩) • 하둡 활용 고급 기능, 일반 사용자 대상 기능 모두 존재
개발 기간/비용	• 장기/높음	• 중기/중간	• 단기/낮음	• 단기/낮음
운영 비용	• 인프라 관리/자동화 비용 높음	• 인프라 관리 비용 높음	• 운영 비용 가장 낮으나, 이용량에 따른 요금 부과	• 운영 비용 전반적 낮으나, 이용량에 따른 요금 부과

그림 9. Data Lake 솔루션 아키텍처 간 비교

그림 9와 같이 네 가지의 Data Lake 솔루션 아키텍처에 대해 '**구축 방식**', '**적용 기술**', '**기능 특성**', '**개발 기간/비용**', '**운영 비용**'의 다섯 가지 측면에서 비교 분석하였습니다. 먼저 '**구축 방식**' 측면에서는 'Cloudera Hadoop(CDH)'은 On-Premise 방식으로 구축해야 하는 반면, 나머지 세 가지 솔루션은 Cloud 기반으로 구축합니다. 'Cloudera Data Platform(CDP)'의 경우 Private Cloud 방식을 On-Premise 방식과 혼합한 Hybrid Cloud 방식으로 구축하는 반면, 'AWS Data Lake'와 'Azure Data Lake'의 경우는 Public Cloud 방식으로 구축하는 것을 기본으로 합니다. 하지만 AWS와 Azure는 솔루션의 일부 요소만 Public Cloud로 활용하고, 나머지는 자사의 On-Premise 방식의 인프라와 결합한 Hybrid Cloud 방식으로도 구축할 수 있습니다.

다음으로 '**적용 기술**' 측면에서는 CDH의 경우, 당연히 전체 기술 스택

(Stack)[28]을 하둡의 에코시스템으로 구성하고 있으나, CDP의 경우는 하둡 에코시스템을 기본으로 하되, 필요한 요소에 외부 혹은 자체 기술을 도입하는 방식으로 아키텍처를 구성하고 있습니다. '분석 환경 Layer'와 '관리 콘솔 Layer'는 Private Cloud 기반으로 구현되며, 이 Private Cloud 구성 시 쿠버네티스(K8s) 기반의 OpenShift를 활용합니다. 또한 '분석 환경 Layer'의 '기계 학습'을 위해 하둡 에코시스템 외의 Python, R을 추가로 활용하고 있습니다. 그 외 '관리 콘솔 Layer'와 'Cloudera 관리자'는 Cloudera의 자체 개발 기능을 적용합니다. AWS의 경우는 전체 기술 스택을 자체 개발한 기술을 활용하여 구성하나, '검색/모니터링 DB' 기능용으로는 예외적으로 Apache Lucene 기반의 Elasticsearch를 활용합니다. Azure의 경우는 전체 기술 스택을 하둡의 에코시스템으로 구성하되 Public Cloud 기반으로 재구축하여 제공합니다. 그리고 하둡 에코시스템 기능과 거의 유사한 기술요소들을 Azure가 자체 개발하여 구성하되, 사용자 편의성을 크게 향상하여 제공합니다. 따라서 사용자는 하둡 에코시스템 기능과 자체 개발 기능 중 선호하는 방식을 선택할 수 있습니다. 사용자는 각 수집/저장/처리/다운로드 Layer에서 하둡 에코시스템 도구와 Azure 자체 개발 도구 중 선택하여 활용할 수 있습니다. 이를 통해 Azure는 사용자의 다양한 스킬 수준이나 선호사항을 가장 폭넓게 수용할 수 있는 솔루션으로 보입니다.

다음으로 '**기능 특성**' 측면에서는 CDH의 경우, 전체가 하둡 에코시스템

---

28) '스택'이란 통상 아키텍처의 구조를 아래에서부터 위로 층층이 쌓는 구조로 표현하게 되어 부르는 명칭임.

으로 구성되어 있으므로, 고급 분석가, 즉 Data Scientist를 타깃으로 한 기능들로 구성됩니다. 이러한 하둡 에코시스템은 사용자 편의성보다는 대용량/실시간/다양한 유형의 데이터를 고성능으로 처리하고 분석하는 기능에 초점이 맞춰져 있습니다. 또한 CDH는 '객체 저장소(Object Storage)'를 포함하고 있지 않으며('Apache Ozone'이라는 '객체 저장소'가 있으나 CDH에는 불포함), 하둡 외의 다른 데이터 분석 기능(Python, R 등)을 활용할 수 없다는 한계가 있습니다.

CDP의 경우, CDH가 제공하는 기능에서 '객체 저장소' 기능, 거버넌스 기능, 관리자 기능을 추가 보완하였으며, 하둡 에코시스템 외 '기계 학습' 프로그래밍을 위한 Python, R을 추가로 활용할 수 있다는 장점이 있습니다. 또한 데이터 분석 환경을 Private Cloud 기반으로 운영하므로, 사용자가 데이터 분석에 필요한 리소스를 동적으로 확보할 수 있습니다. 이로 인해 Data Scientist가 많은 리소스를 필요로 하는 분석 작업을 수행하는 데 유리할 것입니다.

AWS의 경우, 하둡 에코시스템 도구를 제공하지 않기 때문에, 기존의 하둡 에코시스템 도구에 익숙한 사용자에게는 새로운 도구를 다시 습득해서 이용해야 하는 불편함이 있을 수 있습니다. 대신에 Lambda를 기반으로 한 자동화나 각종 운영 관리 기능을 지원하므로, 관리자와 운영자의 입장에서 편리한 기능이 많다는 장점이 있습니다. 또한 '수집 Layer'와 '처리 Layer'가 별도로 존재하지 않고, 사용자가 '데이터 Self-Service Layer'를 통해 직접 ETL Data Pipeline을 생성하여 수집하거나, '대화식 쿼리 서비스'를 활용하여 처리 프로그램을 작성해야 합니다. 물론 AWS에는 다양한 데이터 분석 기능이 존재하나, Data Lake 솔루션 내에는 포함되어 있지

Data Lake 플랫폼 아키텍처

않으며, 일반 사용자의 데이터 Self-Service를 위한 Data Catalog와 '대화식 쿼리 서비스' 정도만 포함되어 있습니다. 따라서 AWS Data Lake 솔루션은 고급 분석가보다는 일반 사용자나 개발자/엔지니어가 이용하기에 좀더 편리한 방향으로 구성된 것으로 이해할 수 있습니다. 하지만 AWS에는 고급 분석가를 위한 다양한 데이터 분석 기능들도 있으므로, 이를 추가하여 이용할 수 있습니다.

Azure의 경우, 고급 분석가를 위한 하둡 에코시스템 기능과 GUI 기반의 사용자 편의성이 높은 기능들을 중복으로 구성하여 사용자의 스킬과 지식 수준에 따라 필요한 기능을 선택하여 사용할 수 있습니다. 하지만 AWS와 달리 Data Catalog와 같은 기본적 Data Lake 기능은 포함하고 있지 않으며, 데이터 분석을 위한 기능을 중심으로 구성하고 있습니다. 그리고 AWS에서 제공하는 운영 관리 기능, Lambda와 같은 자동화 처리 기능을 포함하고 있지 않아, Data Lake 관리자와 운영자에게는 AWS에 비해 상대적으로 불편한 요소로 작용할 것입니다.

다음으로 '개발 기간/비용' 측면에서는 CDH의 경우, On-Premise로, 즉 자사의 데이터센터에 전체 기능을 직접 개발하여 구현해야 하므로, 오랜 구현 기간과 비용이 소요됩니다. CDH가 솔루션 형태의 설치 버전으로 구성되어 있지만, 이를 설치 후에 곧바로 사용할 수 없으며, 내부의 비즈니스 로직을 추가로 구현해야 합니다. Cloudera가 CDH 배포 버전에 대한 기술 지원을 제공하므로, Apache Hadoop 에코시스템을 개별적으로 직접 구현하는 것 대비 구축과 운영이 용이하긴 하지만, CDH를 설치 후에 곧바로 활용할 수 있는 수준이 아님을 명심해야 합니다.[29] 또한 CDH는 Data Lake에 필수적인 구성요소만 갖추고 있으므로, Data Catalog, '대화식 쿼리 서비스'와 같은 추가로 필요한 기능요소를 식별하여 별도로 구현해야 하므로, 오랜 구현 기간과 비용을 필요로 합니다.

CDP의 경우, On-Premise와 Private Cloud 기반으로 전체 기능을 구현해야 하므로, 자사의 데이터센터에 모든 기능을 개발하여 구현해야 하는 CDH와 유사한 수준의 개발 기간과 비용이 필요합니다. 하지만 '거버넌스(Shared Data Experience: SDX)' 기능과 관리 기능, 사용자 콘솔, 분석 프로그램 언어인 Python, R이 CDH 대비 추가로 포함되어 있어 비교적 추가로 구현해야 할 기능이 적을 것으로 예상합니다. 따라서 CDH 대비 구현 기간은 적게 소요될 것으로 예상되나, 솔루션 라이선스 비용 추가로 인해 개발 비용은 CDH 도입 시와 유사하거나 조금 더 낮게 소요될 것으로 예상합니다.

AWS와 Azure의 경우, Public Cloud 기반으로 구현하므로, 자사가 아닌 외부의 인프라를 활용하며, 기능상의 완성도도 비교적 높으므로, 개발 기간과 비용은 비교적 적게 소요될 것입니다. 하지만, 비교적 필요 리소스의 변동이 적은 '적재 Layer'와 '거버넌스 Layer'를 On-Premise로 구현하고, 그 외 기능을 Public Cloud 서비스를 활용한 Hybrid Cloud를 구성한다면, 개발 기간과 비용은 증가할 수 있습니다. 현실적으로 모든 기능을 Public Cloud로 구현하는 경우는 많지 않으므로, 그 외 기능을 On-Premise 방식

---

29) CDH 솔루션은 ERP 패키지와 같이 모든 구성요소가 구현되어 있고, 일부 커스터마이징만 하면 이용할 수 있는 수준으로 생각해서는 안 된다는 의미임.

으로 구현하고 이를 Public Cloud 서비스와 연계한다면, 개발 기간/비용은 CDP 대비 낮은 수준으로 소요될 것으로 예상합니다.

마지막으로 '**운영 비용**' 측면에서는 CDH의 경우, 솔루션 라이선스 비용과 운영 인력 비용, 인프라 관리 비용, 운영 자동화 구성 비용 등이 소요될 것입니다. 빅데이터 분석 니즈가 높은 기업의 경우, 그에 따른 추가 인프라 투자 비용이 소요될 것이고, 필요 리소스 변동 폭이 클 것으로 예상되므로, 운영의 난이도가 높을 것으로 예상합니다. 또한 CDH에 포함된 기술요소 이외의 추가 기술요소 도입 시, 이에 따른 추가 운영 인력 보강이 필요하고 운영 부담이 증가할 것으로 예상되나, 하둡의 전체 에코시스템을 직접 개발/운영함으로 인한, 자체 하둡 전문 인력의 양성을 기대할 수 있는 장점이 있습니다.

CDP의 경우, CDH와 마찬가지로 소프트웨어와 인프라를 자체 데이터 센터에서 직접 운영함에 따른 운영 인력의 규모가 클 것이고, 솔루션 라이선스 비용은 CDH 대비 높을 것으로 예상합니다. 하지만 데이터 분석에 필요한 리소스 변동에 따른 대응은 비교적 원활하게 처리할 수 있을 것이고(Private Cloud 기반이므로), CDH와 마찬가지로 구성요소의 대부분이 하둡 에코시스템이므로, 관련 운영 인력의 수급이 용이할 것이고, 관련 자사 전문 인력의 양성에도 도움이 될 수 있을 것입니다. Private Cloud 기반 아키텍처로 구성함에 따른 효율적 리소스 운용이 가능하면서도, Public Cloud와 같은 이용량에 따른 요금을 부과하지 않으므로, 일정 규모 이상의 데이터 활용이 일정하게 이루어지는 대형 기업의 경우, 운영 비용 측면에서 유리한 솔루션일 것입니다.

AWS와 Azure의 경우, Public Cloud 기반으로 필요 운영 인력이 적고,

운영 부담도 적은 반면, 이용량에 따른 요금 부과로 인해 이용량이 많은 기업일수록 그 비용은 커질 수밖에 없습니다. 특히 빅데이터의 경우에는 적재/처리 용량이 클 수밖에 없으므로, 더욱 커질 것입니다. 하지만 Cloud 서비스에서 제공하는 기능을 활용하여 개발하므로 운영이 필요한 프로그램 소스 양도 많지 않고, 기본적으로 인프라에 대한 관리가 필요하지 않습니다. 사용자에게 서비스하기 위해 필요한 부분만 일부 커스터마이징하거나 추가 구현하여 제공하므로, 운영 부담을 최소화할 수 있습니다. 사용자도 리소스에 대한 부족함이 없이 고성능으로 필요한 데이터를 분석할 수 있고, 전체적으로 높은 성능과 서비스 수준을 경험할 수 있을 것입니다. 이용 요금에 대한 부담이 적은 기업일 경우에는 사실상 Public Cloud를 활용하면서, 보안 규제, 실시간 요건 등으로 인해 반드시 필요한 일부 기능만 On-Premise로 구현하여 Hybrid Cloud로 이용하는 것이 가장 합리적인 선택일 것으로 생각합니다.

지금까지 네 가지 Data Lake 솔루션 아키텍처 간 세부 항목별로 비교 검토해 보았습니다. 사실상 기능의 완성도, 활용 및 운영 편의성 측면에서는 Public Cloud 솔루션 대비 CDH, CDP 솔루션은 비교하기 힘든 수준으로 생각됩니다. 그리고 AWS와 Azure는 Data Lake 솔루션의 개념을 상이하게 정의함으로 인해 일부 구성요소들이 서로 간에 차이가 있었지만, Data Lake라는 범위로 한정하지 않는다면, 각 사의 전체 서비스 목록에는 훨씬 더 많은 구성요소들이 존재하고, 이를 Data Lake 솔루션에 추가하여 유용하게 활용할 수 있을 것입니다. 단, 실시간 대량 데이터 트랜젝션이 발생하는 경우 혹은 기업 내 반드시 보관해야 하는 규제 대상 데이터의 경우는 Public Cloud 서비스로 활용하기는 어려우므로, On-Premise로 구현하기를 권고합니다. 그 외 기능, 특히 대용량 데이터를 처리하고 분석하는 영역은 Public Cloud 서비스를 활용하여 Hybrid Cloud로 구현하는 것이 바람직합니다. 하지만 데이터의 수집과 활용에 대한 사용자의 수요가 크고, 데이터의 분석 역량을 자사의 경쟁 우위요소, 즉 타사와의 차별화요소로 고려하는 기업의 경우는 인프라(IaaS)와 같은 Commodity성 서비스만을 Public Cloud로 이용하고, 그 외 기능적 측면에서 차별화할 구성요소는 Private Cloud로 구현하는 것도 적극 검토해야 할 것입니다.

제3장

Data Lake
아키텍처 설계

    Data Lake 플랫폼 구축을 위해 외부의 '참조 아키텍처', '솔루션 아키텍처', 구축 사례 등에 대해 충분한 스터디를 수행한 후에는, 본격적으로 자사의 아키텍처 설계를 시작해야 합니다. 아키텍처 설계 시에는 먼저, 기업의 비즈니스 방향을 검토하고 이를 지원(Align)하고, 경우에 따라서는 비즈니스 전략을 리딩(Leading)하기 위한 Data Lake 아키텍처의 **'기본 원칙(Basic Principle)'**을 설정해야 합니다. 이 '기본 원칙'은 Data Lake 아키텍처 구성 시에 반드시 지켜져야 할 사항을 정의하는 것으로, 어떤 경우에도 변하지 않는 가치를 담아야 합니다.

    '기본 원칙'을 정의한 후에는 Data Lake 플랫폼에 반영해야 할 비즈니스 요건을 담아 **'개념 아키텍처(Conceptual Architecture)'**를 작성합니다. '개념 아키텍처'는 단기와 장기로 구분하여, 1~2년 내에 당장 구현해야 할 아키텍처와 향후 3~4년 이후에 구현할 아키텍처를 구분하여 작성합니다. 또한 아키텍처 구성 시에 결정해야 할 주요한 의사결정 사항을 도출하고, 각 사항별 옵션 안을 도출하여 장/단점을 비교 후 최종 안을 선정합니다.

    '개념 아키텍처'를 수립한 후에는 각 Layer별 세부 구성요소를 도출하고, 구성요소 간의 업무 처리 흐름을 설계하여 **'논리 아키텍처(Logical**

Architecture)'를 수립합니다. '논리 아키텍처' 수립을 위해서는 우선 Data Lake의 구현 요건을 바탕으로 기능 측면의 세부 구성요소를 도출해야 합니다. 세부 구성요소 도출 후에는 화면/UI 계층(Tier), 애플리케이션 계층, 데이터 계층에서 처리해야 할 기능과 업무 흐름을 정의하여 개별 구성요소의 설계가 이루어지도록 해야 합니다.

'논리 아키텍처'를 수립한 후에는, 이를 실제 물리적 인프라(하드웨어, 소프트웨어, 네트워크)를 고려한 **물리 아키텍처**'로 변환해야 합니다. '물리 아키텍처'에는 비즈니스 요건보다는 어떤 하드웨어(서버, 네트워크 장비 등)가 어디에 설치되고, 각 하드웨어는 어떤 소프트웨어가 설치되며, 네트워크 구간별로 어떤 장비와 대역폭, IP를 가지는지에 대한 실물의 구성을 나타내야 합니다. 관리자와 운영자가 이를 확인하여 어디에 어떤 서버/장비가 몇 대 위치하고, 어떤 소프트웨어가 설치되어 있는지, 그리고 네트워크 구간별 속도는 얼마인지 등을 파악할 수 있도록 해야 합니다. 물리적 아키텍처를 구성하는 것은 어떤 인프라 제품을 선택하는지에 따라 다양한 방법이 존재하고, 그에 따른 기술적 상세 사항을 모두 파악하여 구성 안을 제시하기는 사실상 불가능하므로, 이 책에서는 생략하도록 하겠습니다.

1. 아키텍처 설계 기본 원칙

Data Lake 플랫폼의 아키텍처 설계를 위해 가장 먼저 해야 할 일은 아키텍처의 **기본 원칙**을 정의하는 것입니다. '기본 원칙(Basic Principle)'이란 어떤 경우에 어떻게 처리하라는 '정책(Policy)'이 아닌, 어떤 경우에도 항상 지켜야 할 기업의 가치(Value)를 담은 '설계 지침(Design Guideline)'을 정의하는 것입니다. 이 '기본 원칙'은 기업의 비즈니스 방향성과 가치를 담은 것으로, 비즈니스 목표와 전략을 Data Lake 플랫폼이 어떻게 지원할 수 있을 것인지를 고려하여 정의해야 합니다. 물론 이 기업의 비즈니스 방향이 바뀐다면, 그에 따른 아키텍처 설계의 '기본 원칙'도 변경해야만 할 것입니다.

'기본 원칙'을 정의하기 위해서는 먼저 기업의 비즈니스 방향성을 확인해야 합니다. 기업의 비즈니스가 지향하는 목표와 전략을 확인하고, 이러한 전략을 실행하기 위해서 Data Lake 플랫폼이 무엇을 어떻게 지원할 수 있는지를 고민해야 합니다. 기업의 비즈니스 방향성은 최근의 사업 기획 문서, 혹은 임원 보고 자료, 필요시 경영진 인터뷰 등을 통해 확인해야 합니다. 예를 들어, 가상의 A 기업이 추구하는 비즈니스 목표와 전략을 기술해 보겠습니다.

> "최근에 기존 고객의 자사 상품에 대한 재구매율이 급격하게 저하하고 있으며, 신규 고객의 수도 정체되어 있습니다. 먼저 기존 고객의 재구매율 하락의 원인을 정확하게 파악하여 개선해야 하며, 이를 통해 재구매율이 다시 상승할 수 있도록 해야 합니다. 또한 신규 고객의

정체 원인을 파악해야 하며, 특히 우리 제품군의 매출 비중이 높아지고 있는 온라인 채널의 경쟁력을 높이기 위한 방안을 강구해야 합니다…."

A 기업의 CMO는 최근 기존 고객과 신규 고객을 대상으로 한 매출이 모두 감소하고 있음을 파악하고, 관련한 이슈를 CEO에게 보고하였습니다. CIO는 이러한 비즈니스 방향을 파악 후, 관련 문제와 원인을 정확하게 파악할 수 있도록 IT 시스템을 구성하고, 나아가 매출 확대에 직접적으로 기여할 수 있는 플랫폼도 구축하려고 합니다. CIO는 이러한 방향으로 추진하기 위해 좀 더 구체화된 'IT 전략 과제'의 형태로 도출하고자 합니다. CIO가 도출한 'IT 전략 과제'는 다음과 같습니다.

- **고객과 관련된 모든 내/외부 데이터의 수집**: 고객 마스터 정보, 고객 주문 정보, 고객 접점 채널(판매, 서비스 등)의 접촉 이력 정보, SNS 채널의 자사 제품에 대한 고객 반응 정보 등을 수집.
- **모든 고객 데이터를 검색하고 확보할 수 있는 체계 마련**: 수집한 고객 관련 내/외부 데이터를 사용자가 손쉽게 검색할 수 있고, 필요한 데이터를 즉시 다운로드하여 활용할 수 있도록 하는 체계 구축.
- **고객 데이터를 필요로 하는 애플리케이션에 손쉽게 제공할 수 있는 체계 구축**: 고객 정보를 활용해야 하는 애플리케이션에서 별도의 인프라/개발 필요 없이 손쉽게 연계(Data API 등)하여 활용할 수 있도록 하는 체계 구축.
- **고객 데이터 실시간 분석 체계 마련**: 다양한 채널에서 발생하는 고

객 매출 데이터, 고객 반응 데이터, 고객 접촉 이력 데이터 등 실시간 분석이 필요한 데이터에 대해 즉시 수집하여, 필요한 전처리 후 분석이 가능한 체계 마련.

- **고객에 최적 상품 추천 체계 구축**: 고객 판매 이력 데이터, 고객 프로파일 데이터, 고객 접촉 이력 데이터, 고객 행동 데이터 등을 분석하여, 고객이 판매 채널에 접촉 시 최적 상품을 추천할 수 있도록 하는 체계 마련.
- **고객 마스터 데이터 관리 체계 마련**: 기존에 다양한 애플리케이션에서 활용하고 있는 여러 버전의 고객 정보를 단일 관리 체계로 구축하여, 모든 애플리케이션이 단일한 고객 정보를 기반으로 의사결정을 할 수 있는 체계 마련.

이와 같이 CIO는 비즈니스 이슈를 해결하고 나아가 비즈니스를 추가적으로 활성화하기 위해 필요한 IT의 전략 과제들을 도출하였습니다. A 기업의 IT 시스템은 고객 매출을 실시간을 파악하여 매출 하락 시 관련된 문제를 즉시 파악할 수 있어야 하고, 문제의 원인을 분석할 수 있는 체계를 갖추어야 하며, 나아가서 매출 증대로 이어질 수 있도록 지원할 수 있는 방안을 찾아야 합니다. 또한 고객 마스터 데이터의 품질을 유지하여 의사결정을 지원하기 위한 방안도 마련해야 합니다. 이를 위한 6개 'IT 전략 과제'들을 도출하였으며, 이 과제들을 추진하기 구체적인 방안을 내부 워크숍 등을 통해 검토하여, 우선적으로 'Data Lake 플랫폼'을 구축하면 이 6개 과제를 추진할 수 있는 기반을 마련할 수 있는 것으로 판단하였습니다. 따라서 'Data Lake 플랫폼' 추진을 위한 TF(Task Force)를 구성하고, CIO

가 제시한 'IT 전략 과제'를 세밀하게 검토 후, 이를 'Data Lake 플랫폼' 아키텍처에 반영하기 위한 주요 '기본 원칙'을 수립하였습니다. 그 '기본 원칙'은,

- Data Lake 플랫폼은 고객 관련 주요한 내/외부 원천 시스템의 Raw Data를 원본 데이터 포맷 그대로 모두 수집해야 함.
- RDB를 포함한 정형 데이터, 고객 접점 채널의 로그를 포함한 반정형 데이터, 고객 상담 텍스트/음성을 포함한 비정형 데이터 등 모든 유형의 데이터를 수집해야 함.
- 실시간 스트리밍 데이터를 Low Latency로 수집하여 전처리 후 서비스할 수 있는 체계를 갖추어야 함(웹 채널 로그 데이터, SNS 고객 반응 데이터 등 포함).
- 일반 사용자들도 필요한 데이터를 손쉽게 검색하고 조회하고 확보할 수 있도록 메타데이터 관리 체계와 사용자 기능을 갖추어야 함.
- 비즈니스 애플리케이션이 필요로 하는 데이터를 필요한 시점에 연계하여 제공하는 체계를 마련해야 함(애플리케이션 측의 별도 인프라/개발 불필요).
- Data Scientist와 같은 고급 사용자뿐만 아니라 일반 사용자도 활용 가능한 수준의 서비스를 구현하고, 사용자의 다양한 스킬과 지식 수준에도 불구하고 모두가 활용할 수 있는 '데이터 전처리/분석 도구'를 제공해야 함.
- 고품질의 데이터 유지를 위해, 데이터 정합성에 대한 정책을 관리하고, 품질 문제를 자동으로 식별하며, 원인을 분석할 수 있는 시스

템을 구현해야 함.

- 민감 데이터 등 보안 규제 대상 데이터를 식별하여 자동으로 보안 처리(비식별화/마스킹/암호화 등)가 가능한 시스템을 구현하고, 필요한 사용자에게는 간편하게 서비스할 수 있는 체계를 마련해야 함.
- 대용량 데이터를 저렴하게 수집/적재/처리/분석할 수 있는 인프라를 구성해야 함. 이를 위해 특정 목적을 위해 설계된 전용 어플라이언스(Appliance)를 최대한 배제하고, 낮은 비용의 Commodity형 서버와 리눅스 OS 기반으로 인프라를 구축해야 함. 또한 상용 소프트웨어보다는 오픈 소스 기반의 하둡 에코시스템을 위주로 구성해야 함.
- 최소한의 인력으로 'Data Lake 플랫폼'을 운영할 수 있도록, 최대한의 자동화 체계, 편리한 운영/관리 기능을 갖춘 시스템을 구현해야 함.

이와 같이 CIO가 제시한 'IT 전략 과제'를 추진하기 위한 기반이 되는 'Data Lake 플랫폼'의 아키텍처가 갖추어야 할 '기본 원칙'을 도출하였습니다. 이 '기본 원칙'은 이후에 '개념 아키텍처', '논리 아키텍처', '물리 아키텍처' 설계 시에 항상 지켜야 할 가치를 포함한 것으로, 'Data Lake 플랫폼'의 담당자와 개발자는 항상 이를 염두에 두고 설계/개발에 필요한 의사결정을 수행해야 합니다. 따라서 'Data Lake 플랫폼' 구축 프로젝트 수행 시, 가장 처음 작성하는 '프로젝트 Kick-off 문서'에 이러한 '기본 원칙'을 명시하고, 모든 팀원과 개발자에게 공유/교육함으로써, 이를 이해한 후 프로젝트를 시작할 수 있도록 해야 합니다. 각 담당자와 개발자는 이 '기본 원칙'을 기반으로 아키텍처를 설계하고, 세부 구성요소들의 구축/운영 정책을 수립해 나가야 할 것입니다.

2. 아키텍처 설계 방향

'Data Lake 플랫폼'이 가져야 할 전체 아키텍처의 방향이라 할 수 있는 '기본 원칙'을 수립한 후에는 이를 도식화하여 한눈에 이해할 수 있도록 **'개념 아키텍처**(Conceptual Architecture)'를 정의해야 합니다. '기본 원칙'은 통상 텍스트 형식으로 지향점을 나타내므로, 한눈에 이해하기 어려운 반면, '개념 아키텍처'는 **Data Lake 플랫폼의 추진 목적과 전체 구성요소를 한 페이지로 도식화**하여 표현하는 것이므로, 개발팀에 공유하는 용도로, 혹은 임원에 보고하는 용도로, 혹은 전사의 직원들에게 공유하는 용도 등 다양하게 활용할 수 있습니다.

Data Lake 플랫폼 구축은 통상 1~2년 내 구현하기 어려운 장기 프로젝트입니다. 따라서 1~2년 내 당장 구현해야 할 모습을 담은 **'단기 아키텍처'**, 그리고 궁극적인 목표(To-Be) 모습을 담은 **'장기 아키텍처'**로 구분하여 설계하는 것이 바람직합니다. 당장 구현 가능한 단기적인 모습만 정의한다면 무엇이 좋아지는지 그 가치를 확인하기 어렵고, 미래의 장기적인 모습만 공유한다면 가치를 과대 포장하거나 확대 해석할 가능성이 있습니다. 따라서 당장 구현 가능한 단기 모습과 미래 장기적인 모습을 모두 공유함으로써, 즉시 실현 가능한 이점(Benefit)과 함께, 궁극적인 미래의 가치를 함께 전달할 수 있도록 해야 합니다. '개념 아키텍처'를 구성한 후에는 **아키텍처상의 주요 의사결정 사항**을 도출하고, 의사결정권자들이 결정이 용이하도록 가능한 방안(옵션)을 2~3개로 압축하여 장/단점을 비교할 수 있도록 해야 합니다. 이 방안 중 가장 타당한 안을 선정하여 전체 아키텍처의 큰 틀을 정의한 후에 '논리 아키텍처' 설계를 시작할 수 있도록 해야 합니다.

2-1. 단기 아키텍처

'단기 아키텍처(Short-term Architecture)'는 1~2년 이후에 즉시 달성 가능한 Data Lake 플랫폼의 목표 모습을 제시해야 합니다. '단기 아키텍처' 설계 시 '기본 원칙'을 준수하도록 해야 하며, 그중 일부 원칙이라도 대치하는 모습으로 정의해서는 안 됩니다. 예를 들어, Data Catalog 서비스는 차년도에 구축할 예정이므로, 사용자들이 필요한 데이터를 검색할 수 없는 것은

> "일반 사용자들도 필요한 데이터를 손쉽게 검색하고 조회하고 확보
> 할 수 있도록 메타데이터 관리 체계와 사용자 기능을 갖추어야 함."

이라는 '기본 원칙'에 어긋나는 것입니다. 따라서 Data Catalog 서비스의 전체 기능은 차후에 구현하더라도 일부 데이터만이라도 카탈로그 서비스를 제공하여 손쉽게 검색/조회할 수 있도록 기능을 제공해야 합니다. 그리고, 점차 그 대상 데이터를 늘려가는 모습으로 그려져야 할 것입니다.

또한 '단기 아키텍처'는 궁극적인 To-Be 모습을 그리는 것이 아니므로, **현재 발생하고 있는 문제를 일부 해결하는 방향**으로 그리는 것도 가능합니다. 이를테면, '데이터 웨어하우스'의 ETL(Extract, Transform, Load) 프로세싱의 부하를 경감하기 목적이나, 기존에 '데이터 웨어하우스'에서 적재/처리하기 힘든 데이터를 수용하는 목적으로 '단기 아키텍처'를 그리는 것입니다. (다음 '그림 10. Data Lake 단기 아키텍처 예시 - ETL 부하 경감' 참조.)

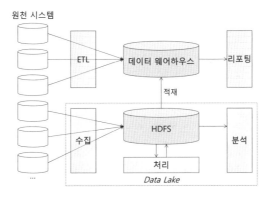

그림 10. Data Lake 단기 아키텍처 예시 - ETL 부하 경감

그림 10은 'ETL 부하 경감(ETL Offload)'을 위한 Data Lake 플랫폼의 '단기 아키텍처' 예시를 보여 주고 있습니다. 기존에는 그림의 하단에 Data Lake 영역이 없이 '데이터 웨어하우스'만 존재하였으며, 원천 시스템 데이터를 ETL을 통해 수집하여 '데이터 웨어하우스'에 적재하고, 이를 'BI(Business Intelligence) 리포트' 도구를 통해 조회하는 구조였습니다. 전사의 모든 데이터는 ETL을 통해 추출하여 모델링을 반영한 변환 처리

를 해야만 '데이터 웨어하우스'에 적재할 수 있는 구조이므로, ETL에 상당히 많은 부하가 걸리는 것이 가장 큰 문제 중에 하나였습니다. 그래서 성능상의 문제, 혹은 복잡한 구조로 인한 ETL 프로그램 오류로 인해 장애가 발생하는 사례가 자주 발생하였습니다. 따라서 이 ETL 작업으로 인한 부하를 일부 경감할 수 있다면 ETL 문제로 인한 장애 발생 가능성도 낮아지고, '데이터 웨어하우스'의 성능도 향상할 수 있을 것입니다.

이와 같은 문제를 개선하기 위해 그림의 하단부인 Data Lake(점선 상자 내의 영역)를 도입하면, ETL 부하의 주요 원인이 되는 대용량 데이터의 ETL 처리를 Data Lake가 일부 수행하게 됩니다. Data Lake는 하둡 기반으로써, 분산 처리와 적재가 가능하므로, 비교적 적은 비용으로 대용량의 데이터를 처리하고 적재할 수 있게 됩니다. Data Lake는 Sqoop(정형) 혹은 Flume(비정형) 등을 통해 데이터를 수집하여 '하둡 분산 파일시스템(Hadoop Distributed FileSystem: HDFS)'에 적재하고, 이를 MapReduce 혹은 Spark 등을 통해 변환 처리 후 '데이터 웨어하우스'에 적재합니다. 즉, 비교적 많은 부하를 초래하는 작업은 Data Lake가 수행함으로써 '데이터 웨어하우스'의 ETL 부하를 줄일 수 있게 됩니다.

또한 이렇게 하둡 기반으로 Data Lake를 구성하게 되면, 기존에 '데이터 웨어하우스'에서 적재하지 못하는 대용량 Raw Data와 비정형 데이터를 수집, 적재, 처리, 분석할 수 있게 됩니다. 따라서 기존의 정형 데이터는 '데이터 웨어하우스'를 통해 분석하고, 반정형/비정형 데이터는 Data Lake를 통해 분석하는 역할 분담을 통해 전사 데이터 플랫폼을 운영할 수도 있을 것입니다.

위와 같은 Data Lake 플랫폼 '단기 아키텍처' 예시는 아키텍처를 구성하

　　　　　　　　　　Data Lake 플랫폼 아키텍처

는 전반적인 목적을 나타낸 **개념 아키텍처**(Conceptual Architecture)'라고 볼 수 있습니다. '개념 아키텍처'는 그 명칭에서도 알 수 있듯이, 전반적인 컨셉, 즉 Data Lake 플랫폼 구축을 통해 추구하고자 하는 목적, 대략적인 기능, 주요 사용자, 전반적 처리 흐름이 나타나도록 구성하는 것이 좋습니다. 그래서 이 '개념 아키텍처'를 보는 동료와 경영진들이 구체적인 설명을 듣지 않더라도 무엇을 목적으로 하는지를 대략적으로 이해할 수 있도록 작성해야 합니다.

Data Lake 플랫폼의 '개념 아키텍처' 역시 주요 기능, 대략적 처리 흐름, 주요 사용자를 포함함으로써, Data Lake 플랫폼 구축을 통해 무엇을 추구하는지에 대한 목적이 뚜렷이 나타나도록 구성해야 합니다. 앞서 언급한 가상의 A 기업을 대상으로 예시적으로 '개념 아키텍처(단기)'를 구성한다면, 초기에는 일단 데이터 분석에 대한 명확한 요구사항을 제시하는 사용자 그룹인 Data Scientist를 타깃으로 할 것입니다. Data Scientist는 고객과 관련한 모든 Raw Data의 수집을 원하고 있고, 이 Raw Data를 리소스에 제한을 받지 않고 자유롭게 분석할 수 있는 체계를 요구합니다. 또한 분석한 결과를 다른 Data Scientist들과 공유하여 원활한 협업이 이루어지도록 할 것을 요구하고 있습니다. 따라서 이를 구현하기 위한 Data Lake 플랫폼의 '개념 아키텍처(단기)'는 다음 '그림 11. Data Lake 개념 아키텍처(단기) 예시'와 같을 것입니다.

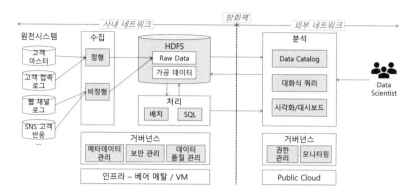

그림 11. Data Lake 개념 아키텍처(단기) 예시

그림 11은 A 기업이 단기적으로 구현할 Data Lake 플랫폼의 '개념 아키텍처'를 예시적으로 작성한 것입니다. 크게 좌측과 우측으로 구분되어 있고, 좌측은 '사내 네트워크'에서 구현할 시스템이고, 우측은 '외부 네트워크'에서 구현할 기능을 보여 주고 있습니다. 그 사이에는 '방화벽(Firewall)'이 있어 외부로부터 사내 네트워크로의 접근을 엄격하게 통제함을 알 수 있습니다.

좌측의 '사내 네트워크'에서 구현할 기능부터 살펴보면, 가장 좌측에는 Data Lake 플랫폼이 데이터를 수집할 주요한 **원천 시스템**의 목록을 보여 줍니다. '고객 마스터'와 '고객 접촉 로그'와 같은 정형 데이터에서부터 '웹 채널 로그', 'SNS 고객 반응'과 같은 비정형 데이터도 수집 대상임을 알 수 있습니다. 이러한 원천 시스템의 Raw Data는 Data Lake 플랫폼의 **수집 Layer**를 통해 수집하여, '하둡 분산 파일시스템(Hadoop Distributed FileSystem: HDFS)'에 적재합니다. 즉 사내에 구성하는 Data Lake는 기본적으로 하둡을 기반으로 구성한 플랫폼임을 알 수 있습니다.

HDFS에 적재된 Raw Data는 '**처리 Layer**'의 '배치(Batch)' 처리를 통해 하둡을 기반으로 대용량 분산 처리를 수행할 수도 있고, 데이터 분석가들이 쿼리가 가능하도록 'SQL' 처리를 통해, '색인(Index)'과 View를 생성합니다. 처리 결과는 다시 HDFS에 적재하거나 '분석 Layer'에 처리 결과를 전송할 수도 있습니다(실선 화살표의 방향으로 이해할 수 있음). 즉 화살표의 방향은 데이터의 처리 흐름을 나타내는 것으로, 데이터가 흘러가는 방향으로 화살표의 방향을 표시하도록 아키텍처를 작성해야 합니다.

'처리 Layer'의 하단부에는 Data Lake 플랫폼의 '**거버넌스 Layer**'가 있으며, 수집한 데이터의 메타데이터를 수집, 생성, 관리하는 '메타데이터 관리' 기능, 사용자의 Data Lake 플랫폼으로의 접근과 인증을 관리하고, 데이터 보안 정책을 등록하고 처리하는 '보안 관리' 기능, 수집한 데이터의 정합성을 보장하도록 관리하는 '데이터 품질 관리' 기능이 있습니다.

'거버넌스 Layer'의 하단부에는 '**인프라 Layer**'가 있으며, Data Lake 플랫폼의 서버와 스토리지, 네트워크를 관리하는 기능들로 구성되어 있습니다. 일부 기능은 '베어 메탈(Bare Metal)' 서버를 기반으로 구성될 것이며, 일부 기능은 '가상 서버(Virtual Machine: VM)'를 기반으로 구성될 것입니다.

다음으로 우측의 '외부 네트워크'에 구현할 기능은 '**분석 Layer**'로써, 단기적으로 주요 사용자 그룹이 될 Data Scientist가 직접적으로 활용할 기능들로 구성되어 있습니다. 이 '분석 Layer'를 사내가 아닌 외부에 구현하는 이유는 1~2년 내에 당장 Data Lake 서비스를 위한 모든 기능을 자체적으로 구현하기는 사실상 어렵기 때문에 단기적으로는 일단 외부의 Public Cloud 서비스를 활용하는 것으로 하였습니다. 사용자 Self-Service를 제외한 기반 기능, 즉 수집, 처리, 적재, 거버넌스, 인프라 Layer은 자체 데이터 센터에 직접 구축하고, 이 기간 동안에는 임시적으로 Public Cloud를 활용하여 사용자 Self-Service를 제공하는 것입니다. 하둡을 기반으로 하여 수집, 적재, 처리, 거버넌스 기능을 구축하는 것만으로도 상당한 난이도를 요하는 작업이고, 이 기능들을 안정적으로 구축한 후에 '분석 Layer'의 기능들을 차례대로 구현하겠다는 의도입니다. Public Cloud 기반의 데이터 분석 기능들은 앞선 챕터에서 확인했듯이 상당한 완성도로 구현되어 있으며, 다양한 종류의 서비스를 제공하고 있습니다. 따라서 이 '분석 Layer'는 최소한의 노력으로 높은 품질의 서비스를 제공할 수 있으며, 이러한 고품질 서비스의 이용 경험을 바탕으로 차후에 더 완성도 높은 기능을 직접 구축할 수 있을 것입니다.

'분석 Layer'는 Data Scientist가 필요 데이터를 검색하고, 데이터의 배경 지식(Context)을 조회할 수 있는 Data Catalog 서비스, 실데이터를 쿼리를 통해 조회하고 가공하고 확보할 수 있는 '대화식 쿼리 서비스', 가공한 데이터를 시각화하여 리포트/대시보드 형태로 구성할 수 있는 '시각화/대시보드' 서비스로 구성됩니다. 또한 Public Cloud 서비스를 통해 외부에서 접근하는 사용자 그룹의 권한을 관리하는 기능, Public Cloud 서비스를 모니터링할 수 있는 기능으로 구성된 **거버넌스 Layer**'가 그 하단에 위치합니다. '거버넌스 Layer'는 사내뿐만 아니라 외부에도 존재하는데, 외부의 Public Cloud 서비스에서 '권한 관리'나 '모니터링' 등의 거버넌스 기능을 제공하고 있으므로, 이를 이용하는 것입니다. 사내와 외부에 구축한 기능은 각각의 '거버넌스 Layer'에서 관리하게 될 것입니다. '분석 Layer'와 '거버넌스 Layer'의 기능들은 AWS 혹은 Azure와 같은 Public Cloud 인프

Data Lake 플랫폼 아키텍처

라를 이용하므로, 하단부에 'Public Cloud Layer'를 기반으로 하는 것으로 구성하였습니다.

이와 같이 '개념 아키텍처'를 구성함으로써, 어떤 위치에 어떤 기능이 어떤 기술을 기반으로 구현되는지, 주된 사용자 그룹은 누가 될 것인지를 한눈에 파악할 수 있어, 프로젝트 내부에 공유하거나 경영진 혹은 사내 구성원들에게 커뮤니케이션하는 용도로 활용하기 용이할 것입니다. '개념 아키텍처'를 도식화한 뒤에는 이러한 개별 구성요소들에 대한 설명을 간단히 기술한다면 이 자료를 참조하는 구성원들이 더욱 이해하기 쉬울 것입니다.

2-2. 장기 아키텍처

'단기 아키텍처'만으로는 Data Lake 플랫폼이 궁극적으로 지향하는 바를 파악하기 어려울 것입니다. '단기 아키텍처'는 1~2년 내에 당장 구현하여 서비스할 목적의 시스템 구성도로써, '가치(Value)'를 지향하기보다는 '구현 용이성(Easiness to Implementation)'에 더 많은 가중치를 두고 설계한 아키텍처이기 때문입니다. 따라서 Data Lake 플랫폼이 추구하고자 하는 최종 목표 모습을 보여 주기에는 한계가 있으므로, '구현 용이성'에 대한 고려는 최소화하고, Data Lake 플랫폼을 통해 달성할 수 있는 '가치'를 최대화하여 보여 주는 것이 '**장기 아키텍처**(Long-term Architecture)'입니다.

따라서 Data Lake 플랫폼에 대한 기획 작업을 진행할 경우, 1~2년 이내에 구현할 이미지를 '단기 아키텍처'로 나타내어 실현 가능한 To-Be 모습을 제공한 뒤에는, 3년~5년 이후에 구현할 이미지를 '장기 아키텍처'로 구성하여 제공함으로써, 의사결정권자들이 궁극적인 목표 모습에 대한 그림을 머릿속에 그릴 수 있도록 해야 합니다. 그렇게 해야만, 진정으로 Data Lake 플랫폼이 추구하고자 하는 가치를 이해하고, 장기 투자에 대한 의사결정을 할 수 있을 것입니다. 이를 위해 '장기 아키텍처'는 '기능'이나 '기술'에 대한 구체적인 모습보다는 '가치'를 위주로 나타낼 수 있도록 해야 합니다. (다음 '그림 12. Data Lake 장기 아키텍처 예시' 참조.)

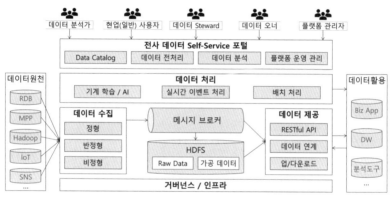

그림 12. Data Lake 장기 아키텍처 예시

그림 12는 Data Lake 플랫폼의 '장기 아키텍처'를 예시적으로 도식화하여 구성해 본 것입니다. 먼저 좌측의 **'데이터 원천'**은 통상적으로 기업의 데이터 중 가장 많은 비중을 차지하는 '관계형 데이터베이스(RDB)'에서부터, 주로 '데이터 웨어하우스' 용도로 사용하는 '대규모 병렬 처리(Massively Parallel Processing: MPP) 데이터베이스', RDB에 적재하지 못하는 대용량 데이터를 적재하는 용도로 활용하거나, Data Scientist가 특정 데

이터의 분석 목적으로 구성[30]한 '하둡(Hadoop) 적재소', 장비나 센서(Sensor)로부터 나오는 실시간 로그 데이터인 '사물 인터넷(Internet of Things: IoT)' 데이터, 외부 '소셜 네트워크 서비스(Social Network Service: SNS)' 채널의 고객 반응 데이터 등 다양한 '데이터 원천'을 포함합니다.

'**데이터 수집 Layer**'는 이러한 다양한 '데이터 원천'으로부터 모든 유형의 데이터, 즉 정형, 반정형, 비정형 데이터를 수집하는 역할을 담당합니다. 정형 데이터는 RDB 데이터, CSV(Comma-Separated Value) 파일 등의 별도의 처리 없이 곧바로 활용할 수 있는 데이터를 의미하며, 반정형 데이터는 IoT 데이터, XML 파일, JSON 파일과 같이 정해진 형식이 있으나 파싱 처리를 통해 필요한 정보를 추출해야 하는 데이터를 의미합니다. 비정형 데이터는 정해진 규칙이나 형식이 없어 필요한 정보를 추출하기 위해 별도의 분석이 필요한 데이터를 의미합니다.

Data Lake 플랫폼은 이러한 모든 유형의 데이터를 지연 없이, 즉 Low Latency로 수집하여 '메시지 브로커'에 적재합니다. 즉 앞서 언급한 '참조 아키텍처' 중 하나인 '카파 아키텍처'를 기반으로 하므로, 실시간 처리 프로세스를 기반으로 Data Pipeline을 구성하는 것이 장기적인 목표가 될 것입니다. 실시간 Data Pipeline은 '비즈니스 애플리케이션', '데이터 분석 도구' 등에서 유용하게 활용할 수 있고, 대부분의 비즈니스(현업) 담당자는 지연이 발생한 데이터를 활용하는 것을 원하지 않으므로, '람다 아키텍처' 보다는 '카파 아키텍처'를 선택했습니다. '람다 아키텍처'는 실시간 Data

---

30) 특정 데이터의 분석 목적으로 구성한 하둡 적재소를 '데이터 웅덩이(Data Puddle)' 혹은 '데이터 연못(Data Pond)'이라고 부르기도 하며, '데이터 호수(Data Lake)'는 이를 전사 레벨로 확장한 개념임.

Pipeline의 경우 데이터 정합성을 보장하지 않는 것을 전제로 하기 때문입니다. 실시간 데이터를 활용해야 하는 '비즈니스 애플리케이션'은 데이터 정합성이 보장되지 않는 데이터를 활용하려고 하지는 않을 것입니다.

'**데이터 적재 Layer**'는 실시간 Data Pipeline을 위한 '메시지 브로커'와 '하둡 분산 파일시스템(HDFS)'[31]으로 구성되어 있습니다. '메시지 브로커'는 실시간으로 수집된 데이터를 '데이터 처리 Layer'를 통해 포맷을 변환하여, 이를 구독(Subscription)하는 애플리케이션들에 동시에 배포하는 역할을 수행합니다. 또한 수집된 모든 데이터를 누락 없이 HDFS에 적재하여, HDFS가 모든 '원본 데이터'를 보관할 수 있도록 합니다. 추후에 '데이터 처리 Layer'의 프로그램 오류에 따른 재처리 필요시, HDFS에 적재된 '원본 데이터'를 활용하여 재처리할 수 있을 것입니다. HDFS에는 원본 'Raw Data'를 저장하고, 데이터를 정제/병합 처리한 '가공 데이터'를 HBase 혹은 Kudu와 같은 '서비스용 데이터베이스'에 적재하여 서비스할 수도 있을 것입니다.

'**데이터 처리 Layer**'에서는 Data Lake 플랫폼에서 수집한 '원본 데이터'에 대한 '색인(Index)'과 '뷰(View)'를 생성하거나, 포맷을 변경하는 등의 처리를 수행할 수 있습니다. 또한 대용량 데이터를 하둡 기반의 분산 처리를 활용하여 '기계 학습(Machine Learning)'과 같은 AI(Artificial Intelligence) 알고리즘 분석을 수행할 수도 있습니다. '처리 Layer'에서 처리한 결과 데이터는 다시 HDFS에 적재하여 사용자에게 서비스하거나, '데이터

---

31) 본 예시에서는 HDFS를 '원본 데이터' 저장소로 선택했으나, 실제로는 HDFS 대신 '메시지 브로커'의 자체 저장소를 이용할 수도 있을 것임.

제공 Layer'를 통해 애플리케이션에 곧바로 서비스할 수 있습니다. 가령, 실시간 스트리밍 처리 결과 데이터의 경우에는 '메시지 브로커'를 통해 애플리케이션에 곧바로 서비스하도록 구성할 수도 있을 것입니다.

'**데이터 제공 Layer**'는 Data Lake 플랫폼의 데이터를 각종 애플리케이션에 제공하는 역할을 수행합니다. 애플리케이션은 'RESTful API'를 활용하여 웹(HTTP)을 통해 필요한 데이터를 확보하거나, 실시간 혹은 배치로 애플리케이션 적재소로 필요한 데이터를 연계하여 제공받거나, 직접 HDFS 혹은 '서비스용 데이터베이스'에 접속하여 필요한 데이터를 다운로드하거나 사용자가 가공한 데이터를 업로드할 수도 있습니다. 사용자는 '전사 데이터 Self-Service 포털'을 활용하여 이러한 필요한 데이터 확보를 위한 작업을 수행할 수 있습니다.

'**전사 데이터 Self-Service 포털**'은 전사의 사용자가 필요한 데이터를 직접 탐색하고 전처리하고 분석하고 관리하는, 데이터와 관련된 모든 업무를 수행하는 포털입니다. 사용자는 'Data Catalog'를 통해 필요한 데이터를 검색하고, 데이터의 배경지식을 이해하며, 실데이터를 조회하고 다운로드할 수 있습니다.[32] 또한 데이터 전처리/분석 도구로 데이터를 연계하고, 작업한 과정과 결과를 다시 Data Catalog를 통해 배포하여 다른 사용자와 공유할 수도 있습니다. 즉 사용자의 데이터 활용에 관련된 전체 프로세스에 개입하여 조정(Coordination)하는 역할을 수행하는 것이 Data Catalog 서비스입니다. 그리고 '데이터 전처리' 기능을 통해 데이터를 프로파일링하고, 정제하고, 가공하는 작업을 수행할 수 있습니다. 또한 '데

---

32) 일부의 경우에 '대화식 쿼리 서비스'를 Data Catalog 서비스 내에 포함한 기능으로 보기도 함.

이터 분석' 기능을 통해 데이터 분석 알고리즘을 개발하고, 분석 결과를 시각화하여 대시보드를 구성할 수도 있습니다. '데이터 분석' 기능을 통해 개발한 분석 알고리즘은 '데이터 처리 Layer'를 통해 대용량 데이터를 대상으로 고성능으로 실행할 수 있습니다. Data Lake 플랫폼의 관리자와 운영자는 '플랫폼 운영 관리' 기능을 통해 전반적인 성능과 이상 여부를 모니터링하고 세부적인 로그까지도 분석할 수 있으며, 문제 발생 시 자동으로 관련 담당자에게 알림 메시지를 보내는 역할을 수행합니다.

이 '전사 데이터 Self-Service 포털'은 전사의 모든 사용자들이 데이터와 관련된 모든 업무를 수행할 수 있는 통로 혹은 '관문(Gateway)' 역할을 수행하므로, 'Data Scientist'와 같은 '데이터 분석가'뿐만 아니라, 'Citizen 분석가'라 불리는 '일반 사용자'도 포털의 주된 사용자입니다. 또한 메타데이터를 입력/관리하고, 데이터의 품질을 관리하는 '데이터 Steward', 원천 시스템의 '데이터 오너', Data Lake의 '플랫폼 관리자'도 이 포털을 통해 데이터와 관련된 모든 업무를 수행할 수 있도록 해야 합니다.

이러한 Data Lake 플랫폼의 '장기 아키텍처'를 구현하기 위해서는 오랜 기간과 비용이 소요될 수 있으나, 반드시 이러한 목표 지향점을 가지고 프로젝트팀 내에서 서로 공유하여 공감대를 형성한 후, Data Lake 플랫폼 구축을 위한 각자의 업무를 수행해야 합니다. 각 담당자는 구축 업무 추진 시, 의사결정 과정에서 이러한 목표 지향점과 아키텍처 설계 '기본 원칙'을 고려하여 최종 결정을 내려야 합니다. 이를 통해 Data Lake 플랫폼의 '장기 아키텍처'가 지향하는 목표 지점으로 한 걸음씩 나아갈 수 있을 것입니다.

2-3. 설계 시 주요 의사결정 사항

Data Lake 플랫폼의 아키텍처 설계 시, 의사결정해야 할 사항은 너무나 많이 있을 것입니다. 이 중 전체적인 아키텍처 구성에 영향을 미치는 의사결정 사항을 몇 가지로 요약하여 검토해 보고자 합니다.

'람다 아키텍처' vs. '카파 아키텍처'

Data Lake 플랫폼 설계를 위해 가장 먼저 해야 할 일은 전체적인 아키텍처 구성을 **'람다 아키텍처' 기반으로 할 것인지, '카파 아키텍처' 기반으로 할 것인지를 결정**해야 합니다. 이를 결정하기 위해서는 각 기업의 실시간과 배치 데이터에 대한 활용 요건을 검토해야 합니다. Data Lake 플랫폼의 실시간 데이터를 '비즈니스 애플리케이션'에서 '마스터 데이터(Master Data)'[33]로 활용해야 한다면, 데이터의 정합성과 현행화 속도는 타협할 수 없는 중요한 요건입니다. '마스터 데이터'는 업무 수행의 기준이 되는 정보이고, 다른 많은 애플리케이션에서도 참조하는 정보이므로, 이 정보에 오류가 발생할 경우, 대규모 장애 상황이 발생하게 될 것입니다.

'람다 아키텍처'는 앞선 '빅데이터 참조 아키텍처' 챕터에서 언급했듯이, 실시간 Data Pipeline에 대한 데이터 정합성을 보장하지 않으며, 배치 데이터 처리가 완료되는 시점까지 임시로 활용하는 데이터입니다. 이 데이터를 활용하는 '비즈니스 애플리케이션'에서 데이터를 보장하지 못하는

---

33) '마스터 데이터'란 비즈니스 트랜잭션(Transaction)에서 가장 중요한 정보를 담고 있는 데이터로, 이 데이터를 바탕으로 업무 수행을 하거나, 다른 업무에서 참조하는 데이터로 활용됨.

임시 데이터를 활용해야 한다면, 만약 이후의 배치 처리가 완료되었을 때 이미 활용한 실시간 데이터의 정보와 상이하다면, 이를 활용한 많은 업무와 애플리케이션에 혼선을 가져올 것이고, 많은 데이터를 정제 혹은 재처리해야 할 것입니다. 따라서 이러한 경우라면 '람다 아키텍처'를 선택해서는 안 되며, '카파 아키텍처'를 바탕으로 Data Pipeline을 설계해야 할 것입니다.

반면, 이러한 상황이 아닌, 대부분의 업무가 배치로 이루어지고, 실시간 데이터를 활용하는 업무가 대부분 현업이 아닌 Data Scientist의 분석 업무라면, '람다 아키텍처'가 더 유리할 수 있습니다. '람다 아키텍처'는 배치 Data Pipeline이 핵심이고, 실시간 Data Pipeline은 사실상 보조 역할을 하는 구성입니다. 데이터 배치 처리는 시간적 여유를 가지고 처리할 수 있고, 오류가 발생하더라도 재처리하기가 까다롭지 않고, 업무에 중대한(Critical) 영향을 끼치지 않습니다. 반면 실시간 데이터 처리는 그에 비해 난이도가 높고, 재작업도 까다로우며, 기술적 성숙도도 배치 처리 기술에 비해 상대적으로 낮습니다. 따라서 실시간 데이터 처리는 배치 데이터 처리에 비해 비교적 많은 운영 비용과 부담을 가져오므로, 실시간 데이터 처리가 핵심인 '카파 아키텍처'를 도입하는 것은 상대적으로 높은 비용과 운영 부담을 초래할 수 있습니다. 이런 경우에는 '람다 아키텍처'를 선택하는 것이 비교적 적은 비용과 부담을 가지고 운영할 수 있을 것입니다.

이와 같이 Data Lake 플랫폼을 '람다 아키텍처'를 기준을 할 것인가, '카파 아키텍처'를 기준으로 할 것인가를 결정하는 문제는 전적으로 비즈니스(현업)의 니즈와 Data Lake의 활용 목적에 달려 있습니다. 현재의 Data Lake 플랫폼은 분명 '람다 아키텍처'를 기반으로 하는 경우가 대부분인 것은 사실입니다. 이것은 Data Lake를 Data Scientist들이 전사 데이터를 분석하기 위한 목적으로 구성하는 경우가 많기 때문입니다. 하지만 이렇게만 활용한다면, 비즈니스 애플리케이션에 실시간 데이터를 제공하기 위한 별도의 Data Hub(현재의 EAI의 확장)가 필요할 것이고, 그러면 필연적으로 Data Hub와 Data Lake 간의 데이터 중복 문제, 정합성 문제가 발생할 것입니다. 이러한 문제를 고려했을 때, 장기적인 관점에서는 '람다 아키텍처'보다는 '카파 아키텍처'를 기반으로 구성하는 것이 바람직하다고 판단합니다.

'주 저장소' 솔루션

다음으로 **Data Lake 플랫폼의 '주 저장소(Main Storage)'를 무엇으로 할 것인지에 대한 결정**을 해야 합니다. '주 저장소'란 원천 시스템으로부터 수집한 모든 원본 Raw Data를 적재하여 보관하고, 변경이나 삭제되지 않도록 엄격하게 관리되며, 사용자에게 서비스하는 용도로 활용되는 저장소입니다. 이렇게 중요한 용도로 활용해야 하는 '주 저장소'는 여러 가지 요건을 갖추어야 합니다.

첫 번째, 처리 프로그램 오류 발생 시, '주 저장소'에 적재된 원본 데이터를 바탕으로 재처리를 수행해야 합니다. 원본 데이터를 지나치게 짧은 기간만 적재할 경우, 오류 발생 프로그램에 대한 재처리 대상 데이터가 이미 삭제되어 재처리를 수행할 수 없게 됩니다. Data Lake 플랫폼은 전사의 주요한 원천 데이터를 모두 적재해야 하고, 비교적 장기간(1년 이상) 데이터를 적재해야 하므로, 이를 모두 수용할 수 있을 만큼 적재 용량의 문제가 없어야 합니다. 따라서 **비교적 적은 비용으로 많은 용량의 데이터**

를 적재할 수 있어야 합니다.

두 번째, '주 저장소'에 데이터 적재 시 별도의 모델링 없이 '곧바로 적재 (Frictionless Ingestion)'가 가능해야 합니다. Data Lake 플랫폼은 원천 시스템으로부터 다양한 유형의 데이터, 즉 정형(RDB, CSV 등), 반정형(IoT 로그, XML, JSON 등), 비정형(이미지, 동영상, 음성 파일 등) 데이터를 원본 포맷 그대로 대량으로 수집해야 합니다. 즉 별도의 모델링 없이 데이터를 저장할 수 있는 **'Schema-on-Read'의 특성**을 가져야 하며, 이것이 기존의 '데이터 웨어하우스'와의 가장 큰 차이점 중에 하나입니다. '데이터 웨어하우스'는 'Schema-on-Write'의 특성을 가지므로, 별도의 모델링 절차를 거쳐야만 데이터를 저장할 수 있습니다.

세 번째, '주 저장소'는 **안정성과 신뢰성을 보장**해야 합니다. 만약 '주 저장소'의 문제로 인해 기존에 적재했던 원본 데이터가 변경되거나 데이터의 정합성이 문제가 생길 경우, 해당 데이터를 정제하거나 원본 데이터를 재수집해야 합니다. 그리고 원본 데이터를 처리 프로그램을 통해 재처리 후 다시 '비즈니스 애플리케이션'에 제공해야 합니다. 뿐만 아니라, 기존의 잘못된 데이터를 이미 활용중인 '비즈니스 애플리케이션'의 모든 데이터를 찾아 업데이트해야 하므로, 큰 운영 비용과 부담을 초래합니다. 이런 상황이 몇 번 반복되면, '비즈니스 애플리케이션' 담당자는 더 이상 Data Lake 플랫폼의 데이터를 신뢰할 수 없는 것으로 판단하고, 원천 시스템으로부터 직접 데이터를 수집하여 활용하려고 할 것입니다. 이런 상황을 방지하기 위해서는 원본 데이터가 변경되어서는 안 되며, 엄격한 데이터 정합성 관리를 필요로 합니다. 이러한 이유로 '주 저장소'는 안정성과 신뢰성을 보장할 수 있는 솔루션으로 선정해야 합니다.

이러한 요건을 갖춘 '주 저장소'로 가장 많이 활용되는 솔루션은 단연 **'하둡 분산 파일시스템**(Hadoop Distributed FileSystem: HDFS)'이며, 다음으로는 Public Cloud 솔루션의 '주 저장소'로 많이 활용되면서 점차 활용 범위를 확대하고 있는 **'객체 저장소**(Object Storage)'가 있습니다. 다음으로는 '카파 아키텍처'의 등장 이후 점차 인지도와 활용을 확대하고 있는 **'메시지 브로커 저장소**(Kafka Tiered Storage 등)'도 있습니다. (다음 '그림 13. '주 저장소' 솔루션 비교' 참조.)

비교 항목	HDFS	객체 저장소	메시지 브로커 저장소
장점	• 데이터 분석가가 활용하기 익숙한 기술 • 수집/적재/처리/거버넌스 등 다양한 하둡 에코시스템 도구 활용 용이 • 오픈 소스 기반으로 전체 아키텍처 구성 비용 ↓ • 구성요소별 전문가 확보 비교적 용이 • 자동 분산 백업(3벌)	• 모든 유형의 '데이터 객체' 적재 용이 • 실시간 스트리밍 서비스, 배치 처리 등 다용도 활용 용이 • 분석용/업무용 애플리케이션 모두 활용	• 실시간 스트리밍 처리에 최적화 아키텍처 구성 가능 • 가장 인지도 높은 Kafka 활용 시 하둡 에코시스템 활용 가능 • 비교적 단순한 아키텍처 구성으로 구축/운영 부담 ↓
단점	• 배치 처리 중심으로, 별도 실시간 스트리밍 Zone 필요 • 서비스용 View 혹은 DB 별도 구성 필요 • 분석용 애플리케이션 활용에 특화	• 수집/처리/거버넌스 기술 요소 별도 도입 필요 • 높은 라이선스 비용 등 전체적 구축/운영 비용 ↑ • 관련 전문가 찾기 어렵고, 해당 솔루션 벤더에 Lock-In 가능성 ↑	• '주 저장소'로 활용 인식 ↓ • 비교적 기술 성숙도와 안정성 ↓ • 관련 전문가 확보 난이 • 서비스용 DB 등 추가 저장소 필요

그림 13. '주 저장소' 솔루션 비교

그림 13은 HDFS, '객체 저장소', '메시지 브로커 저장소' 간의 장점과 단점을 비교한 표입니다. 먼저 **HDFS**는 이미 많은 기업이 활용 중인 기술이고, 많은 사용자 기반을 확보 중인 기술입니다. 따라서 기존의 Data Scientist와 같은 데이터 분석가에게 이미 익숙한 기술로, 도입하더라도 추가적인 교육이나 변화관리가 특별히 필요하지 않습니다. 또한 수집/적재/처리/거버넌스 등 다양한 용도의 하둡 에코시스템이 개발되고, 지속적으로

업데이트 중으로, 하둡 외 별도로 추가할 구성요소가 별로 필요하지 않습니다. 그리고 하둡은 오픈 소스 기반의 솔루션이고, 저렴한 x86 기반의 리눅스 서버를 활용하므로 전체 아키텍처 구성에 많은 비용을 필요로 하지 않습니다. 하둡의 폭넓은 인지도와 인기로 인해 구성요소별 전문가를 확보하기도 비교적 용이한 편입니다. 그리고 비록 저렴한 서버를 이용하여 개별 서버는 안정성이 높지 않지만, 자체 분산 백업 정책으로 인해 안정적인 백업(기본 세 벌)을 유지할 수 있습니다.

반면 HDFS는 기본적으로 배치 처리가 중심이며, 실시간 스트리밍 처리를 위해서는 Kafka와 같은 별도의 '실시간 Zone' 구성이 필요합니다. 그리고 HDFS에 적재된 데이터를 직접 활용하기가 번거로우며, 쿼리가 가능하도록 별도 '뷰(View)'를 구성하거나(Hive/Impala 활용), 별도의 '서비스용 데이터베이스(Kudu, HBase 등)'를 구성해야 합니다. 이로 인해 추가구축이 필요하고, 관리요소도 추가되며, 데이터 중복이 발생합니다. 또한 HDFS는 대용량 분산 처리 기능에 특화되어 있어, 분석용 애플리케이션에 적합하며, 운영용 애플리케이션이 활용하려면 데이터의 지연을 감수해야 하며, 배치 데이터 위주로 활용해야 합니다.

다음으로 '객체 저장소'는 정형/반정형/비정형을 가리지 않고 모든 유형의 '데이터 객체'를 적재하기 용이한 구조이며, 배치 서비스뿐만 아니라 실시간 스트리밍 서비스에도 높은 성능을 발휘하도록 구성한 적재소입니다. 또한 분석용 애플리케이션뿐만 아니라 운영용 애플리케이션의 적재소로 활용하기에도 적합하여, 웹(HTTP)을 통한 직접 서비스도 지원하는 등 다양한 방식의 활용이 가능한 기술 구조를 가지고 있습니다.

반면 '객체 저장소'는 수집/처리/거버넌스를 위한 기술요소를 모두 별도로 구성해야 합니다. 하둡은 동일 인프라 내에서 다양한 용도의 에코시스템 도구들을 활용할 수 있으나, '객체 저장소'는 통상 별도의 전용 서버를 활용하기 때문에 해당 서버를 다른 용도로 활용할 수 없습니다. 수집/처리/거버넌스를 위한 별도의 서버를 각각 구성해야 하고, 각 서버를 기반으로 프로그램을 개발하여 운영해야 합니다. 따라서 개별적인 용도의 서버를 구축/운영함에 따른 비용이 추가되고, '객체 저장소'에 대한 라이선스 비용도 별도로 추가되므로, 하둡에 비해 많은 추가 비용을 필요로 합니다. 또한 '객체 저장소'는 하둡에 비해 많은 기업에서 도입한 기술은 아니므로, 관련 전문가를 확보하기 어려우며, 해당 솔루션을 제공한 벤더에 의존(Lock-In)해야만 하는 상황이 발생할 가능성이 높습니다. 이는 추후에 큰 비용요소로 작용할 가능성이 높으므로 주의가 필요합니다.

다음으로 '**메시지 브로커 저장소**'는 통상 '주 저장소'로 인식하기보다는, 실시간 Data Pipeline의 데이터를 짧은 기간 보관하는 용도로 인지하고 있습니다. 하지만 '카파 아키텍처'를 기반으로 Data Lake 플랫폼을 구성한다면, '메시지 브로커 저장소'는 '주 저장소'로 활용해야 하고, 'Kafka Tiered Storage'와 같은 기술을 이용한다면 이러한 용도로 활용이 가능합니다. '카파 아키텍처'는 실시간 Data Pipeline을 기반으로 하므로, 이러한 스트리밍 처리에 최적화한 아키텍처 구성이 가능합니다. '메시지 브로커 저장소'로 Apache Kafka를 활용한다면, Kafka는 하둡을 기반으로 하여 구성되므로, 하둡 에코시스템의 다양한 도구들을 활용할 수 있습니다. 또한 실시간/배치 Data Pipeline을 혼합하여 구성하는 '람다 아키텍처' 대비 비교적 단순한 구조로 구성할 수 있어 구축 및 운영 비용을 줄일 수 있습니다.

반면 '메시지 브로커 저장소'는 HDFS 대비 기술적 성숙도와 안정성이 비교적 낮은 것으로 평가되며, 아직 기업들에 전반적으로 활용되지 않고 있어 관련 전문가를 확보하기도 어려운 상황입니다. 또한 '메시지 브로커 저장소'만으로는 데이터 서비스를 제공하기에 한계가 있으므로, '서비스용 데이터베이스'를 별도로 구성해야 합니다. 하둡 기반을 활용하니, 'NoSQL 데이터베이스' 용도로 HBase를 활용하거나, '관계형 데이터베이스' 용도로 Kudu를 활용해야 할 것입니다. 따라서 이러한 데이터베이스를 구축하기 위한 비용과 운영 비용이 추가로 소요될 수 있습니다.

세 가지 '주 저장소' 솔루션을 비교 분석한 결과, 결론적으로 한 가지를 추천하기는 어려울 것입니다. 분석 결과를 바탕으로 제언을 한다면, 실시간 Data Pipeline이 업무에 핵심적인 역할을 차지하는 비즈니스 환경을 가지고 있다면 '메시지 브로커 저장소'를 선택하고, 주로 분석용 애플리케이션에 활용할 용도로 Data Lake 플랫폼을 구성해야 한다면 HDFS를 선택할 것을 추천합니다. 만약 Public Cloud 서비스에 대한 의존도가 높다면, 또한 데이터를 외부에 보관하는 것에 대한 보안상의 이슈가 없다면, 혹은 분석용/운영용 데이터를 보관하고 웹을 통해 직접 서비스하는 용도 등 다용도로 활용해야 한다면 '객체 저장소'를 활용할 것을 추천합니다.

'서비스용 데이터베이스'의 도입

다음으로 '주 저장소' 외에 **'서비스용 데이터베이스'를 별도로 도입할 것인지, 도입한다면 어떤 데이터베이스를 도입할 것인지를 결정**해야 합니다. 구체적으로 어떤 솔루션을 선정할 것인지는 선택한 '주 저장소'가 무엇인지에 따라 상이할 수 있으나, '서비스용 데이터베이스'가 필요한지,

어떤 유형의 데이터베이스가 필요한지는 '주 저장소' 솔루션과 무관하게 결정할 수 있을 것입니다.

'서비스용 데이터베이스'는 **관계형 데이터베이스** 또는 **NoSQL 데이터베이스**'의 두 가지 유형으로 구분할 수 있을 것입니다. 먼저 **관계형 데이터베이스**(Relational Database: RDB)'는 어떤 경우에 필요할까요? RDB는 소용량 정형(구조화된) 데이터의 대량 트랜젝션(Transaction), 즉 입력/수정/삭제를 대량으로 처리하는 데 최적화된 솔루션입니다. 반면 대용량 데이터의 입력 혹은 조회에는 적합하지 않습니다. Data Lake 플랫폼의 '주 저장소'는 정형/반정형/비정형 데이터의 입력(Insert) 혹은 추가(Append) 처리를 주로 수행하며, 수정(Update) 혹은 삭제(Delete) 처리는 거의 수행하지 않습니다. 반면 RDB는 정형 데이터의 변경(수정/삭제) 처리에 최적화되어 있으므로, '주 저장소'와 상당히 큰 기술적 특성을 가지고 있습니다. RDB를 Data Lake 플랫폼의 '주 저장소'로 활용하기 어려운 이유도 바로 이러한 기술적 특성 때문입니다.

이러한 '주 저장소'와 상이한 특성을 가진 RDB가 필요한지 결정하려면, Data Lake 플랫폼을 활용하는 사용자 혹은 애플리케이션에서 이러한 RDB의 변경 데이터에 대한 활용 요건이 있는지 확인해야 합니다. '비즈니스 애플리케이션'에서 필요한 데이터가 '마스터 데이터'로써 지속적 수정이 이루어져야 하고, '근 실시간(Near Real-time)'으로 제공받기를 원한다면, Data Lake 플랫폼의 '주 저장소'가 이러한 요건을 충족시키기는 어려울 것입니다. 만약 '주 저장소'만으로 이러한 요건을 해결해야 한다면, '비즈니스 애플리케이션'에서는 입력/추가 데이터를 자체적으로 파싱하여 입력/수정/삭제 처리로 변환 후 트랜젝션 처리를 해야 합니다. 그렇지 않고 RDB가 있었다면 해당 데이터를 동기화하기만 하면 되므로, '비즈니스 애플리케이션'의 부담이 줄어듭니다. 만약 이러한 요건을 가진 '비즈니스 애플리케이션'이 한두 개가 아니고, 또한 많은 수의 실시간 변경 데이터를 요구한다면, 각각의 '비즈니스 애플리케이션'이 이를 개별적으로 처리하는 것은 기업 전체의 입장에서는 상당히 비효율적인 일일 것입니다. 따라서 이렇게 **정형 데이터의 '근 실시간' 데이터 변경 요건이 많은 경우에는 추가로 RDB를 구성**함으로써 요건을 충족하여 주는 것이 바람직할 것입니다.

'컬럼 기반(Column-Oriented)'의 **'NoSQL 데이터베이스'**는 빅데이터 분석용으로써, 대용량 데이터를 빠른 속도로 조회하기 위해 주로 활용합니다. '비즈니스 애플리케이션' 혹은 '분석 도구'에서 HDFS에 적재된 데이터를 조회할 때, 통상 Hive 혹은 Impala를 통해 쿼리(SQL문)를 실행하여 조회합니다. 이러한 '임의의 쿼리(Ad-hoc Query)'는 통상 여러 테이블을 사용자가 임의로 조인(Join)하여 쿼리하는 방식이며, 대용량 데이터를 쿼리할 때에는 어느 정도의 시간 소요와 함께 하둡 인프라에도 일정 부하를 초래합니다. 사용자가 자유롭게 데이터를 분석할 경우에는 당연히 이와 같은 방식으로 활용할 것이나, 주기적으로 이 쿼리를 실행하여 결과 데이터를 확보해야 한다면, 또한 이러한 주기적인 쿼리의 숫자가 많아진다면 점점 하둡의 부하로 인한 성능상의 문제를 초래할 수밖에 없습니다. 이와 같이 **동일한 대용량 데이터의 쿼리가 반복되거나, '비즈니스 애플리케이션'에서 대용량 데이터를 빠른 속도로 조회해야 하는 경우**라면, HDFS에서 직접 조회하는 방법보다는 NoSQL DB를 통해 조회하는 방법을 검토해 볼 필요가 있습니다. 즉 HDFS에서 원천 데이터를 가공/병합하여 NoSQL

DB에 적재한 후, '비즈니스 애플리케이션'은 NoSQL DB를 통해 필요한 데이터를 연계하여 활용함으로써, 필요한 데이터를 더 고성능으로 편리하게 이용 가능할 것입니다. 또한 이 경우 애플리케이션에서 직접 HDFS를 쿼리 함으로 인해 발생하는 부하를 NoSQL DB로 분산할 수 있을 것이므로, HDFS의 성능을 유지할 수 있을 것입니다.

이러한 '서비스용 데이터베이스'는 사용자측에서는 편리한 반면, Data Lake 플랫폼을 관리해야 하는 입장에서는 반대로 부담이 증가하게 됩니다. 먼저 **관리 대상 기능과 기술요소가 또 하나 증가**하게 됩니다. RDB 혹은 NoSQL DB는 HDFS와는 다른 또 다른 관리 역량을 요구합니다. RDB로 Kudu를 활용하고, NoSQL DB를 HBase로 활용한다면, HDFS와 동일한 하둡 기반으로 운영이 가능할 것입니다. 하지만 같은 하둡 기반이라고 하더라도, HDFS는 파일시스템이고, RDB와 NoSQL DB는 데이터베이스이므로, 기술적 특성이 매우 다를 뿐만 아니라 관리해야 할 포인트도 상이합니다.

가장 크게 다른 점은 HDFS는 별다른 데이터 모델링 없이 적재가 가능한 '쉬운 적재'가 가능한 반면, 데이터베이스는 데이터 적재를 위한 모델링을 필요로 합니다. Data Lake 플랫폼 관리자는 데이터 모델링을 위해 이를 활용할 현업으로부터 요구사항을 수집하고, 이를 바탕으로 '데이터 아키텍트(Data Architect)'는 모델링을 수행해야 합니다. 요구사항의 추가/변경을 관리해야 하고, 즉시 데이터베이스에 반영하도록 관리해야 합니다. 그리고 데이터베이스는 데이터의 정합성을 더욱 엄격하게 관리해야 합니다. 만약 일부 데이터의 오류가 발생할 경우, 관련 데이터를 모두 찾아 정제해야 하므로, 데이터 간의 관계가 느슨한 HDFS와는 다른 추가적인 관리 역량과 노력을 필요로 합니다.

또한 HDFS와 기술적 특성이 상이하므로, Kudu 혹은 HBase에 대한 '데이터베이스 관리 시스템(Database Management System: DBMS)' 전문가,[34] 데이터를 모델링할 수 있는 '데이터 아키텍트', 원천 데이터를 가공/병합 처리하여 적재하는 프로그램을 개발할 수 있는 역량을 갖춘 인력이 추가로 필요하고, 해당 데이터에 대한 정합성을 관리할 '데이터 Steward' 도 별도로 지정해야 합니다. 이러한 추가 인력은 결국 운영 비용 증가로 이어지고, Data Lake 플랫폼 관리자의 관리 부담으로 이어질 것입니다. 물론, 사용자가 직접 가공한 데이터를 '서비스용 데이터베이스'에 배포할 경우에는 이러한 관리 부담은 줄어들 것입니다.

그리고 '서비스용 데이터베이스'로 인해 **'원본 데이터'와의 중복이 발생** 하게 됩니다. HDFS에 적재한 '원본 데이터'는 기본 세 벌의 백업이 이루어 지며, '서비스용 DB'에는 이 '원본 데이터'를 가공한 데이터를 적재해야 하 므로, 동일한 데이터가 또 한 벌이 존재하게 됩니다. 이는 데이터의 정합 성 관리 부담과 함께 적재소 용량의 증가에 따른 비용을 초래합니다. '원 본 데이터' 변경 시, HDFS에 해당 데이터를 추가(Append)함과 동시에 '서 비스용 DB'에는 업데이트를 처리해야 합니다. 만약 HDFS의 데이터와 '서 비스용 DB' 데이터의 동기화가 이루어지지 않는다면, 데이터 정합성 하 락으로 사용자의 데이터 신뢰도는 추락할 것이며 이는 데이터 활용도 하 락으로 이어질 것입니다. 또한 RDB의 경우 기준정보와 같은 소량 데이

---

34) DBMS에 대한 전문적인 지식을 갖추고 이를 관리하는 인력을 통상 DBA(Database Administrator)라는 명칭으로 부름.

터 서비스가 타깃이므로 적재 용량의 증가가 문제될 수준은 아니지만, NoSQL DB의 경우는 대용량 데이터가 타깃이므로, 큰 규모의 적재 용량이 필요합니다. 하둡은 적재 용량의 비용이 저렴한 편이긴 하지만, 동일한 대용량 데이터가 HDFS와 HBase에 동시에 존재하고, 이 대용량 데이터의 백업까지 존재하는 것은 분명 부담스러운 일일 것입니다.

이와 같이 사용자의 요구사항을 수용하기 위해 무조건 '서비스용 데이터베이스'를 도입하는 것은 적지 않은 추가 비용과 관리 부담을 초래할 수 있으므로, IT 운영 부서의 관리 역량, 운영 인력, 운영 비용 확보 여부 등을 충분히 검토하여 결정해야 할 것입니다.

'데이터 웨어하우스'와의 역할 구분

다음으로 기존에 '데이터 웨어하우스'가 있다면 Data Lake 플랫폼과의 역할을 어떻게 구분할 것인지를 결정해야 합니다.

첫 번째 대안으로, 앞선 '단기 아키텍처'에서 언급했듯이, Data Lake 플랫폼은 'ETL 부하 경감'의 역할을 수행하고, '데이터 웨어하우스'가 수용하지 못하는 반정형/비정형 데이터를 수집하여 서비스하는 역할, 즉 **'데이터 웨어하우스'가 주된 빅데이터 플랫폼으로써 역할을 수행하고, Data Lake 플랫폼이 이를 보조하는 역할로 구분하여 운영**하는 것입니다.

기존의 '데이터 웨어하우스'에 대한 사용자들의 의존도와 만족도가 높은 경우는 사실상 이 안이 가장 적절할 수도 있습니다. 하지만 불행하게도 '데이터 웨어하우스'를 활용 중인 대부분의 기업들의 현실은 그렇지 못합니다. 분석해야 할 데이터는 넘쳐 나고, 데이터를 확보하기는 어려우며, '데이터 웨어하우스'를 통해 데이터를 분석하려면, IT 담당자의 모델링 반영이 완료되기까지 기다려야 합니다. 모델링 반영이 완료된 후에는 느린 성능을 참고 견디며 데이터를 조회해야 하고, 동일한 데이터의 여러 버전이 존재하여 업무의 혼선을 초래하는 문제들이 발생하고 있습니다. 이로 인해 사용자들의 불만이 갈수록 커지고 있는 것이 현재의 '데이터 웨어하우스'의 현실입니다.

이러한 문제점을 단기적으로 줄일 수 있는 방법으로는, Data Lake 플랫폼이 '데이터 웨어하우스'의 약점을 일부 보완하는 것입니다. '데이터 웨어하우스'의 성능 문제를 감소시키기 위해 ETL 부하의 일부를 Data Lake 플랫폼이 감당하고, '데이터 웨어하우스'를 통해 확보하지 못하는 반정형/비정형 데이터는 Data Lake 플랫폼을 통해 확보할 수 있도록 합니다. 또한 '데이터 웨어하우스'에서 처리할 수 없는 빅데이터 분석 작업을 Data Lake 플랫폼에서 수행할 수 있도록 합니다.

하지만 이 방법을 이용하더라도 '데이터 웨어하우스'가 가진 근본적인 문제점은 해결할 수는 없습니다. 여전히 IT 담당자를 통해 분석 요건을 반영해야 하는 번거로움과, 복잡한 ETL 프로세스로 인한 데이터 정합성 문제 등은 여전히 남아있을 것입니다. 따라서 '데이터 웨어하우스'가 계속하여 빅데이터 플랫폼의 주된 역할을 담당하기는 어려울 것이며, 단기적으로만 이러한 역할을 유지하고, 이후에는 다른 조치를 취하는 것이 적절할 것입니다.

두 번째 대안으로, **'데이터 웨어하우스'와 Data Lake 플랫폼을 동등한 역할로 병행 운영**하는 것입니다. 즉 '데이터 웨어하우스'의 기존의 역할을 그대로 유지하고, Data Lake 플랫폼을 별도로 구축하여 본연의 역할을 수행하도록 함으로써, 사용자들의 기호와 스킬 수준에 따라 플랫폼을 선택하여 활용하도록 하는 안입니다. 이 안은 더 많은 비용을 초래하더라도 사용자에게 더 많은 선택권을 주기 위한 목적의 안이라고 볼 수 있습니다.

사용자는 '데이터 웨어하우스'를 통해 정해진 분석 요건에 따라 모델링된 데이터를 활용할 수 있으며, Data Lake 플랫폼을 통해서는 원천 시스템의 Raw Data를 직접 확보하여 활용할 수 있도록 합니다. '데이터 웨어하우스'는 Raw Data를 직접 분석할 역량이 부족한 '일반 사용자(Citizen 분석가)'가 주로 이용할 것이며, Data Lake 플랫폼은 직접 필요한 데이터를 검색, 확보하여 분석할 수 있는 '고급 분석가(Data Scientist)'가 주로 이용하게 될 것입니다.

이러한 병행 운영은 **Data Lake 플랫폼이 '데이터 웨어하우스'의 역할을 완전히 대체할 수 없는 오픈 초기의 기간 동안은 당분간 필수불가결할 것입니다.** '데이터 웨어하우스'에는 수많은 가공/병합 데이터가 존재하며, 물론 이 중 일부 데이터만 주로 활용하긴 하지만,[35] 모든 데이터가 사용자의 요구에 의해 만들어진 사실상 '사용자 분석 데이터의 총 집합소'입니다. 원본 데이터의 포맷을 그대로 적재하여 활용하기 위한 목적의 Data Lake 플랫폼이 이와 같은 가공/병합 데이터를 초기에 수용하기는 어려울 것입니다. 하지만, 추후 Data Lake 플랫폼의 활용도의 증가에 따라, 사용자가 가공한 결과 데이터를 다시 '데이터 객체'화하여 Data Lake 플랫폼에 배포하고, 이를 다른 사용자들이 검색하고 활용할 수 있도록 합니다. 그래서 결국에는 '데이터 웨어하우스'의 주요 가공/병합 데이터를 Data Lake

---

[35]   과거 경험으로 비추어 보았을 때, 실제로 활용되는 데이터의 비중은 20% 미만임.

플랫폼이 모두 수용하는 시점이 올 것이고, 그 시점에는 '데이터 웨어하우스'와 Data Lake 플랫폼을 병행 운영하는 안을 다시 재검토해야 할 것입니다. 동일한 데이터가 양쪽 플랫폼에 모두 존재하는데, 굳이 막대한 운영 비용을 소요하면서 두 개의 플랫폼을 모두 운영할 필요는 없기 때문입니다.

이러한 병행 운영의 유일하면서도 가장 강력한 장점은 사용자의 선택의 폭이 넓다는 점입니다. 사용자가 선호하는 플랫폼에 접속하여 자신이 편리한 방법으로 필요한 데이터를 확보할 수 있다면, 사용자의 입장에서는 최선일 것입니다. 또한 **사용자 그룹의 유형에 따라 플랫폼의 기능을 특화하여 운영**할 수도 있을 것입니다. '데이터 웨어하우스'는 'Citizen 분석가'가 이용하기 편리한 기능들, 이를테면 이미 가공된 데이터를 바탕으로 시각화 혹은 리포팅 도구를 활용하여 분석하는 방식으로 플랫폼을 구성합니다. 그리고 Data Lake 플랫폼은 'Data Scientist'가 요구하는 기능들, 즉 필요한 Raw Data를 쉽게 찾아 확보할 수 있고, 이를 풍부한 컴퓨팅 리소스를 기반으로 다양한 전처리/분석 도구를 통해 분석하는 방식으로 플랫폼을 구성합니다. 이를 통해 각 플랫폼의 정체성이 점차 뚜렷하게 되고, 사용자 그룹도 명확하게 구분되어, 각 플랫폼의 역할을 충실히 수행할 수 있게 될 것입니다.

단점은 역시 두 개의 플랫폼을 모두 운영해야 하므로, 구축/운영 비용이 증가하고, 관리자의 운영 부담도 가중될 것입니다. IT 운영 부서는 기존의 '데이터 웨어하우스'의 운영만으로도 이미 큰 부담을 가지고 있는 상황으로, 자주 발생하는 ETL 성능 문제, 너무도 복잡한 ETL의 데이터 가공 처리와 이로 인한 데이터 정합성 문제, 사용자들의 데이터 VoC에 대한 대응, 지속적인 사용자 추가 분석 요건에 대한 변경 처리 등 너무도 바쁜 스케줄에 따라 운영 업무를 수행 중입니다. 이러한 상황에서 전사의 주요한 원천 데이터를 모두 수용하는 Data Lake 플랫폼을 추가로 구축하고 운영하는 것은 IT 운영 부서의 입장에서는 큰 고민거리가 아닐 수 없습니다. 또한 동일한 데이터를 양쪽 플랫폼에 적재할 경우, 이들 간의 데이터 정합성을 보장하는 것도 큰 문제일 것입니다.

또 하나의 단점은 Data Lake 플랫폼이 가진 다양한 이점들을 모두 활용하지 못하고 제한적으로 활용할 가능성이 높습니다. 앞서 설명한 바와 같이 두 개의 플랫폼을 각자의 역할에 특화하여 운영할 경우, Data Lake 플랫폼은 '고급 분석가'가 사용하는 기능 위주로 구성되어 활용할 것입니다. 하지만 Data Lake는 전사의 모든 사용자를 위한 플랫폼으로, '고급 분석가'뿐만 아니라, '일반 사용자'도 활용할 수 있는 기능을 구성해야 합니다. 이를테면, Data Catalog는 사용자가 평소에 자주 이용하는 업무 용어(키워드)를 통해 필요한 데이터를 손쉽게 검색하고 확보할 수 있는 서비스입니다. 또한 '고급 분석가'와 같은 'Power User'가 데이터를 분석하는 과정과 결과를 Data Lake 플랫폼에 배포하여 다른 사용자와 공유할 수 있으며, '일반 사용자'는 이를 다시 검색하고 확보하여 자신의 업무에 활용할 수 있습니다. 예를 들어, '고급 분석가'가 자주 이용하는 쿼리를 '데이터 객체'로 등록하여 Data Lake 플랫폼에 배포하면, '일반 사용자'는 이 쿼리 객체를 복사하여 필요한 데이터를 조회하고 확보할 수 있습니다. 즉 Data Lake는 '고급 사용자'의 전유물이 아닌 전사의 모든 사용자들이 이용할 수 있도록 구성된 플랫폼입니다. 만약 '고급 사용자'만 Data Lake 플랫폼을 이용할 수 있다면, 이는 Data Lake가 아닌, 'Data Scientist의 업무 시스템'

이라는 용어가 더 적절할 것입니다. 혹은 기존에 빅데이터를 특정 목적으로 구성한 '데이터 웅덩이(Data Puddle)' 혹은 '데이터 연못(Data Pond)'와 차별화가 이루어지지 않는 또 하나의 Data Scientist의 도구로 인지될 것입니다.

그리고 '데이터 웨어하우스'를 계속하여 운영해야 하므로, 기존의 문제점을 그대로 가지고 있을 것입니다. 이 문제점을 해결할 수 없다면, 사용자의 불만은 지속되고, 플랫폼에 대한 불신으로 활용도는 저하될 것입니다. Data Lake 플랫폼에 대한 사용자의 기대와 인식 역시 '데이터 웨어하우스'와 별반 다르지 않을 것입니다. 사용자는 이미 '데이터 웨어하우스'에 대한 오랜 불만으로 인해, Data Lake 플랫폼에 대한 기대 수준이 낮을 것이며, 사용자의 이러한 인식으로 인해 전반적인 빅데이터 플랫폼의 활용도를 끌어올리기는 힘들 것입니다. 따라서 이와 같은 두 플랫폼의 병행 운영을 오랜 기간 지속하기는 어려울 것입니다.

세 번째 대안으로, **Data Lake 플랫폼이 '데이터 웨어하우스'를 대체**하는 것입니다. 즉 Data Lake 플랫폼이 '데이터 웨어하우스'가 수행하고 있는 역할을 모두 수행함으로써 결국 '데이터 웨어하우스'의 사용을 중지(Decommission)하는 것입니다. '데이터 웨어하우스'는 사용자가 분석하고자 하는 요건을 반영하여 가공/병합한 데이터를 조회하고, 시각화하여 그래프로 나타내거나 리포트 형태로 정리하여 조회합니다. 반면 Data Lake 플랫폼은 원천 시스템의 원본 데이터 포맷 그대로의 Raw Data를 수집/적재하여 사용자들이 다양한 방법을 통해 분석할 수 있는 플랫폼입니다. 이렇게 각 플랫폼의 목적만 비교한다면, 전혀 상이한 역할을 수행하는 것으로 생각할 수 있습니다. 하지만 Data Lake 플랫폼은 원천 시스템의 Raw

Data뿐만 아니라 사용자가 가공한 과정/결과 데이터까지도 공유하고 서비스할 수 있는 플랫폼입니다. 사용자는 Data Lake 플랫폼에 적재된 Raw Data를 검색하고 확보하여 자신이 선호하는 '데이터 전처리/분석 도구'에서 작업을 수행합니다. 작업을 완료한 후에는 작업 과정의 '쿼리', '분석 알고리즘 프로그램 소스'뿐만 아니라 전처리/분석 결과 데이터, 리포트/대시보드까지도 Data Lake 플랫폼에 배포하여 다른 사용자들과 공유할 수 있도록 합니다. 즉 **Data Lake 플랫폼은 고정된 형태로 데이터를 가공/병합하여 서비스하는 '데이터 웨어하우스'보다 훨씬 다양한 유형의 사용자 가공 결과물을 공유**할 수 있으므로, 단순히 '데이터 웨어하우스'를 대체할 뿐만 아니라, 한 단계 업그레이드된 서비스를 제공할 수 있는 것입니다.

물론 Data Lake 플랫폼을 구축하자마자 곧바로 '데이터 웨어하우스'를 대체할 수 있는 것은 아닙니다. Data Lake 플랫폼을 전사 사용자를 대상으로 오픈하고, 다양한 그룹의 사용자들이 필요한 데이터를 검색하고, 조회하고, 전처리하고, 분석하고, 공유하여 다른 사용자가 이를 손쉽게 활용할 수 있을 때, 비로소 '데이터 웨어하우스'의 역할까지 수행할 수 있을 것입니다.

따라서 Data Lake 플랫폼을 오픈한 후 서비스 초기에는 '데이터 웨어하우스'와의 병행 운영은 필수불가결할 것입니다. 점점 많은 사용자들이 Data Lake 플랫폼을 이용하고, '데이터 웨어하우스'보다 훨씬 더 유용하고 편리한 것을 실질적으로 체험할 때까지 병행 운영을 하면서 상황을 지켜보아야 합니다. 물론 그러한 과정을 가만히 지켜보기만 해서는 안 되며, 기업의 경영진은 Data Lake 플랫폼의 활용을 유도하기 위한 노력을 지속적으로 수행해야 합니다. 이러한 변화관리에 대한 상세한 내용은 이전 책

《차세대 빅데이터 플랫폼 Data Lake》를 참고하시기 바랍니다.

Data Lake 플랫폼이 안정화되고 활성화가 이루어졌을 때, '데이터 웨어하우스' 서비스는 과감한 중단이 필요합니다. 기업이 가장 어려워하고 두려워하는 것이 바로 기존 서비스의 중단(Decommission)입니다. IT 관리자는 일부의 현업 담당자가 이용하고 있다면, 이를 계속 서비스하는 것이 정당하고 심지어 당연하다고 생각합니다. IT 운영 부서는 서비스 중단으로 인한 현업의 업무 차질에 대해 책임질 수 없다는 다소 방어적인 자세를 취하는 경향이 있고, 또한 자신의 업무 범위 축소에 대한 두려움이 있기도 합니다. 하지만 실타래처럼 꼬인 ETL 프로세스, 데이터 정합성에 대한 지속적인 문제 제기, 모델링 변경 처리 지연 등 산재한 이슈를 해결하기 위해서는, 서비스 중단 외에는 별다른 대안이 없을 것입니다. 경영진은 이러한 상황을 종합하여 과감한 의사결정이 필요합니다. 경영진은 '데이터 웨어하우스'를 계속 이용하는 현업의 의견을 청취하고, Data Lake 플랫폼으로 대체가 가능한지 판단한 후, '데이터 웨어하우스'의 서비스 중단 시점을 결정하고, 전사에 공식적인 공지를 통해 이를 알려야 할 것입니다.

On-Premise vs. Private Cloud vs. Public Cloud

다음으로 Data Lake 플랫폼의 구성요소 중 어떤 영역을 On-Premise로 구축할 것인지, 어떤 영역을 Private Cloud로 구축할 것인지, 어떤 영역을 Public Cloud를 활용할 것인지를 결정해야 합니다.

앞선 '빅데이터 솔루션 아키텍처'의 비교 분석 결과에서 보았듯이, CDH(Cloudera Hadoop)의 경우 On-Premise 기반의 솔루션이고, CDP(-

Cloudera Data Platform)의 경우 On-Premise와 Private Cloud의 Hybrid 로 구성된 솔루션이며, AWS와 Azure의 경우 순수하게 Public Cloud로 구성된 솔루션입니다. 이와 같이 어떤 인프라를 기반으로 Data Lake 플랫폼을 구축해야 하는지에 대한 정답은 정해져 있지 않으며, 각 기업이 처한 비즈니스 환경과 보유 리소스, 그리고 구성원이 보유한 역량에 따라 선택해야 하는 문제입니다.

기업은 Data Lake 플랫폼 구축을 위해 위의 네 가지 '빅데이터 솔루션'과 같이 전체 구성요소를 패키지 형태로 포함하고 있는 솔루션 중에 한 가지를 선택하여, 이를 기반으로 전체 아키텍처를 구축하는 **'Best of Suite'** **방식**을 선택할 수도 있지만, 아키텍처의 개별 구성요소별로 최고의 도구/솔루션을 선정하여 이를 조합하여 구축하는 **'Best of Breed'** **방식**을 선택할 수도 있습니다.

'Best of Suite' **방식**을 선택할 경우, 최적의 '빅데이터 솔루션'을 선정한 후, 이를 기반으로 전체 기능과 기술요소를 구성하되, 추가로 필요한 기능이 있을 경우, 이를 식별하여 추가하는 방식으로 진행합니다. 이를 위해 우선 위의 네 가지 솔루션을 포함하여 다양한 솔루션을 비교 검토 후 가장 적합한 솔루션을 선정해야 합니다. 앞선 '솔루션 아키텍처 간 비교'에서 보았듯이, 구축 방식, 적용 기술, 기능 특성, 개발/운영 비용 등의 측면에서 솔루션 간에 철저한 비교 분석이 필요합니다. 비교 분석 시에는 단순히 벤더의 일회성 설명회 내용만 듣고 판단해서는 안 되며, 추가로 데스크탑 리서치, 평판 확인 등을 병행하고, 위의 항목을 참고로 비교 표를 작성하여 정확한 사실(Fact)을 기반으로 분석을 수행합니다. 문서나 리서치만으로 확인이 어려운 사항이 있을 경우, 벤더에 직접 문의하여 답변을 받아야 합니다. 비교 분석 후에는 두 가지 정도의 솔루션을 선정하여, 실제로 간략하게 구현된 결과물을 확인하는 PoC(Proof of Concept)를 진행함으로써, 비교 검토한 기능이 실제로 구현이 가능한지를 검증합니다. PoC 결과물이 원래 분석했던 내용에 부합하는지 확인하고, 실제로 구현된 모습이 의도한 목표 모습과 유사한지를 판단한 후 최종 솔루션을 선정합니다.

솔루션을 선정한 후에는 해당 솔루션의 구성요소가 자사의 '개념(혹은 논리) 아키텍처' 구성요소를 모두 포함하는지를 검토해야 합니다. 이를 위해서는 솔루션 검토 전에 자사의 'Data Lake 개념 아키텍처'의 목표 모습을 정의해야 합니다. 자사에서 필요로 하는 기능이 무엇인지, 주요 사용자는 누구인지, 어떤 서비스를 제공해야 하는지에 대한 치열한 내부 조사와 논의를 거친 후에 Data Lake 플랫폼의 To-Be 모습을 결정해야 합니다. 솔루션 벤더가 제공하는 아키텍처를 그대로 적용한다면, 자사에서 필요로 하는 구성요소가 모두 포함되었는지 파악하기 어려울 것입니다. 자사의 목표 아키텍처 구성요소 중 솔루션 벤더가 제공하지 않는 구성요소는 무엇인지, 그리고 솔루션 벤더가 제공하는 구성요소 중 보완이 필요한 부분은 무엇인지를 식별해야 합니다. 추가/보완이 필요한 구성요소는 이후에 설명할 'Best of Breed' 방식과 같은 절차로 필요한 추가 기술(혹은 솔루션)을 선정해야 합니다.

'Best of Breed' 방식은 Data Lake 플랫폼의 구성요소별로 적절한 기술(혹은 솔루션)을 찾아 전체 아키텍처를 구성하는 방식입니다. 이를테면, CDH 솔루션에서 '수집/처리/적재 Layer'의 구성요소를 선택하여 On-Premise를 기반으로 구성하고, CDP 솔루션에서 '거버넌스/분석 Layer'의 구성요소를 On-Premise와 Private Cloud를 기반으로 Hybrid로 구성하고, AWS/Azure 솔루션에서 '분석 Layer'의 부족한 기능을 Public Cloud를 기반으로 보완하여 구성하는 방식입니다.

'Best of Breed' 방식은 'Best of Suite' 방식에 비해 아키텍처 구성의 자유도가 높으나, 대신 복잡한 구성으로 인한 구축과 운영의 어려움이 있을 수 있습니다. 이와 같은 솔루션 도입 방식의 비교를 보면, 예전의 '전사 자원 관리(Enterprise Resource Planning: ERP)' 솔루션의 도입 초기 시절을 떠올리시는 분들이 많을 것입니다. ERP 솔루션의 초기에는 'Best of Suite'라고 불릴 만한 모든 기능을 제대로 갖춘 솔루션이 거의 없던 시기로, 많은 기업들이 'Best of Breed' 방식을 선호했습니다. 따라서 제조/재무회계는 A 솔루션, 인사는 B 솔루션, 그 외 업무는 직접 개발하는 것으로 결정하여 이들 솔루션 간의 연계/통합을 통해 ERP 솔루션을 구축하는 방식이었습니다. 그러나 이후에 시간이 지나면서 솔루션의 기능이 보완되고, 기업들이 선호하는 솔루션이 뚜렷해지면서 'Best of Breed' 방식보다는 오히려 'Best of Suite' 방식을 더 많이 채택하고 있습니다. 최근에는 많은 기업들이 ERP 시스템을 재구축하는 시점이 되었고, 특정 솔루션을 선호하는 경향이 더욱 뚜렷하게 나타나고 있습니다.

Data Lake 플랫폼의 솔루션도 과거 ERP 솔루션의 시장 초기와 마찬가지로, 지금은 각 솔루션의 완성도가 높지 않은 시장 초기 상황으로써, 'Best of Breed' 방식을 선호하는 기업이 더 많을 것입니다. 하지만 시간이 지날수록 기업들이 선호하는 솔루션이 생길 것이고, 그 솔루션은 점점 더 완성도 높은 기능과 성능을 갖추게 될 것입니다. 그 시점이 되면, 기업들이 'Best of Suite' 방식을 선호할 것이며, 특정 벤더의 솔루션을 더욱 선호하는 경향이 뚜렷하게 나타날 것입니다.

'Best of Breed' 방식으로 Data Lake 플랫폼의 아키텍처를 구성하기 위한 첫 출발점은 아키텍처 영역(Layer)별 구현 방식을 결정하는 것입니다. 즉 어떤 영역을 On-Premise 기반으로 구현하고, 어떤 Layer를 Private Cloud 기반으로 구현하며, 어떤 영역을 Public Cloud 기반으로 구현할 것인지를 결정해야 합니다.

그러면 어떤 경우에 On-Premise 기반으로 구현해야 할까요? On-Premise는 자사의 내부 데이터센터에 기존과 같이 일반 '베어 메탈(Bare Metal)' 혹은 '가상화 서버(Virtualized Server)'를 기반으로 구현하는 방식입니다. 사실 반드시 Cloud 기반으로 구현할 필요가 없는 경우는 이 On-Premise 기반으로 구현하는 것이 더 바람직합니다. Cloud 기반으로 구현하기 위해서는 서버에 기술요소들이 추가되어 복잡한 구조를 가지게 되므로, 구축과 운영 비용 모두 증가하기 때문입니다. 또한 데이터 처리 시, 서버와 애플리케이션 사이에 추가적인 기술요소를 거치게 되므로 처리 시간 지연이 필수불가결하게 발생하게 됩니다. 따라서 꼭 필요한 경우가 아니라면 On-Premise 기반으로 구현할 것을 추천합니다.

그러면 어떤 경우에 Private Cloud 혹은 Public Cloud 기반으로 구현해야 할지부터 먼저 검토하겠습니다. 그 외의 경우는 모두 On-Premise 기반으로 구현하는 것으로 결정될 것입니다. **Public Cloud 방식**으로 구현할 기능은 외부 벤더의 데이터센터 내 서버를 통해 서비스를 이용하는 것이므로, 외부 유출 우려 등의 보안상의 이슈가 없어야 합니다. 따라서 정부의 규제를 받는 산업의 경우, 원천 데이터를 저장소를 이렇게 Public Cloud 방식으로 이용하기는 어려울 것입니다. 또한 리소스의 수요가 일정하지 않고, 수요를 예측하기 어려워 어떤 시점에 어느 정도의 리소스가 필요할지를 모르는 기능의 경우, Public Cloud 기반으로 구현하는 것이 바람직합니다. 그리고 앞서 언급했듯이 Public Cloud 기반의 기능은 일정 시간 처리 지연이 발생하므로 실시간 처리가 필요한 기능의 경우, 적합하지 않습니다. 또한 Public Cloud 벤더에서 제공하는 기능이면서 많은 기업들이 이용하는 기능, 이를테면 Data Scientist가 대용량 데이터를 처리하고 분석하는 기능 등의 경우, Public Cloud 서비스를 통해 이용하는 것이 타당합니다.

다음으로 **Private Cloud 방식**은 자사의 데이터센터에 Cloud 기술을 적용한 서버 클러스터를 구성함으로써, 자사 리소스 한도 내에서 동적으로 유연하게 활용할 수 있는 방식입니다. Public Cloud 방식과의 차이는 자사의 내부 데이터센터에 Cloud 인프라를 구현한다는 것과 구축과 운영을 모두 직접 수행해야 한다는 것입니다. Public Cloud 방식은 외부 벤더가 구축/운영하며, 자사는 이용한 만큼만 비용을 지불하는 방식입니다. 따라서 Private Cloud 방식을 적용하려면 Cloud 인프라를 자체적으로 구축할 만한 역량과 충분한 예산을 보유하고 있어야 합니다. 또한 Private Cloud 방식이 의미가 있으려면 충분히 많은 서버 Pool을 보유하고 있어야 합니다. 적은 수의 서버 만으로 리소스를 어떻게 유연하게 이용할 수 있을지 고민하는 것은 사실상 의미가 없기 때문입니다. 결론적으로 Private Cloud는 데이터의 활용 니즈가 매우 높고, 구축/운영 역량과 예산을 충분히 보유한 초대형 우량 기업의 경우에 적합하며, 또한 이용 비용이나 보안상의 이슈로 인해 Public Cloud 서비스를 이용하지 않을 경우 선택할 수 있는 옵션일 것입니다.

Private Cloud 인프라를 직접 구축하는 것은 상당한 전문성과 비용/기간을 요구하므로, 이를 위해 충분히 준비하지 않은 기업의 경우는 CDP(-Cloudera Data Platform)와 같은 솔루션을 도입하는 방법을 이용할 수 있습니다. 단, CDP 솔루션을 도입하게 되면, '분석 Layer'만 Private Cloud 방식으로 이용할 수 있게 되며, 나머지 Layer는 On-Premise 방식으로 이용해야 합니다. 또한 CDP를 도입하면, CDP 솔루션이 보유한 모든 구성요소들을 함께 이용해야 하므로, 사실상 'Best of Breed' 방식이 아닌 'Best of Suite' 방식으로 구현하게 될 것입니다.

Private Cloud 방식을 도입한다고 하더라도 모든 Layer에 이를 적용해야 할지에 대해서는 신중한 검토가 필요합니다. 왜냐하면 실시간 처리가 필요한 서비스의 경우 앞서 설명했듯이 Cloud 인프라를 통하면 처리 시간 지연이 발생할 수밖에 없으므로 오히려 On-Premise 방식으로 구현하는 것이 바람직합니다. 또한 리소스의 수요 변동이 크지 않은 기능의 경우, Cloud 기반으로 구현하는 것은 큰 의미가 없을 뿐만 아니라, 오히려 성능의 저하를 가져올 수 있어 On-Premise 기반으로 구현하는 것이 바람직합니다. 따라서 '수집/적재 Layer'의 경우, 통상 일정하게 데이터 흐름이 발생하고 리소스의 변동이 크지 않으며 일부 데이터는 실시간 Data Pipeline으로 구현할 필요가 있으므로, On-Premise 기반으로 구현하는 것이 바람직할 것입니다. '처리/제공/분석 Layer'는 실시간 처리 필요 영역은 On-Premise 기반으로 구현하되, 나머지는 대용량 데이터의 처리, 많은 리소스를 요구하는 '기계 학습(Machine Learning)' 등의 처리를 수행해야 하므로 Private Cloud 기반으로 구현하는 것이 바람직할 것입니다. '사용자 Self-Service Layer' 역시 동시 접속자의 수가 일정하지 않고, 기능별

Data Lake 플랫폼 아키텍처

리소스의 수요도 예측하기 어려우므로, Private Cloud 기반으로 구현하는 것이 효과적일 것입니다.

어떤 Layer와 기능을 On-Premise 혹은 Private Cloud 혹은 Public Cloud 기반으로 구현할지 결정한 후에는, 각 기능별로 어떤 기술/솔루션을 도입할 것인지를 검토하고 선정해야 합니다. 'Best of Suite' 방식의 솔루션 선정시와 동일한 방식으로 진행하나, 솔루션 비교 검토 시 가장 중요하게 고려해야 할 사항은 여러 가지 요소 기술/솔루션 간의 연계/통합과 관련된 기능입니다. 예를 들어, '주 저장소'로 '하둡 분산 파일시스템(HDFS)'을 선정했다면, 수집/처리 등 다른 기능요소도 Sqoop, MapReduce, Spark 등의 하둡 에코시스템 도구를 선택하는 것이 각 기술요소 간의 연계/통합이 가장 원활하게, 비용 효율적으로 이루어질 수 있을 것입니다. 만약, '주 저장소'로 HDFS를 도입하나, 수집/처리를 위해 상용 ETL 도구, CEP(Complex Event Processing) 도구를 활용한다면, 이를 위한 별도의 인프라를 구성해야 하고, 연계/통합 측면에서도 Sqoop과 Flume을 활용하는 것보다 훨씬 불편할 것입니다. 따라서 전체 아키텍처 측면에서 가장 비용 효율적으로 연계/통합이 이루어질 수 있도록 구성하는 것이 매우 중요합니다.

3. 구성요소별 아키텍처 설계

Data Lake 플랫폼의 '개념 아키텍처'를 구성하고, 전체 아키텍처에 영향을 미치는 주요한 의사결정을 수행한 후에는 각 영역(Layer)의 개별 구성요소별로 세부적인 '**논리 아키텍처**(Logical Architecture)'를 설계해야 합니다. '논리 아키텍처'는 각 구성요소의 구체적인 기능을 정의하고, 기능 간의 처리 흐름을 정의합니다. 개발자는 '논리 아키텍처'의 전체적인 흐름을 이해한 후, 개발을 위한 상세 설계를 진행할 것입니다.

'논리 아키텍처'를 도식화할 경우에는 통상 '기술 계층(Tier)'으로 구분하여, 어떤 계층에서 어떤 기능을 처리해야 하고, 각 기능 간에 어떻게 연계되어 처리되는지에 대해 상세하게 기술해야 합니다. 계층은 '화면(UI) 계층', '애플리케이션 계층', '데이터 계층'으로 구분되며, 처리 작업은 '상자'로, 처리 흐름은 '화살표'로, 데이터 저장소는 '원기둥'으로, 메시지 브로커는 '좌/우 방향의 원기둥'으로, 타 프로세스는 '좌/우측에 세로 선이 있는 상자'로 표시하여 도식화합니다.

Data Lake 플랫폼의 각 구성요소별로 아키텍처를 예시적으로 도식화하고, 왜 이렇게 구성하였는지, 구성 시 주의사항은 무엇인지에 대한 설명을 추가하고, 각 처리 단계별로 어떤 작업이 이루어져야 하는지에 대해 기술하겠습니다. 각 기업은 예시적으로 구성한 아키텍처를 참고하여, 자신들의 비즈니스/IT 환경에 적합한 아키텍처를 설계해야 합니다.

3-1. 데이터 수집 Layer

'**데이터 수집 Layer**'는 원천 시스템의 Raw Data를 원본 포맷 그대로 수집하여 Data Lake 플랫폼의 '주 저장소'에 적재하는 기능을 수행합니다. '정형', '반정형', '비정형' 유형의 데이터를 모두 포함하여 수집해야 하며, 각 데이터 유형별로 어떤 처리를 거쳐 수집해야 할지를 설계해야 합니다.

정형 데이터의 배치 수집

먼저 정형 데이터인 '관계형 데이터베이스'의 데이터를 배치로 수집하여 '주 저장소'인 HDFS에 적재하는 프로세스에 대해 설명하겠습니다. (다음 '그림 14. RDB 데이터 수집 흐름도 예시' 참조.)

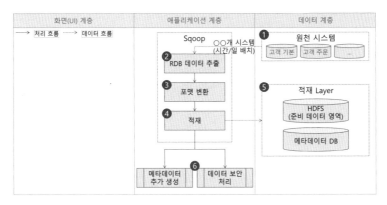

그림 14. RDB 데이터 수집 흐름도 예시

그림 14는 정형 데이터 중 RDB(관계형 데이터베이스) 데이터의 수집 흐름을 예시적으로 도식화한 것입니다. 그림에서 보듯이 RDB 데이터 수집시, 애플리케이션 계층, 데이터 계층에서는 처리해야 할 작업이 있으나, 화면(UI) 계층에서는 별도로 처리할 작업이 없는 것을 알 수 있습니다. 처리 흐름의 첫 시작은 우측 상단의 '원천 시스템'으로부터 출발합니다.

(1) '원천 시스템'은 '고객 기본 DB', '고객 주문 DB' 등을 포함하여, Data Lake 플랫폼으로 수집할 대상 RDB가 총 ○○개 존재합니다.

(2) 'RDB 데이터 추출' 처리는 '원천 시스템'의 RDB로부터 시간/일 단위의 배치로 데이터를 추출하는 작업이며, 추출 대상 테이블(혹은 쿼리)의

수만큼 Sqoop 작업(Job)을 생성해야 합니다. 추출 대상이 RDB 테이블이 므로 쿼리를 활용하여 추출 작업을 수행합니다. (2)번 처리부터 (4)번 처 리까지는 모두 Sqoop에서 처리하는 작업으로 점선 상자 내에 포함되어 있으며, 내부적으로는 MapReduce 작업으로 변환하여 처리합니다. 따라 서 기본적으로 실시간 처리에 적합하지 않으며, 일정 주기로 배치 처리하 는 경우에 적합합니다.

(3) '포맷 변환' 처리는 RDB로부터 추출한 데이터를 HDFS(하둡 분산 파 일시스템)로 적재하기 위해 다양한 파일 포맷(CSV, JSOM, XML 등)으로 변환하는 작업입니다.

(4) '적재' 처리는 변환한 파일을 HDFS의 '준비 데이터 영역'으로 적재하 는 작업입니다. '준비 데이터 영역'은 사용자에게 서비스하기 이전, 필요 한 메타데이터를 생성하고, 데이터 보안 처리를 하는 등의 작업을 수행하 는 영역입니다. 이러한 서비스 준비 처리가 완료되면, 서비스를 위해 '원 천 데이터 영역'으로 이동합니다. 또한 추출한 메타데이터(테이블, 컬럼 정보 등)를 '메타데이터 DB'에 적재하는 작업도 병행하여 이루어집니다.

(5) '적재 Layer'는 실데이터를 보관하는 HDFS와 메타데이터를 보관하 는 '메타데이터 DB'로 이루어집니다. 데이터를 Hive로 적재했다면 'Hive 메타스토어'[36]에 메타데이터가 적재되므로, 'Hive 메타스토어'의 데이터 중 필요한 정보를 '메타데이터 DB'로 연계하여 적재해야 합니다. '메타데 이터 DB'는 Data Catalog 서비스를 위해 'Hive 메타스토어'와는 별도로 구

---

36) 'Hive 메타스토어(Metastore)'는 Hive에 적재된 메타데이터를 관리하는 저장소로써, Apache Derby 혹은 MySQl과 같은 '관계형 데이터베이스' 형태로 구성됨.

Data Lake 플랫폼 아키텍처

성하는 것이 좋습니다. Data Catalog 서비스를 위해서는 'Hive 메타스토어'에서 관리하는 것보다 훨씬 많은 정보를 관리해야 하기 때문에 별도로 모델링하여 구성이 필요합니다.

(6) 데이터 적재가 완료된 후에는 사용자에게 데이터 서비스를 제공하기 위해 '메타데이터 추가 생성', '데이터 보안 처리' 프로세스 등의 후속 처리를 수행합니다. 두 프로세스는 상자 내 양쪽에 세로 선이 그려져 있어 '별도 프로세스'를 의미하며, 이후 '데이터 처리 Layer'에서 각 프로세스에 대한 상세 내용을 기술할 것입니다. '메타데이터 추가 생성' 처리는 원천 시스템으로부터 수집한 기본적인 '기술 메타데이터' 이외에 추가적인 '기술/비즈니스/운영 메타데이터'를 생성하고(제목, 태그, 데이터 리니지 등), 데이터 유형/값에 대한 통계치를 생성하는 '데이터 프로파일링' 등의 처리를 수행하는 작업입니다. 이렇게 추가 생성한 메타데이터 정보는 Data Catalog를 통해 서비스합니다. '데이터 보안 처리'는 개인 식별 정보, 산업 보안 정보, 사내 민감 데이터 등에 대한 비식별화/마스킹/암호화 처리를 수행하는 작업입니다. 이러한 '데이터 보안 처리'가 이루어진 이후에 사용자에게 서비스할 수 있습니다.

반정형 데이터의 실시간 수집

위의 'RDB 데이터 수집 흐름도'는 배치로 처리되는 프로세스이며, 실시간으로 처리하여 서비스해야 하는 경우는 이와는 다른 흐름으로 설계해야 합니다. Apache Sqoop은 MapReduce 기반으로 처리되므로 배치 처리에 적합한 기술이나,[37] Apache Flume은 MapReduce 기반이 아닌 스트리밍 데이터 흐름(내부의 Queue 활용)을 기반으로 처리되므로 실시간 처리에 적합한 기술입니다. 따라서 Apache Flume과 같은 데이터 수집 기술과 Apache Kafka와 같은 '메시지 브로커'를 기반으로 전체 프로세스를 구성해야 합니다. 이와 같은 실시간 스트리밍 처리는 센서/장비 로그 등의 IoT(Internet of Things) 데이터와 같은 반정형(Semi-Structured) 데이터 수집에 주로 활용됩니다. (다음 '그림 15. 로그 데이터 수집 흐름도 예시' 참조.)

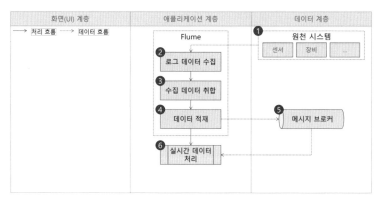

그림 15. 로그 데이터 수집 흐름도 예시

그림 15는 반정형 데이터인 로그 데이터를 수집하는 흐름을 예시적으로 도식화한 것입니다. 전체적인 흐름은 정형 데이터인 RDB 데이터의

---

37) MapReduce 작업은 여러 개의 Map 작업으로 변환하고, 이를 다시 Reduce 작업으로 취합하여 결과를 변환해야 하는 내부의 복잡한 처리 과정으로 인해 기본적으로 일정 시간이 소요될 수밖에 없는 구조임.

수집 흐름도와 유사하나, 'RDB 데이터 수집 흐름도'는 배치 처리 기반의 프로세스인 반면, '로그 데이터 수집 흐름도'는 실시간 처리 기반의 프로세스인 점에서 상이합니다. 그로 인해 활용되는 기술 역시 상이합니다. RDB 데이터 수집 시에는 Apache Sqoop을 활용하여 HDFS에 적재하였으나, 로그 데이터 수집 시에는 Apache Flume을 활용하여 '메시지 브로커(Kafka 등)'에 적재합니다. 물론 '람다 아키텍처'를 기반으로 한다면, '메시지 브로커'에 적재와 동시에 HDFS에도 적재해야 할 것입니다. 하지만 본 흐름도는 '카파 아키텍처'를 기반으로 작성하였으므로, '메시지 브로커'에만 적재하는 것으로 설계하였습니다.

(1) '원천 시스템'은 실시간으로 로그 데이터를 생성하는 센서(Sensor), 장비, 서버 등 다양한 유형의 원천이 있을 것이며, 통상 한두 개가 아닌 수십~수백 개의 원천으로 구성되어 있어, 각 원천별로 로그 데이터 수집이 필요합니다.

(2) '로그 데이터 수집'은 각 원천별로 실시간으로 생성되는 로그 데이터를 수집하는 작업으로, Flume Agent가 이러한 역할을 수행합니다. Flume Agent는 각 원천별로 로그 데이터를 수집하여 취합을 담당하는 Flume Agent로 데이터를 전송합니다. 각 Flume Agent의 내부에는 자체 '큐(Queue)'를 보유하고 있어, 수집한 데이터를 임시로 큐에 적재한 후, FIFO(First-In-First-Out) 방식으로 내보내게 됩니다.

(3) '수집 데이터 취합'은 각 원천별 Flume Agent가 수집한 로그 데이터를 취합하는 작업입니다. 이 작업 역시 취합을 담당하는 별도의 Flume Agent가 수행하며, 해당 Flume Agent는 수집을 담당하는 여러 Flume Agent로부터 데이터를 취합하는 역할을 담당합니다.

(4) '데이터 적재'는 취합한 로그 데이터를 타깃 저장소인 '메시지 브로커'에 적재하는 작업입니다. 이 작업은 로그 데이터를 취합하는 역할을 담당했던 Flume Agent가 수행합니다.

만약, 실시간으로 Raw Data를 수신하기를 원하는 '비즈니스 애플리케이션'이 있다면, Flume Agent가 취합 로그 데이터를 '메시지 브로커'에 적재함과 동시에 해당 '비즈니스 애플리케이션'으로 적재할 수도 있습니다. 하지만, '비즈니스 애플리케이션'이 로그 데이터를 직접 받아야 한다면, 해당 로그를 직접 파싱(Parsing)하여 필요한 정보를 추출해야 하는데, 이를 위해서는 상당한 컴퓨팅 리소스를 필요로 하므로, '비즈니스 애플리케이션'이 직접 로그 분석 작업을 수행하는 것은 바람직하지 않을 것입니다. 왜냐하면, '비즈니스 애플리케이션'이 로그 분석을 직접 수행하려면, 분석을 위한 인프라를 별도로 구성해야 하므로 큰 비용이 추가로 필요하지만, Data Lake 플랫폼 내에서 로그 분석 작업을 수행 후 그 결과만 받는다면, 추가 비용이 필요로 하지 않기 때문입니다. 따라서 '비즈니스 애플리케이션'은 로그 데이터를 직접 받기보다는 로그 분석 후 처리 결과만을 받는 방법을 추천합니다.

(5) '메시지 브로커'는 실시간으로 유입되는 로그 데이터를 저장(Publish)하여 보관하고, 이를 구독(Subscribe)하는 여러 타깃에 동시에 배포할 수 있도록 하는 '중개자(Broker)' 역할을 수행합니다. 즉 실시간으로 로그 데이터를 수집/배포 시에 중간에서 데이터를 임시로 보관하고 이를 순서대로 전달하는 역할을 수행한다고 이해할 수 있습니다. 물론 '메시지 브로커'에도 '별도 저장소(Tiered Storage)'가 있어 데이터를 오랜 기간 보관하는 '주 저장소'의 역할을 수행할 수도 있는데, 이는 아키텍처의 구성에

따라 달라질 수 있습니다. 취합된 모든 로그 데이터는 '메시지 브로커'에 적재되며, 이를 구독(Subscribe)한 여러 타깃에 배포할 수 있는 구조를 가지고 있습니다.

(6) '실시간 데이터 처리'는 별도 프로세스로써, '메시지 브로커'에 저장된 로그 데이터를 '주 저장소'인 HDFS에 적재하고, 파싱(Parsing) 처리 등 전처리 수행 후 다시 '메시지 브로커'와 HDFS에 적재하는 작업을 수행합니다.

정형 데이터의 '근 실시간' 수집

IoT 로그와 같은 반정형 데이터 말고도 정형 데이터인 RDB도 '근 실시간' 수집이 가능합니다. 하지만 RDB는 통상 '비즈니스(업무) 애플리케이션'의 데이터베이스로 활용되며, IoT 로그와 같이 실시간 스트리밍으로 계속 신규 데이터를 생성하기보다는, 변경 처리 위주의 트랜잭션(Transaction)이 주로 발생하는 특성을 가지고 있습니다. 변경 데이터를 실시간으로 수집하는 기술을 CDC(Change Data Capture)라고 하며, CDC는 RDB의 변경 데이터를 실시간으로 수집하여 '메시지 브로커'에 적재하는 기능을 수행합니다. 'CDC Connector(Canal, Debezium 등)'가 변경 데이터를 수집하는 역할을 담당하고, '메시지 브로커'는 Apache Pulsar 혹은 Apache Kafka가 수행할 수 있습니다. 위의 '로그 데이터 수집 흐름도'에서 Apache Flume이 하는 역할을 'CDC Connector'가 수행하며, 전체 처리 흐름은 동일합니다. (다음 '그림 16. RDB 변경 데이터 수집 흐름도 예시' 참조.)

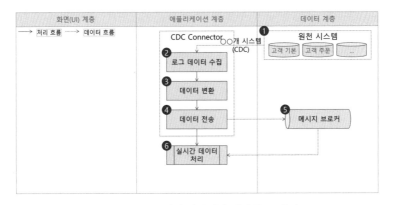

그림 16. RDB 변경 데이터 수집 흐름도 예시

그림 16과 같이 'RDB 변경 데이터 수집 흐름도'는 '로그 데이터 수집 흐름도'와 거의 동일한 구조를 가지고 있습니다. 차이가 있다면, '원천 시스템'이 센서/장비가 아닌 RDB이며, Flume이 아닌 'CDC Connector'를 통해 로그 데이터를 수집한다는 것입니다.

전체 흐름을 간략히 설명하면, 'CDC Connector'는 '원천 시스템'인 RDB로부터 (1) 로그 데이터를 수집하여 (2), 변경 데이터 정보를 추출하고 포맷을 변환한 후 (3), 변환한 파일을 '메시지 브로커'로 전송합니다 (4). '메시지 브로커'에 적재된 Raw Data는 (5) '실시간 데이터 처리' 프로세스 (6)를 통해 '주 저장소'인 HDFS에 적재하고, 메타데이터를 추출하여 '메타데이터 데이터베이스'에 저장하며, RDB에 제공하기 편리한 형태로 변환/가공 처리한 후 다시 '메시지 브로커'와 HDFS에 적재합니다.

다음으로 비정형 데이터도 정형/반정형 데이터와 동일한 방식으로 데이터를 수집합니다. SNS 데이터와 같이 실시간 스트리밍으로 생성되는 자연어 텍스트 데이터의 경우, 앞선 '로그 데이터 수집 흐름도'와 동일한

Data Lake 플랫폼 아키텍처

방식으로 처리합니다. 그리고 이미지/동영상/음성과 같은 이진(Binary) 데이터의 경우도 '로그 데이터 수집 흐름도'와 동일한 방식으로 수집할 수 있으며, HDFS에서 제공하는 'RESTful API'를 활용하여 파일 데이터를 수집하는 것도 가능합니다. 단, 이 경우 메타데이터는 별도 프로세스로 수집하여 '메타데이터 데이터베이스'에 적재해야 합니다.

3-2. 데이터 적재 Layer

'**데이터 적재 Layer**'는 원천 시스템으로부터 수집한 Raw Data와 가공 처리 결과 데이터를 모두 적재하여 보관하고, 이를 필요로 하는 사용자 혹은 애플리케이션에 서비스하는 영역입니다. '데이터 적재 Layer'는 '람다 아키텍처'의 '**주 저장소**'로 활용되는 HDFS, '카파 아키텍처'의 '주 저장소'로 활용되는 '메시지 브로커', '**서비스용 데이터베이스**'로 활용되는 '관계형 데이터베이스(Kudu 등)'와 'NoSQL 데이터베이스(HBase 등)' 등으로 구성되어 있습니다.

'주 저장소'의 데이터 적재 및 활용

먼저, '**주 저장소**'는 모든 유형의 원천 데이터를 실시간 혹은 배치 프로세스를 통해 수집합니다. 원천 시스템으로부터 수집한 Raw Data는 일단 '**준비 데이터 영역**'에 저장하여 서비스를 위해 필요한 준비 처리를 수행합니다. 서비스 준비 처리가 완료되면, 데이터를 '**원천 데이터 영역**'으로 이동하여 이를 필요로 하는 사용자와 애플리케이션에 서비스합니다. 사용자는 '원천 데이터 영역'의 데이터를 '**작업 데이터 영역**'으로 다운로드할 수 있으며, 이를 다양한 전처리/분석 도구를 통해 가공하여 신규 데이터를 생성할 수 있습니다. 사용자는 생성된 신규 데이터를 **'가공 데이터 영역'**으로 배포하여 다른 사용자와 공유할 수 있습니다. (다음 '그림 17. 주 저장소의 데이터 적재 및 활용 흐름도 예시' 참조.)

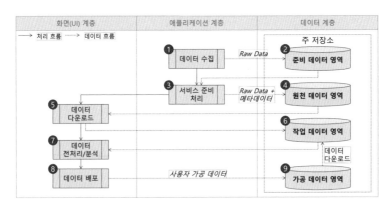

그림 17. 주 저장소의 데이터 적재 및 활용 흐름도 예시

그림 17은 '주 저장소'에 데이터를 수집/적재/보관하고, 보관 중인 데이터를 활용하는 흐름을 예시적으로 도식화한 것입니다.

(1) '데이터 수집'은 원천 시스템으로부터 Raw Data를 실시간 혹은 배치로 수집하여 Data Lake 플랫폼의 '주 저장소'에 적재하는 프로세스입니다. 앞선 '데이터 수집 Layer'에서 설명했듯이, 정형/반정형/비정형 데이터를 수집하기 위한 각각의 프로세스가 별도로 존재하며, 본 흐름도상에는 단순화를 위해 '데이터 수집' 프로세스로만 표현하였습니다.

(2) 수집한 Raw Data는 일단 '준비 데이터 영역'에 적재하여, 서비스를 위해 필요한 준비 처리를 수행합니다. '준비 데이터 영역'에 적재된 데이

터는 '서비스 준비 처리' 프로세스를 완료하고, '원천 데이터 영역'으로 이동하며, 이동 완료 후에는 곧바로 삭제될 것입니다. 이러한 '데이터 관리 정책'은 '데이터 거버넌스 Layer'의 '데이터 Life Cycle 관리' 프로세스를 통해 이루어집니다.

(3) '서비스 준비 처리'는 '준비 데이터 영역'에 적재된 Raw Data에 대해 서비스에 필요한 준비 처리를 수행하는 프로세스입니다. Data Catalog에 서비스하기 위해 기본적인 '기술 메타데이터'에 추가하여 '비즈니스 메타데이터'를 생성하고, 검색에 필요한 색인(Index)을 생성합니다. 또한 민감한 개인 식별 정보, 산업 보안 데이터, 사내 민감 정보에 대한 데이터 보안 처리(비식별화/마스킹/암호화 등)를 수행합니다. '서비스 준비 처리'가 완료된 데이터는 '준비 데이터 영역'에서 '원천 데이터 영역'으로 이동하고, '준비 데이터 영역'에서는 해당 데이터를 폐기합니다.

(4) '원천 데이터 영역'은 '서비스 준비 처리'가 완료된 원천 시스템의 Raw Data를 보관하는 영역입니다. 사용자는 '대화식 쿼리 서비스'를 통해 Raw Data를 조회하고 다운로드할 수 있으며, 애플리케이션은 'RESTful API'를 활용하여 웹(HTTP)을 통해 필요한 데이터를 확보할 수도 있습니다. 'RESTful API'는 '대화식 쿼리 서비스'를 통해 작성한 쿼리를 활용하여 생성할 수 있습니다. 또한 '대화식 쿼리 서비스'를 통해 작성한 쿼리를 주기적으로 실행하여 애플리케이션의 타깃 저장소에 적재할 수 있습니다. 이는 '대화식 쿼리 서비스'의 '실행 스케줄러'를 통해 설정할 수 있습니다. '원천 데이터 영역'은 Data Lake 플랫폼의 가장 핵심적인 데이터 서비스 영역으로 장기간의 데이터를 보관하며, 임의로 변경(Update)할 수 없고, 추가(Append)만 가능합니다. 왜냐하면, 데이터 처리 프로그램의 오

류 시, 오류 보정 후 재작업을 하기 위해서는 원본 데이터가 반드시 필요하기 때문입니다. 따라서 원본 데이터가 변경되어서는 안 되며, 엄격하게 정합성을 관리해야 합니다.

(5) '데이터 다운로드'는 사용자가 Data Catalog 혹은 '대화식 쿼리 서비스'를 통해 '원천 데이터 영역' 혹은 '가공 데이터 영역'의 데이터를 다운로드하는 프로세스입니다. 사용자는 선택한 '데이터 객체' 혹은 쿼리 결과 데이터를 '작업 데이터 영역' 혹은 사용자의 '로컬 PC'로 다운로드할 수 있습니다. 대용량 데이터를 '로컬 PC'로 다운로드 시에는 많은 시간이 소요되고, 이를 분석할 수 있는 컴퓨팅 리소스도 부족하므로, '작업 데이터 영역'으로 다운로드하는 것이 바람직합니다. 사용자는 Data Catalog와 '대화식 쿼리 서비스'와 같은 화면(UI)을 통해 '데이터 다운로드'를 수행하므로, '화면(UI) 계층'에서 수행하는 것으로 도식화하였습니다.

(6) '작업 데이터 영역'에 다운로드한 데이터는 다양한 '데이터 전처리 도구' 혹은 '데이터 분석 도구'를 통해 전처리 혹은 분석을 수행할 수 있습니다. '작업 데이터 영역'은 사용자별로 별도 적재소 공간을 할당하여, Data Catalog 서비스에 로그인하여 인증한 사용자 본인만이 접근 가능합니다. 혹은 부서별/프로젝트별로 별도의 '공동 작업 영역' 공간을 할당하여, 사용자가 속한 부서/프로젝트의 '공동 작업 영역'에 접근할 수 있게 할 수도 있습니다. '공동 작업 영역'에서 필요한 데이터를 부서/프로젝트 내에서 공유하고, 공동으로 데이터 분석 작업 등을 수행할 수도 있을 것입니다. 사용자는 필요한 데이터를 '작업 데이터 영역'에 다운로드하고, 신규 데이터를 생성하여 저장할 수도 있습니다. 하지만 이 공간은 임시 데이터의 성격으로 일정 기간 활용하지 않는다면 삭제하도록 설정해야 합

니다('데이터 Life Cycle 관리' 프로세스 참조). 사용자별로 적재 공간의 제약이 있기 때문입니다.

(7) '데이터 전처리/분석'은 사용자가 다양한 도구를 통해 '작업 데이터 영역'에 다운로드한 데이터를 전처리하거나 분석하는 프로세스입니다. 사용자는 Data Catalog 서비스에서 특정 '데이터 객체'를 선택한 후, 후속 작업으로 '데이터 전처리 연계' 혹은 '데이터 분석 연계'를 선택하여 자신이 선호하는 도구를 선택합니다. 그러면 해당 데이터를 '작업 데이터 영역'으로 다운로드하고, 선택한 도구와 해당 데이터를 연결(Binding)하여 곧바로 작업을 시작할 수 있습니다. 이와 동일한 프로세스를 Data Catalog 서비스뿐만 아니라 '대화식 쿼리 서비스'를 통해서도 수행할 수 있습니다. 단, '대화식 쿼리 서비스'에서는 쿼리 결과 데이터를 전처리/분석 도구로 연계하여 작업하도록 해야 할 것입니다.

(8) 사용자는 데이터 전처리/분석을 완료한 후, '데이터 배포' 프로세스를 통해 결과 데이터를 '가공 데이터 영역'으로 배포하여 다른 사용자와 공유할 수 있습니다. 배포가 완료된 데이터는 '작업 데이터 영역'에서 '가공 데이터 영역'으로 이동되며, '작업 데이터 영역'의 데이터는 삭제됩니다. 사용자가 데이터 배포 시에는 Data Catalog의 '데이터 배포' 화면에서 필요한 '비즈니스 메타데이터(제목, 설명, 태그 등)'를 입력해야 하며, 배포 처리 시 보안 데이터를 포함하고 있을 경우 '데이터 보안 처리' 프로세스로 연계할 것입니다. 사용자에게 서비스를 위해 필요한 배포 처리가 완료된 후에는 Data Catalog 서비스에서 해당 배포 데이터를 검색하고 조회할 수 있습니다.

(9) '가공 데이터 영역'은 사용자가 가공한 데이터를 보관하는 영역으로,

이 영역의 데이터는 '원천 데이터 영역'의 데이터와 함께 사용자와 애플리케이션에 서비스할 수 있습니다. 해당 데이터를 작성하여 배포한 사용자는 '데이터 Steward'의 역할을 수행해야 하며, 데이터의 정합성을 관리하고, 다른 사용자의 질의에도 응답해야 할 것입니다. 사용자들의 배포 활동 증가에 따라, 본 영역에 적재된 데이터의 용량이 커질 우려가 있으므로, Data Lake 플랫폼 관리자는 '데이터 Life Cycle 관리'를 통해 서비스 제공 기간을 엄격하게 관리해야 합니다. 즉 일정 기간(6개월~1년) 활용되지 않는 데이터에 대해서는 폐기하도록 설정해야 할 것입니다.

'서비스용 데이터베이스'의 데이터 적재 및 활용

'사용자 가공 데이터'는 아키텍처 구성에 따라서 별도의 **서비스용 데이터베이스**를 통해 제공하도록 구성할 수도 있습니다. 서비스 속도에 민감하지 않은 데이터인 경우, HDFS의 Hive에 적재하여 서비스하고, 빠른 속도로 서비스해야 하는 대용량 데이터의 경우, HBase와 같은 'NoSQL 데이터베이스'를 통해 서비스하도록 해야 합니다. 또한 '근 실시간' 수준의 잦은 변경(Update) 처리가 필요한 데이터의 경우, Kudu와 같은 '관계형 데이터베이스'를 통해 서비스해야 할 것입니다. (다음 '그림 18. 서비스용 데이터베이스의 데이터 적재 및 활용 흐름도 예시' 참조.)

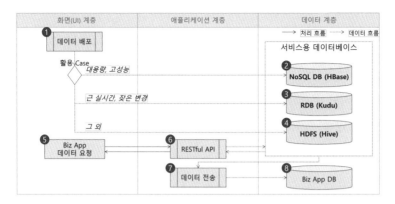

그림 18. 서비스용 데이터베이스의 데이터 적재 및 활용 흐름도 예시

그림 18은 '서비스용 데이터베이스'에 데이터를 적재하고 활용하는 흐름을 예시적으로 도식화한 것입니다. 우측 '데이터 계층' 내의 점선 상자에 세 가지의 '서비스용 데이터베이스' 유형을 표시하였습니다.

(1) '데이터 배포'는 사용자가 '데이터 전처리/분석 도구'에서 작업을 완료한 후, 결과 데이터를 Data Lake 플랫폼으로 배포하는 프로세스입니다. 이를테면, 전처리/분석 도구에서 'Data Lake 플랫폼 배포' 실행 시, Data Catalog 화면에서 '비즈니스 메타데이터'를 입력한 후, '배포 위치'를 선택할 수 있습니다. 대용량 데이터이면서 고성능으로 서비스해야 할 데이터인 경우, 'NoSQL 데이터베이스'를 선택하고, 잦은 변경이 발생하여 '근 실시간'으로 업데이트가 필요한 데이터의 경우, '관계형 데이터베이스'를 선택합니다. 그 외의 일반적인 경우는 HDFS(Hive)를 선택합니다. HDFS(Hive)를 선택한 경우는 '주 저장소'의 '가공 데이터 영역'에 저장됩니다. 사용자는 이러한 기술적인 특성에 대해서 무지하므로, 활용 Case별로 올바른 선택할 수 있도록 가이드를 제공할 필요가 있습니다.

(2) 'NoSQL 데이터베이스'는 대용량 데이터를 고성능으로 서비스하기 위한 용도로써, 하둡 에코시스템에서는 주로 HBase를 이러한 용도로 활용합니다. 따라서 '비즈니스 애플리케이션'에서 빠른 속도로 대용량 데이터를 조회할 필요가 있을 경우에 주로 활용해야 합니다.

(3) '관계형 데이터베이스(Relational Database: RDB)'는 적은 용량의 변경이 잦은 데이터로, '근 실시간'으로 업데이트하여 서비스하는 용도로 이용하며, 하둡 에코시스템에서는 주로 Kudu를 이러한 용도로 활용합니다. '관계형 데이터베이스'는 '근 실시간'으로 서비스하는 것이 목표이므로, HDFS에 Raw Data를 저장한 후, 이를 다시 가공하여 RDB에 적재해야 하는 '람다 아키텍처' 기반의 처리 흐름은 적절하지 않습니다. 이보다는 '주 저장소'를 '메시지 브로커'로 활용하는 '카파 아키텍처'를 기반으로 해야만, '근 실시간'의 변경 데이터 서비스가 가능해질 것입니다. 이 경우 CDC(Change Data Capture)를 통해 '메시지 브로커'로 데이터를 수집하고, 이를 스트리밍 처리를 통해 가공하여 RDB에 적재하는 흐름이 될 것입니다.

(4) '주 저장소'를 HDFS로 이용하는 '람다 아키텍처'의 경우, 사용자가 가공한 데이터를 HDFS의 '가공 데이터 영역'에 Hive 형태로 적재하여 서비스합니다. 사용자 혹은 애플리케이션이 실시간으로 데이터를 필요로 할 경우가 아니라면, 즉 배치 데이터 서비스를 요구할 경우에는 이 방식만으로도 충분할 것입니다. 하지만 애플리케이션이 실시간 데이터 서비스를 요구할 경우, 위의 'NoSQL 데이터베이스' 혹은 '관계형 데이터베이스' 서비스를 이용해야만 할 것입니다.

(5) '비즈니스 애플리케이션'에서는 'RESTful API'를 활용하여 웹(HTTP)

을 통해 필요한 데이터를 요청하여 확보할 수 있습니다. 'RESTful API'와 같이 사용자 측에서 필요한 시점에 필요한 데이터를 요청하여 확보하는 방식을 'Pull 방식'이라고 합니다. '비즈니스 애플리케이션'에서는 필요한 시점에 요청할 조건('매개 변수' 등)을 입력하고 'RESTful API'를 호출할 URL(Uniform Resource Locator)을 요청하면, 잠시 후 결과 데이터를 제공받을 수 있습니다.

(6) 'RESTful API'는 '비즈니스 애플리케이션'이 요청한 내용을 쿼리 형태로 변환하여 '서비스용 데이터베이스'에 요청합니다. '서비스용 데이터베이스'는 쿼리를 실행한 후 결과 데이터를 다시 'RESTful API'로 전송합니다. 'RESTful API'는 결과 데이터를 받아 포맷을 변환(JSON 등)하여 요청한 '비즈니스 애플리케이션'에 전달합니다. 이러한 'RESTful API'는 '대화식 쿼리 서비스'에서 작성한 쿼리를 'RESTful API'로 변환함으로써 생성할 수 있습니다.

(7) '데이터 전송'은 '서비스용 데이터베이스'에서 '비즈니스 애플리케이션 데이터베이스'로 'Push 방식'으로 데이터를 제공하는 프로세스입니다. '대화식 쿼리 서비스'에서 작성한 쿼리에 대해 '실행 스케줄러'를 통해 실행할 주기를 설정하고, 타깃 저장소를 지정할 수 있습니다. 그러면 해당 쿼리는 설정한 주기에 따라 실행되고, 실행한 결과 데이터를 지정한 타깃 저장소로 전송합니다. 'RESTful API'는 애플리케이션에서 필요한 시점에 요청하는 'Pull 방식'이나, '데이터 전송'은 정해진 주기에 따라 타깃 저장소로 전송하는 'Push 방식'입니다. 'RESTful API' 혹은 '데이터 전송' 중 '비즈니스 애플리케이션'에서 필요한 비즈니스 상황에 따라 적절한 방식을 선택하면 될 것입니다.

(8) '비즈니스 애플리케이션 데이터베이스'는 Data Lake 플랫폼 외부의 '비즈니스 애플리케이션'에서 이용하는 데이터 저장소입니다. '서비스용 데이터베이스'에서 주기적으로 추출한 데이터를 해당 데이터베이스에 적재합니다.

3-3. 데이터 처리 Layer

'데이터 처리 Layer'는 '주 저장소'에 적재한 Raw Data를 처리 후, 다시 저장소에 적재하거나, 애플리케이션에 서비스하는 역할을 수행합니다. 실시간으로 유입되는 데이터를 스트리밍 처리하여 서비스하는 **'실시간 데이터 처리'** 프로세스, '주 저장소'에 적재된 Raw Data를 배치로 처리하여 저장소에 적재하는 **'배치 데이터 처리'** 프로세스, 내/외부에서 Data Lake 저장소에 요청하는 쿼리를 처리하여 결과 데이터를 제공하는 **'데이터 쿼리 처리'** 프로세스, Data Catalog의 데이터 검색 서비스를 위한 색인(Index)을 생성하는 **'검색엔진 색인 생성'** 프로세스, 원천 시스템으로부터 수집한 '기술 메타데이터'에 추가하여 Data Catalog 서비스를 위해 필요한 '비즈니스 메타데이터'를 생성하고, Data Lake 플랫폼 내부의 데이터에 대해 실행되는 쿼리를 모두 수집하여 파싱(Parsing)을 통해 필요한 메타데이터를 추출하는 **'메타데이터 추가 생성'** 프로세스, 데이터 유형과 값에 대한 통계를 생성하여 실데이터에 대한 이해도를 높이고, 정합성도 점검할 수 있도록 하는 **'데이터 프로파일링'** 프로세스, Data Lake 플랫폼을 활용하는 모든 로그를 수집하고 통계를 생성하여 대시보드에 제공하는 **'데이터 활용 현황 집계'** 프로세스, 민감한 데이터에 대한 비식별화/마스킹/

Data Lake 플랫폼 아키텍처

암호화 등을 처리하는 '**데이터 보안 처리**' 프로세스로 구성됩니다.

실시간 데이터 처리

'**실시간 데이터 처리**'는 실시간으로 수집한 데이터에 대해 스트리밍 처리 후 즉시 타깃 저장소와 애플리케이션에 제공하는 프로세스입니다. IoT 로그와 같은 대용량 데이터의 실시간 스트리밍 처리에는 Apache Spark 혹은 Storm을 주로 활용합니다. Apache Spark 혹은 Storm은 '메시지 브로커'에 적재한 Raw Data에 대한 가공 및 변환 처리 후 즉시 타깃 애플리케이션에 제공하거나 '서비스용 데이터베이스'에 적재합니다. (다음 '그림 19. 실시간 데이터 처리 흐름도 예시' 참조.)

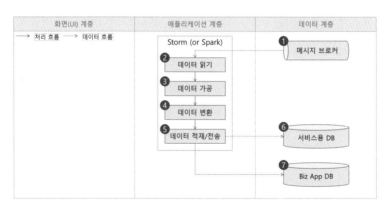

그림 19. 실시간 데이터 처리 흐름도 예시

그림 19는 실시간으로 데이터를 처리하는 흐름도를 예시적으로 도식화한 것입니다.

(1) '카파 아키텍처'의 경우에 Data Lake 플랫폼의 '주 저장소'가 되는 '메

시지 브로커'는 Raw Data를 실시간으로 수집하여 처리 프로그램(Storm 혹은 Spark)에 제공합니다. '람다 아키텍처'의 경우도 이와 유사한 아키텍 처로 구성할 수는 있으나, 실시간 데이터는 정합성을 보장하지 않습니다. 따라서 '람다 아키텍처'의 경우, 이 데이터를 활용해야 하는 애플리케이션 은 데이터 정합성을 보장하지 않는 분석을 위한 용도 정도로만 활용할 수 있을 것입니다.

(2) '데이터 읽기'는 '메시지 브로커'에 실시간으로 수집된 데이터를 스트 리밍으로 읽는 처리입니다. (2)~(5)는 스트리밍 처리가 필요하므로, 이를 원활하게 처리할 수 있는 도구인 Apache Storm 혹은 Spark를 활용해야 합니다. 혹자는 실시간으로 수집한 Raw Data를 굳이 '메시지 브로커'에 거치지 않고 곧바로 처리하여 '비즈니스 애플리케이션'에 제공하는 것이 더 효율적인 흐름이라고 생각할 수도 있습니다. 하지만 Raw Data를 별도 로 '주 저장소'에 별도로 보관해야 할 필요가 있고(향후 처리 프로그램 오 류 시 재처리 등을 위해), 스트리밍 데이터의 특성상 '데이터 큐(Queue)' 를 통해 유입 데이터를 차례대로 처리하는 것이 훨씬 안정적인 방식이기 때문에 이와 같은 '메시지 브로커'를 통해 제공하는 아키텍처가 더 바람직 합니다.

(3) '데이터 가공'은 '비즈니스 애플리케이션'에서 요구하는 형태로 데 이터를 가공하는 작업입니다. '비즈니스 애플리케이션'은 Raw Data를 직 접 받아서 가공 처리할 수도 있으나, 이를 위해서는 위와 같이 '데이터 큐 (Queue)'가 있어야 하고, 대용량 데이터를 처리할 수 있는 하둡과 같은 인 프라도 별도로 구성해야 하므로, 많은 구축/운영 비용을 필요로 할 것입 니다. 하지만 Data Lake 플랫폼에서 '데이터 큐(Queue)'를 구성하여 가공

처리를 한 후, 그 결과 데이터만을 제공받는다면 '비즈니스 애플리케이션'의 소요 비용을 크게 줄일 수 있을 것입니다. IoT 로그 데이터의 가공과 같은 경우, 계속해서 유입되는 스트리밍 데이터로써, 일정 단위로 분리하고 파싱(Parsing)하여 요약(Summary) 처리를 수행해야 합니다.

(4) '데이터 변환'은 '메시지 브로커'에 적재한 데이터 포맷을 타깃 저장소에 서비스하기 위한 포맷으로 변환하는 작업입니다. '메시지 브로커'의 데이터 포맷은 통상 JSON, CSV, XML 등의 형태이며, 이를 '서비스용 데이터베이스'인 'NoSQL 데이터베이스' 혹은 '관계형 데이터베이스' 혹은 'HDFS Hive'에 적재하기 위해서는 DB 테이블 형태로 데이터 포맷을 변경해야 합니다. '비즈니스 애플리케이션 데이터베이스' 역시 NoSQL DB 혹은 RDB인 경우가 대부분이므로, 이에 맞게 데이터 포맷을 테이블 형태로 변경해야 합니다.

(5) '데이터 적재/전송'은 변환된 데이터 포맷을 Data Lake 플랫폼 내부의 '서비스용 데이터베이스'에 적재하거나, 외부의 '비즈니스 애플리케이션 데이터베이스'에 전송하여 적재하는 작업입니다. 스트리밍 데이터를 이러한 데이터베이스에 적재하기 위해서는 짧은 기간 단위로 분리하여 '작은 배치(Mini-Batch)'로 전송해야 합니다. 만약 '비즈니스 애플리케이션'에서 이를 실시간 스트리밍 형태로 수신하기 위해서는 데이터베이스가 아닌 '메시지 큐(Queue)'를 구성하여 데이터를 유입해야 합니다. 하지만 이러한 '메시지 큐(Queue)'는 구축과 운영하기가 데이터베이스에 비해 비교적 까다로운 기술이므로, 꼭 필요한 경우만 구성하기를 권고합니다. 꼭 필요하다면, '비즈니스 애플리케이션'이 별도 저장소를 거치지 않고, Data Lake 플랫폼의 '메시지 브로커' 데이터를 직접 수신하여 처리할

수 있도록 해야 합니다.

(6) '서비스용 데이터베이스'는 '비즈니스 애플리케이션'에 편리한 데이터 서비스를 위해 별도로 구성한 데이터베이스로써, 앞서 언급한 바와 같이 'NoSQL 데이터베이스' 혹은 '관계형 데이터베이스' 혹은 'HDFS Hive' 유형이 있을 수 있습니다. 엄격히 얘기하면 'HDFS Hive'는 별도 구성한 데이터베이스는 아니고, HDFS의 데이터를 쿼리를 통해 조회할 수 있도록 하는 하둡의 서비스입니다. 즉 '람다 아키텍처'의 '주 저장소'인 HDFS의 '가공 데이터 영역'을 Hive 형태로 서비스함으로써, '서비스용 데이터베이스' 역할을 수행하는 것입니다.

(7) '비즈니스 애플리케이션 데이터베이스'는 현업에서 관리하는 업무용 데이터베이스로, Data Lake 플랫폼의 외부에 위치합니다. '메시지 브로커'의 데이터를 직접 제공받을 수도 있으며, '서비스용 데이터베이스'와 연계하여 데이터를 활용할 수도 있습니다. '메시지 브로커'의 데이터를 직접 서비스받으려면, 사용자가 직접 '대화식 쿼리 서비스'에서 Storm(혹은 Spark) 프로그래밍을 작성 후 '실행 스케줄러'에 이를 등록하여 등록된 스케줄에 따라 자동으로 실행하도록 해야 합니다. 따라서 사용자는 Storm(혹은 Spark) 프로그래밍을 할 수 있는 역량이 있어야 가능하지만, '서비스용 데이터베이스'의 데이터를 연계할 때는 쿼리 만으로도 가능합니다. 즉 '대화식 쿼리 서비스'에서 '서비스용 데이터베이스'에 대한 쿼리 작성 후 '실행 스케줄러'에 등록하면 되므로, 필요한 데이터를 더욱 간편하게 수신할 수 있습니다. 하지만, '서비스용 데이터베이스'를 한 번 더 거쳐야 하므로, 더 많은 데이터 지연이 발생하고, 데이터 정합성 문제가 발생할 소지도 더 많아질 수 있다는 단점이 있습니다.

배치 데이터 처리

'**배치 데이터 처리**'는 실시간으로 데이터를 처리하여 서비스하는 '실시간 데이터 처리'와는 다르게, 대용량 데이터를 주기적으로, 즉 배치로 처리하는 프로세스입니다. '실시간 데이터 처리'는 스트리밍 처리 기술인 Apache Storm 혹은 Spark를 사용하는 반면, '배치 데이터 처리'는 기본적으로 MapReduce를 기반으로 처리합니다. 앞서 언급한 Apache Hive 혹은 Sqoop과 같은 기술도 결국 내부적으로 MapReduce를 기반으로 처리하므로, 배치 처리에 적합한 기술이라 할 수 있습니다. (다음 '그림 20. 배치 데이터 처리 흐름도 예시' 참조.)

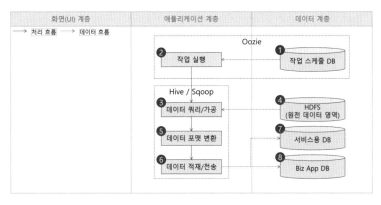

그림 20. 배치 데이터 처리 흐름도 예시

그림 20은 Data Lake 플랫폼의 데이터를 배치로 처리하여 '서비스용 데이터베이스' 혹은 '비즈니스 애플리케이션 데이터베이스'에 적재하는 흐름도를 예시적으로 도식화한 것입니다.

(1) '작업 스케줄 데이터베이스'는 사용자가 '실행 스케줄러'에서 등록한

작업 스케줄을 관리하는 데이터베이스입니다. 이는 Apache Oozie라는 하둡의 작업 스케줄링 시스템에서 관리하는 데이터베이스입니다. 사용자는 '대화식 쿼리 서비스'에서 쿼리를 작성 후, 이를 '실행 스케줄러'에 등록하여 주기적으로 실행하도록 합니다. 이때 등록한 스케줄이 이 '작업 스케줄 데이터베이스'에 저장됩니다.

(2) '작업 스케줄 데이터베이스'에 등록되어 있는 주기에 따라 작업을 자동으로 실행합니다. 예를 들면, 한 시간 단위로 Hive의 '원천 데이터 영역'의 데이터를 쿼리를 통해 추출하여 '서비스용 데이터베이스'인 HBase에 적재합니다. 이 작업은 한 시간마다 반복적으로 수행될 것입니다.

(3) '데이터 쿼리/가공'는 Data Lake 플랫폼의 '주 저장소'인 HDFS(Hive)의 '원천 데이터 영역'의 데이터를 쿼리하거나 추가적인 가공 처리를 하는 작업입니다. 이러한 가공 처리는 Hive의 데이터를 쿼리하여 조회하는 것과 같은 일반적인 작업도 있으며, Apache Spark을 기반으로 Python이나 Scala와 같은 별도의 프로그램 언어를 통해 대용량 데이터를 가공 처리하는 작업일 수도 있습니다.

(4) HDFS의 '원천 데이터 영역'은 원천 시스템에서 수집한 Raw Data를 적재하는 영역입니다. '데이터 쿼리/가공' 작업은 이 곳에 적재된 데이터를 주로 활용하며, '가공 데이터 영역'의 데이터를 활용할 수도 있습니다. '원천 데이터 영역'은 원본 데이터 포맷 그대로 적재하고 변경하지 않는 영역이므로, 이후 처리 프로그램의 오류가 발생했을 때도 이 데이터를 활용하여 재실행해야 합니다.

(5) '데이터 포맷 변환'은 쿼리/가공한 데이터를 타깃 저장소에 적재하기 위해 포맷을 변경하는 작업입니다. Apache Sqoop을 활용할 경우,

Hive의 데이터를 '관계형 데이터베이스' 혹은 'NoSQL 데이터베이스'에 적재하기 위한 포맷으로 변경하는 작업을 간편하게 처리할 수 있습니다. 타깃 저장소가 HDFS의 '가공 데이터 영역'인 경우는, 동일한 하둡 내에서 데이터의 이동(복사)이 이루어지는 것이므로, 별도의 데이터 포맷 변경 작업이 필요 없이, Hive 쿼리만으로도 처리할 수 있습니다.

(6) '데이터 적재/전송'은 타깃 저장소에 맞게 변환한 데이터를 전송하고 적재하는 작업입니다. Data Lake 플랫폼 내부의 '서비스용 데이터베이스' 혹은 외부의 '비즈니스 애플리케이션 데이터베이스'에 적재할 수 있습니다. 기존에 이러한 ETL(Extract, Transform, Load) 작업은 통상 별도의 상용 도구(Informatica, InnoQuartz 등)를 통해 처리해 왔으나, 대용량 데이터의 복잡한 ETL 처리의 경우 많은 부하로 인해 추가 인프라 투자가 필요합니다. 이러한 추가 비용을 절감하기 위해서는 Apache Sqoop이나 Spark와 같은 하둡 에코시스템을 활용하는 것을 추천합니다.

(7) '서비스용 데이터베이스'는 앞서 설명한 바와 같이 가공 처리한 데이터를 서비스하기 위한 별도의 데이터베이스입니다. 대용량 배치 데이터의 경우는 HDFS의 '가공 데이터 영역'에 Hive 형태로 적재할 수도 있고, 좀 더 고성능 서비스를 필요로 하거나, 인터페이스의 편의성을 높이기 위해 HBase와 같은 별도의 데이터베이스를 통해 서비스할 수도 있을 것입니다.

(8) '비즈니스 애플리케이션 데이터베이스'는 '비즈니스 애플리케이션'의 업무용 데이터베이스입니다. 예시와 같은 '람다 아키텍처'의 경우에는 '서비스용 데이터베이스'를 거치지 않고, 곧바로 타깃 데이터베이스에 적재할 것을 추천하며, '카파 아키텍처'의 경우에는 '메시지 브로커' 데이터

를 직접 수신하는 것보다는 '서비스용 데이터베이스'의 데이터를 거쳐서 수신하는 것을 추천합니다. '메시지 브로커'의 데이터를 직접 받아서 처리하는 것은 활용하는 애플리케이션 측면에서 처리하기 불편함이 있기 때문입니다.

데이터 쿼리 처리

'**데이터 쿼리 처리**'는 Data Lake 플랫폼에 적재된 데이터를 기존 사용자들에게 익숙한 SQL(Structured Query Language)문을 통해 손쉽게 조회할 수 있도록 처리해 주는 프로세스입니다. 일반적인 데이터베이스의 경우 이 같은 쿼리를 통한 데이터 조회는 당연히 제공되는 기능이나, Data Lake 플랫폼의 '주 저장소'는 데이터베이스가 아닌, 하둡이라 불리는 '파일 시스템'입니다. 이는 HDFS, 즉 '하둡 분산 파일시스템(Hadoop Distributed FileSytem)'이라 불리며, 사용자가 요청한 쿼리를 처리해 주는 별도의 모듈을 가지고 있습니다.

먼저, HDFS에 기본적으로 탑재된 기능인 Hive를 기반으로 하여 사용자/애플리케이션이 요청한 **데이터 쿼리를 배치로 처리하는 프로세스**입니다. 사용자는 HDFS에 데이터 적재 시, 'Hive'라 불리는 '데이터 웨어하우스'에 적재할 수 있으며, Hive에 적재된 데이터는 HiveQL이라 불리는 쿼리 언어를 통해 조회할 수 있습니다. HiveQL은 기존의 SQL과 거의 유사한 방식으로 활용할 수 있어, 사용자는 기존에 SQL문을 작성하듯이 HiveQL문을 작성하여 데이터를 조회할 수 있습니다. Hive는 내부적으로 MapReduce 작업으로 변환하여 처리하므로, 고성능을 필요로 하는 실시간성 서비스에는 적합하지 않고, 배치성 서비스에 더 적합합니다. (다음

'그림 21. 데이터 쿼리의 배치 처리 흐름도 예시' 참조.)

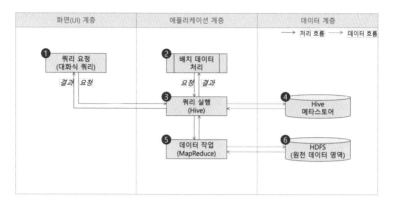

그림 21. 데이터 쿼리의 배치 처리 흐름도 예시

그림 21은 사용자 혹은 애플리케이션이 요청한 데이터 쿼리를 배치로 처리하는 흐름을 예시적으로 도식화한 것입니다.

(1) 사용자는 '대화식 쿼리 서비스'에서 HiveQL 쿼리를 작성한 후 실행하여 결과를 요청합니다. 잠시 후 Hive에서 처리한 결과 데이터를 조회할 수 있습니다. Hive는 Oracle DB와 같이 쿼리 요청에 대한 즉각적인 응답을 기대하기 어려우며, 통상 수십 초에서 대용량 데이터의 경우 수 분이 소요되기도 합니다.

(2) 데이터 처리/가공/제공을 위한 애플리케이션에서도 '배치 데이터 처리'를 위해 데이터 쿼리를 요청할 수 있습니다. 이러한 애플리케이션은 Impala, Spark 등 '실시간 데이터 처리'를 위한 프로그램은 포함하지 않으며, 주로 '실행 스케줄러'에 등록된 배치 처리용 프로그램이 대부분일 것입니다.

(3) '쿼리 실행'은 사용자/애플리케이션의 쿼리 요청에 대해 Hive가 내부적으로 MapReduce에 작업을 요청하고 작업 수행 결과를 요청자에 전달하는 작업입니다. Hive는 쿼리문을 파싱(Compile)하여, 메타스토어(Metastore)로부터 메타데이터를 전송 받고, 작업 계획을 수립하여 하둡 MapReduce에 요청합니다. 작업 완료 후 결과를 MapReduce로부터 전달 받아, 요청자에게 전달합니다.

(4) 'Hive 메타스토어'는 Hive에 적재한 데이터의 메타데이터를 보관하는 저장소입니다. 통상 Apache Derby, MySQL 등의 '관계형 데이터베이스'로 구성되며, Hive 처리 엔진의 메타데이터 요청에 따른 결과를 제공합니다.

(5) '데이터 작업'은 Hive가 요청한 데이터 작업을 MapReduce 작업으로 변환하여 분산 처리하고, 결과를 취합하여 다시 Hive로 전달하는 역할을 수행합니다. 이러한 MapReduce 기반의 분산 처리 구조로 인해 대용량 데이터의 배치 처리가 용이한 특성을 가지고 있습니다. '작업 관리자(Job Tracker)'는 HDFS에 분산 적재되어 있는 데이터를 파악하여 각 서버에 Map 작업과 Reduce 작업을 요청합니다. 각 Map 작업은 이를 처리하여 Reduce 작업에게 전달하고, Reduce 작업이 이를 취합하여 '작업 관리자'에게 다시 전달합니다. '작업 관리자'는 작업 수행 결과를 Hive 처리 엔진에 전달하게 됩니다.

(6) HDFS의 '원천 데이터 영역'은 원천 시스템으로부터 수집한 원본 데이터를 보관하고 있는 영역입니다. 원본 데이터가 변하지 않도록 보관하며, 하둡의 기본 원칙에 따라 세 벌의 백업 데이터를 보관합니다. 동일 테이블의 데이터도 각 서버에 분산하여 적재하는 것이 원칙이므로, Ma-

pReduce의 분산 처리를 통해야만 실데이터를 취합하여 조회할 수 있게 됩니다.

다음은, 사용자/애플리케이션이 요청한 **데이터 쿼리에 대해 빠른 응답 결과를 제공할 수 있는 실시간 처리 프로세스**입니다. 앞서 언급한 배치 처리 중심의 Hive를 활용하면서도, LLAP(Long Live and Process)라는 캐시(Cache) 서비스를 통해 더 빠른 응답 결과를 제공할 수 있습니다. LLAP는 자주 사용하는 데이터를 메모리(Memory)에 보관하여, 디스크(Disk)로의 I(Input)/O(Output)를 줄여 주는 역할을 담당합니다. 이를 통해 '데이터 노드(Data Node)'의 데이터를 직접 읽고 쓰는 시간을 줄여 주므로, 쿼리의 성능을 크게 향상할 수 있습니다. 또한 Apache Tez는 이러한 LLAP의 캐시 기능을 조정/통제하는 역할을 수행함으로써 이를 지원합니다. 따라서 **Hive, LLAP, Tez를 조합하여 이용**함으로써, 데이터 쿼리 요청에 대한 빠른 응답을 제공할 수 있습니다.

데이터 쿼리의 실시간 처리를 위한 또 하나의 방법은 '대규모 병렬 처리(Massively Parallel Processing: MPP)' 기반의 쿼리 엔진인 **Apache Impala를 활용**하는 것입니다. Impala는 Hive와 동일하게 HiveQL을 통해 데이터를 쿼리할 수 있지만, 내부적으로 MapReduce를 활용하여 처리하지 않고 (처리 지연의 원인), 쿼리를 하둡의 전체 서버에서 분산 처리할 수 있도록 하여 빠른 속도로 결과를 제공할 수 있습니다. (다음 '그림 22. 데이터 쿼리의 실시간 처리 흐름도 예시' 참조.)

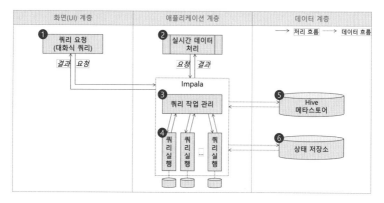

그림 22. 데이터 쿼리의 실시간 처리 흐름도 예시

그림 22는 데이터 쿼리 요청을 실시간으로 처리하기 위한 흐름을 예시
적으로 도식화한 것입니다.

(1) 사용자는 '대화식 쿼리 서비스'를 통해 데이터 쿼리를 작성하여 요청
할 수 있으며, 이때 쿼리의 '번역기(Interpreter)'를 '임팔라(Impala)'로 선택
하여 요청해야 합니다. Impala도 Hive와 동일하게 HiveQL문으로 쿼리를
작성할 수 있습니다.

(2) 사용자가 아닌 애플리케이션(Python, R 등을 통해 작성한 프로그램
등)에서 '실시간 데이터 처리' 프로세스를 통해 데이터 쿼리를 수행 시에
는, 고성능으로 쿼리를 처리하기 위해 쿼리 엔진을 Impala로 설정하여 처
리할 수 있도록 해야 합니다(배치 처리 시에는 Hive 활용).

(3) 쿼리를 요청받은 서버의 '임팔라 데몬(Impala Demon)'[38]이 쿼리의

---

38) '데몬(Demon)'이란 서버에 설치한 소프트웨어로써, 메모리상에 항상 실행 대기 상태로 존재하
는 프로세스를 의미함.

'작업 관리자' 역할을 수행합니다. '임팔라 데몬'은 하둡의 모든 서버에 설치하여 요청받은 쿼리를 모든 서버에 분산 처리할 수 있도록 하는 프로그램입니다. 이 중 쿼리를 요청받은 서버의 '임팔라 데몬'이 다른 서버에 작업을 분배하고, 작업 처리 상황을 관리하며, 작업 완료 후 요청한 사용자/애플리케이션에 처리 결과를 전송하는 역할을 수행합니다.

(4) 각 서버의 '임팔라 데몬'은 '작업 관리자' 역할을 담당하는 '임팔라 데몬'으로부터 요청받은 쿼리 작업을 실행합니다. 각 서버는 쿼리 수행을 위한 데이터와 메타데이터 정보도 함께 보유하고 있어, 쿼리 작업을 수행하면서 필요한 메타데이터 정보를 즉각 참조할 수 있습니다. 쿼리를 실행하면서 메타데이터 정보와 처리 상태 정보를 계속하여 '작업 관리자' 역할을 하는 '임팔라 데몬'과 커뮤니케이션하고, 처리 완료 시, 처리 결과를 '작업 관리자' 역할을 하는 '임팔라 데몬'에게 전송합니다.

(5) 'Hive 메타스토어'는 Hive에 적재된 모든 데이터의 메타데이터를 보관하고 있습니다. 이 메타데이터는 '카탈로그 데몬(Catalog Demon)'을 통해 각 서버에 전달됩니다. 따라서 모든 '임팔라 데몬' 서버는 동일한 메타데이터 정보를 보유하고 있습니다.

(6) '상태 저장소(Statestore)'는 모든 '임팔라 데몬'의 상태를 관리하는 저장소입니다. 각 서버의 '임팔라 데몬'은 자신의 처리 상태와 현황을 '상태 저장소'에 전달하고, '작업 관리자' 역할을 하는 '임팔라 데몬'은 '상태 저장소'로부터 이러한 각 서버의 상태를 확인하여, 작업 분배 시 활용합니다. '작업 관리자' 역할을 하는 '임팔라 데몬'과 '상태 저장소'의 원활한 커뮤니케이션을 위해서는 동일한 서버 내에 위치하는 것이 바람직합니다.

검색엔진 색인 생성

Data Lake 플랫폼으로 수집한 데이터를 Data Catalog에서 검색하기 위해서는 '색인(Index)' 생성이 필요합니다. 사용자는 Data Catalog 서비스에서 자신에게 익숙한 키워드(업무 용어 등)를 통해 필요한 데이터를 검색할 수 있어야 합니다. 이를 위해서는 테이블명, 컬럼명과 같은 '기술 메타데이터'뿐만 아니라, 카탈로그의 제목, 설명, 태그에 포함된 키워드까지 '색인'으로 등록해야만 합니다. (다음 '그림 23. 검색엔진 색인 생성 흐름도 예시' 참조.)

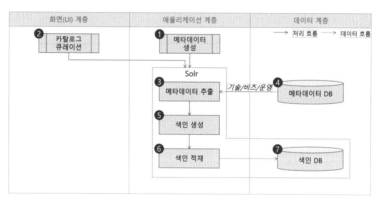

그림 23. 검색엔진 색인 생성 흐름도 예시

그림 23은 검색엔진에서 활용할 색인을 생성하는 흐름을 예시적으로 도식화한 것입니다.

(1) '메타데이터 생성'은 원천 데이터와 기본적 '기술 메타데이터' 수집 후, Data Catalog 서비스에 필요한 메타데이터를 추가로 생성하는 프로세스입니다. 메타데이터를 수집하고 추가로 생성한 이후에는 '색인'을 생성

하는 작업을 시작해야 합니다.

(2) '카탈로그 큐레이션'은 '데이터 Steward'가 '데이터 객체'의 카탈로그 페이지에서 메타데이터를 입력하고 수정하는 프로세스입니다. 이 과정에서 메타데이터가 변경되므로, 변경된 메타데이터가 역시 색인에 반영되어야 합니다. 따라서 '데이터 Steward'가 '카탈로그 큐레이션' 활동을 수행할 때마다, Back-End에서 해당 메타데이터에 대한 '색인' 생성 작업을 수행해야 합니다.

(3) '메타데이터 추출'은 '메타데이터 데이터베이스'에서 '색인' 생성의 대상이 될 변경된 메타데이터를 추출하는 작업입니다. 지난번 '색인' 생성 시점 이후에 추가/변경된 메타데이터가 모두 '색인' 생성 대상이므로 모두 추출해야 합니다. 기본적인 '기술 메타데이터(테이블명, 컬럼명 등)'뿐만 아니라 '비즈니스 메타데이터(데이터명, 설명, 태그, 데이터 오너, 데이터 Steward 등)', '운영 메타데이터(쿼리, API 등)'[39]도 모두 검색 대상이 되어야 하므로, 추출이 필요합니다. 메타데이터를 추출하고 '색인'을 생성/적재하는 작업은 하둡 에코시스템의 검색엔진인 Apache Solr를 기반으로 수행합니다. Elasticsearch도 역시 Solr와 마찬가지로 Apache Lucene 기반의 검색엔진으로써, 하둡을 기반으로 활용할 수 있으므로, Solr를 대체할 수 있을 것입니다.

(4) '메타데이터 데이터베이스'는 Data Lake 플랫폼에 적재한 데이터의 모든 메타데이터를 포함하고 있는 데이터베이스입니다. Hive 자체의 '메

---

39) '운영 메타데이터'는 데이터를 운영하면서 생성된 메타데이터로써, 누가 언제 어떤 데이터를 어떻게(쿼리, Data API 등) 활용했는지 등의 정보를 포함.

타데이터 데이터베이스'인 'Hive 메타스토어'에 적재된 메타데이터도 연계하여 적재해야 합니다. 그리고 Data Catalog 서비스의 활용 방식에 따라, Data Lake에 적재된 데이터뿐만 아니라 전사의 모든 데이터에 대한 메타데이터를 적재하는 경우도 있습니다. 앞서 언급한 기술/비즈니스/운영 메타데이터를 모두 포함할 수 있어야 하며, 다양한 '데이터 객체(Data Object)'도 포함해야 합니다. '데이터 객체'는 테이블, 컬럼뿐만 아니라 데이터베이스, 스키마, 파일시스템, 폴더, 파일, 필드, 이벤트 메시지, 쿼리, Data API, 보고서/대시보드, 지식(Article) 등을 포함하여 데이터를 가질 수 있는 모든 유형의 객체를 의미합니다.

(5) '색인 생성'은 추출한 메타데이터에 대한 색인을 생성하는 작업입니다. '데이터 객체'별로 보유하고 있는 메타데이터 항목이 수십 개 이상이므로, 생성할 색인의 개수도 '데이터 객체'별 수십 개에 달할 것입니다. 만약 한 번에 많은 수의 '데이터 객체'를 등록해야 한다면, 그에 비례해서 생성할 색인의 개수도 급격하게 많아지게 되므로, 시스템의 부하가 높아지게 됩니다. 따라서 이러한 대규모 작업이 있을 경우는 이용자의 수가 적은 시간대에 처리해야 할 것입니다.

(6) '색인 적재'는 생성한 색인을 '색인 데이터베이스'에 적재하는 작업입니다. 색인 적재 시에는 '색인 데이터베이스'의 '데이터 객체 유형 카테고리'와 '비즈니스 분류 카테고리'의 해당 폴더에 적재해야 합니다.[40] '데이터 객체 유형 카테고리'의 경우, 한 번 생성된 이후 거의 변경되지 않지만, '비즈니스 분류 카테고리'의 경우, '데이터 Steward'에 의해 추가/변경이 자주

---

40) '색인 데이터베이스'는 문서 기반의 NoSQL DB로써, 폴더 구분에 따른 파일을 적재하는 구조임.

발생할 수 있습니다. 따라서 카테고리가 변경된 경우에, 그에 따른 폴더 구조와 함께 하위에 생성된 색인 파일도 함께 이동하도록 해야 합니다. 만약 상위 카테고리 변경으로 하위에 많은 색인을 이동해야 할 경우는 작업 부하로 인해 서비스에 영향을 줄 수 있으므로, 사용자가 많은 시간대를 피해서 작업하도록 해야 합니다. 그리고 메타데이터 항목의 값이 변경된 경우는 기존의 색인을 찾아 업데이트가 이루어지도록 해야 할 것입니다.

(7) '색인 데이터베이스'는 메타데이터에 대해 생성한 색인을 적재하는 저장소입니다. Apache Solr와 Elasticsearch은 둘 다 Apache Lucene을 기반으로 하고, Lucene은 '문서 유형 NoSQL 데이터베이스'를 활용하여 색인을 적재합니다. 따라서 실제로 적재되는 색인 데이터는 문서(파일) 형태로 적재될 것입니다. 앞서 생성한 메타데이터 항목별로 생성한 색인은 각각 개별 문서로 적재되고, Lucene은 이를 빠른 속도로 검색할 수 있는 체계를 갖추고 있습니다.

일부 사용자는 구글 검색과 같이 실제 데이터를 검색할 수 있는 것으로 착각하는 경우도 있는데, 이는 잘못된 생각입니다. 사용자가 검색할 수 있는 것은 '실제 데이터'가 아닌 '메타데이터'입니다. 예를 들어, 사용자는 Data Catalog 서비스에서 '고객 주문'이라는 키워드를 통해 고객 주문과 관련된 모든 '데이터 객체'를 검색할 수 있습니다(테이블, 컬럼, 보고서/대시보드 등). 하지만 특정 고객의 주문 번호로써, 예를 들어 'CD202105041288'를 입력하거나 고객 ID인 'CUST02865'를 입력할 경우에는 아무런 검색결과를 조회할 수 없을 것입니다. 이는 메타데이터가 아닌 실데이터이기 때문입니다. 이러한 실데이터는 특정 '데이터 객체'를 찾은 후 '대화식 쿼리 서비스'로의 연계를 통해 조회할 수 있습니다.

메타데이터 추가 생성

Data Lake 플랫폼에 데이터를 수집할 때는 기본적인 '기술 메타데이터 (테이블, 컬럼 정보 등)'를 함께 수집합니다. 하지만 Data Catalog 서비스를 위해서는 '기술 메타데이터'만으로는 충분하지 않습니다. 사용자가 실제로 데이터를 검색할 때는 테이블명, 컬럼명과 같은 '기술 메타데이터'보다는 업무명, 비즈니스 키워드와 같은 **비즈니스 메타데이터**를 활용하여 검색하기 때문입니다.

이러한 '비즈니스 메타데이터'는 '데이터 Steward' 혹은 사용자가 입력해야 하는 정보이나, 각 '데이터 Steward'가 입력해야 하는 '데이터 객체'의 개수는 최소 수백 개 이상이 될 것이므로, 이들의 입력을 지원해야 할 필요가 있습니다. 따라서 '카탈로그 Agent'라고 부르는 '기계 학습(Machine Learning)' 기반의 프로그램을 통해 기본적인 '비즈니스 메타데이터'를 생성하여 '데이터 Steward'에게 제공합니다. 그러면 '데이터 Steward'는 이를 확인하여 추가/수정을 진행합니다. 이를 통해 '데이터 Steward'의 '비즈니스 메타데이터' 입력을 지원하는 것이 **메타데이터 추가 생성** 처리의 목적입니다. (다음 '그림 24. 비즈니스 메타데이터 추가 생성 흐름도 예시' 참조.)

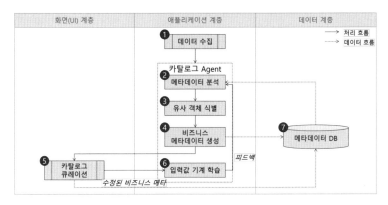

그림 24. 비즈니스 메타데이터 추가 생성 흐름도 예시

그림 24는 '비즈니스 메타데이터'를 추가 생성하는 흐름을 예시적으로 도식화한 것입니다.

(1) '데이터 수집'은 원천 시스템으로부터 Raw Data를 수집하는 프로세스를 의미합니다. 사용자 가공 데이터의 경우는 Data Lake 플랫폼에 배포 시에 '비즈니스 메타데이터'를 입력해야 하므로, 메타데이터 추가 생성 대상에서 제외합니다. 데이터 수집 시에는 기본적인 '기술 메타데이터'도 함께 수집하며, 수집이 완료된 후에 '비즈니스 메타데이터 추가 생성' 프로세스를 시작합니다.

(2) '메타데이터 분석'은 '카탈로그 Agent'가 기존에 입력된 메타데이터를 분석하여, 대상 객체와 유사한 객체를 찾아 나가는 작업입니다. '메타데이터 데이터베이스'에서 대상 객체의 '기술 메타데이터' 정보(테이블명, 컬럼명 등)와 유사한 '기술 메타데이터' 정보를 찾아 해당 객체를 식별하고, 식별된 객체 간에 '비즈니스 메타데이터'와 실데이터까지 비교 분석하여 차이점을 분석합니다.

(3) '유사 객체 식별'은 '메타데이터 분석' 결과 가장 유사한 객체를 식별하여 정확도를 평가하는 작업입니다. 완전히 동일한 객체로 정확한 정보일 경우를 100%로 평가하고, 차이의 정도가 클수록 정확도가 낮아질 것입니다.

(4) '비즈니스 메타데이터 생성'은 가장 유사한 객체와의 차이점을 반영하여 데이터명, 태그, 설명과 같은 '비즈니스 메타데이터'를 생성하는 작업입니다. 생성된 메타데이터별로 정확도를 함께 생성하여 '메타데이터 데이터베이스'에 입력해야 합니다.

(5) '카탈로그 큐레이션'은 '데이터 Steward'가 추가로 생성된 '비즈니스 메타데이터'를 확인하고, 이에 대해 수정/추가하는 프로세스를 의미합니다. '데이터 Steward'는 자신이 담당하는 '데이터 객체'의 카탈로그 페이지에서 자동으로 생성된 데이터명, 설명, 태그 정보와 각 정보의 옆의 정확도를 확인하고, 이를 '확인(Confirm)' 처리하거나, '변경(Modify)' 처리하여 내용을 수정할 수 있습니다.

(6) '입력값 기계 학습'은 '데이터 Steward'가 '비즈니스 메타데이터'에 대해 확인/변경한 내용을 '카탈로그 Agent'에 전달(Feedback)하고, '카탈로그 Agent'는 전달받은 내용을 확인하여 자신이 이전에 생성한 내용과 비교를 통해 '메타데이터 생성 로직'을 업데이트하는 작업입니다. '카탈로그 Agent'는 '데이터 Steward'가 수정/확인한 내용을 '메타데이터 생성 로직'의 입력값(Input)으로 하여 '기계 학습'을 진행합니다. 이 '기계 학습' 과정이 반복될수록 메타데이터 생성의 정확도는 지속적으로 향상될 수 있을 것입니다. '데이터 Steward'는 Data Catalog 서비스의 초반에 자신이 담당하는 '데이터 객체'에 대한 '비즈니스 메타데이터'를 충분히 입력해 놓아야

만, 이후에 '카탈로그 Agent'에 의해 자동으로 생성되는 메타데이터의 정확도가 향상될 수 있을 것입니다.

(7) '메타데이터 데이터베이스'는 Data Catalog 서비스를 위해 필요한 모든 메타데이터를 적재하는 저장소로써, 유사 '데이터 객체'를 찾기 위해 필요한 메타데이터를 제공하고, '카탈로그 Agent'가 생성한 '비즈니스 메타데이터'를 저장하는 역할을 수행합니다. 또한 Data Catalog 서비스에 메타데이터 정보를 제공하며, '데이터 Steward'가 입력한 '비즈니스 메타데이터'를 보관하는 기능도 수행합니다.

또한 '비즈니스 메타데이터'뿐만 아니라 **데이터 리니지**(Data Lineage)'도 '메타데이터 추가 생성'의 대상입니다. '데이터 리니지'란 데이터의 계보를 추적할 수 있는 정보로, '데이터 객체'가 어떤 원천으로부터 어떤 처리 과정을 거쳐 어디에 적재된 후 어떤 애플리케이션이 활용하였는지를 파악할 수 있는 정보입니다. 이는 '데이터 분석가'들이 가장 관심있어 하는 정보 중 하나이므로, Data Catalog 서비스가 제공해야 하는 중요한 '기술 메타데이터' 중 하나입니다.

'데이터 리니지' 정보를 생성하는 방법은 여러 가지가 있으나, 가장 좋은 방법은 Data Lake 플랫폼 내부에서 실행되는 쿼리 및 외부 연계 시의 쿼리를 포함한 모든 '쿼리 로그'를 수집/분석하여 자동으로 생성하는 방법입니다. 그 이유는 비교적 빠짐없이 가장 정확한 정보를 제공할 수 있고, 모든 처리 프로그램에서 '데이터 리니지'를 생성하기 위한 로직을 포함시키지 않아도 되기 때문입니다. 상세한 내용은 이전 책《Data Catalog 만들기》에 기술되어 있으니 필요하신 분들은 확인하시기 바랍니다. (다음 '그림 25. 데이터 리니지 정보 생성 흐름도 예시' 참조.)

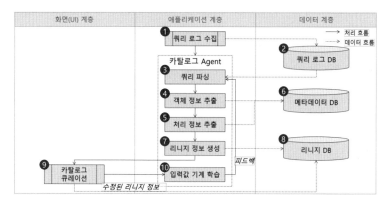

그림 25. 데이터 리니지 정보 생성 흐름도 예시

그림 25는 '데이터 리니지' 정보를 생성하는 흐름을 예시적으로 도식화
한 것입니다.

(1) '쿼리 로그 수집'은 Data Lake 플랫폼에 적재된 데이터의 수집/처리/
활용과 관련된 모든 쿼리 로그를 수집하는 프로세스입니다. 원천 시스템
으로부터 Data Lake 플랫폼으로 데이터를 수집할 때 사용한 쿼리, Data
Lake 플랫폼 내부에서 데이터를 처리하기 위해 실행하는 쿼리, 사용자가
'대화식 쿼리 서비스'를 통해 실행하는 쿼리, 애플리케이션에서 Data Lake
플랫폼의 데이터를 활용할 때 사용하는 쿼리 등 모든 쿼리 로그를 수집하
여 '쿼리 로그 데이터베이스'에 적재합니다.

(2) '쿼리 로그 데이터베이스'는 Data Lake 플랫폼에 적재된 데이터의
수집/처리/활용과 관련된 모든 쿼리 로그를 보관하는 데이터베이스입니
다. 어떤 사용자가, 어떤 애플리케이션을 통해, 언제, 어떤 쿼리를 실행하
였고, 처리 결과가 성공했는지, 결과가 나오기까지 몇 초가 걸렸는지, 결
과 데이터셋은 몇 건인지 등을 포함한 쿼리와 관련된 정보를 보관합니다.

(3) '쿼리 파싱'은 수집된 '쿼리 로그 DB'로부터 쿼리를 분석하는 작업입니다. 각 쿼리를 파싱(Parsing)하여, 어떤 애플리케이션이 어떤 데이터베이스에 있는 어떤 '데이터 객체'를 대상으로 어떤 처리를 수행하여, 어떤 데이터베이스의 어떤 '데이터 객체'로 결과가 입력되었는지 등을 분석합니다.

(4) '객체 정보 추출'은 '쿼리 파싱' 작업을 통해 '데이터 객체' 정보를 추출하는 작업입니다. 즉 어떤 데이터베이스의 어떤 테이블의 어떤 컬럼을 대상으로 처리가 이루어졌는지를 찾아내는 것입니다. 또한 쿼리를 통해 어떤 데이터베이스에 어떤 테이블로 처리 결과가 입력되었는지도 찾아냅니다. 추출된 '데이터 객체'는 해당 쿼리와 함께 '메타데이터 데이터베이스'에 입력되며, 이는 Data Catalog 서비스에서 해당 '데이터 객체'의 '활용 탭'을 통해 조회할 수 있습니다. 즉, 이 정보는 해당 '데이터 객체'의 '활용 메타데이터' 정보로 제공되는 것입니다.

(5) '처리 정보 추출'은 '쿼리 파싱' 작업을 통해 처리한 내용을 추출하는 작업입니다. (4)의 '객체 정보 추출'을 통해 찾아낸 '데이터 객체'에 대해 어떤 처리가 이루어졌는지를 찾아냅니다. 즉 하나의 테이블이 다른 '데이터베이스'의 테이블로 단순히 1대1로 이동한 것인지, 하나의 테이블이 다른 테이블과 조인(Join)하여 또 하나의 테이블이 되었는지 등을 찾아내야 합니다. 조인(Join) 정보뿐만 아니라, 해당 테이블이 어떤 조건(Condition)으로 조회되는지, 어떤 컬럼을 조회하는지 등을 파싱하여 찾아냅니다. 이렇게 찾아낸 정보는 '메타데이터 데이터베이스'에 적재하여, '대화식 쿼리 서비스'를 통해 제공합니다. 사용자가 '대화식 쿼리 서비스'에서 쿼리 작성 시, 이렇게 추출한 정보를 활용하여 컬럼 정보, 조인(Join)할 테이블 정보,

조건절 정보 등을 사용자에게 추천하여, 사용자의 쿼리 작성을 지원할 수 있습니다.

(6) '메타데이터 데이터베이스'는 '쿼리 파싱'을 통해 추출한 '데이터 객체' 정보, 처리 내용 정보를 모두 보관하고, Data Catalog 서비스와 '대화식 쿼리 서비스'에 이렇게 파싱을 통해 추출한 정보를 제공하는 역할을 담당합니다.

(7) '리니지 정보 생성'은 '쿼리 파싱'을 통해 추출한 '데이터 객체'와 처리 정보를 바탕으로 '데이터 리니지' 흐름 정보를 생성하는 작업입니다. 예를 들어, A 데이터베이스의 A-1 '데이터 객체'가 B 데이터베이스의 B-1 '데이터 객체'와 조인(Join)하여 C 처리를 통해 D 데이터베이스의 D-1 '데이터 객체'에 입력되었다는 정보를 생성하는 것입니다. 이렇게 생성한 '데이터 리니지' 정보는 '리니지 데이터베이스'에 적재합니다.

(8) '리니지 데이터베이스'는 생성한 '데이터 리니지' 정보를 보관하고, 이를 Data Catalog 서비스에 제공하여 '데이터 리니지'를 흐름도 형태로 표현할 수 있도록 합니다. 이렇게 도식화를 위해 데이터를 보관하는 데이터 베이스를 '그래프 데이터베이스(Graph Database)'라고 부르며, Neo4j 등의 솔루션이 있습니다. Neo4j는 도식화를 위해 '노드(Node)'와 '관계(Relation)'를 관리하며, 노드에 '데이터 객체' 정보를 입력하고, 관계에 '처리 내용' 정보를 입력함으로써, '데이터 리니지'를 도식화할 수 있습니다. Neo4j 는 하둡 데이터를 수집하기 위한 API를 제공하므로, API를 활용하여 하둡에서 생성한 리니지 정보를 적재할 수 있을 것입니다.

(9) '데이터 객체'의 카탈로그 페이지를 통해 해당 객체에 대해 생성된 '데이터 리니지' 정보를 도식화하여 사용자에게 제공합니다. '데이터

Data Lake 플랫폼 아키텍처

Steward'는 카탈로그 페이지에서 '데이터 리니지' 정보를 조회하고, 확인 (Confirm) 혹은 수정(Update)함으로써 피드백을 제공합니다. 즉 실제 리니지와 일치하는 노드와 관계 정보에 대해서는 '확인'을 처리하고, 일치하지 않는 정보에 대해서는 정확한 정보로 '수정' 처리해야 합니다. '데이터 Steward'가 피드백한 정보는 '기계 학습'을 통해 '쿼리 파싱' 로직에 반영하여, 이후에는 더 정확한 리니지 정보를 생성할 수 있을 것입니다.

(10) '입력값 기계 학습'은 '데이터 Steward'가 리니지 정보에 대해 피드백한 내용을 '카탈로그 Agent'가 학습하는 과정을 의미합니다. '카탈로그 Agent'는 '데이터 Steward'의 입력값에 대한 '기계 학습'을 통해 '데이터 리니지' 생성 로직을 향상시킵니다. '데이터 Steward'의 피드백(입력값)이 많아질수록 '데이터 리니지' 생성의 정확도는 점차 향상될 것입니다.

데이터 프로파일링

'**데이터 프로파일링**'은 Data Lake 플랫폼에 수집한 데이터의 유형과 값에 대한 통곗값을 생성하여 Data Catalog에 서비스하는 프로세스를 의미합니다. '데이터 프로파일러(Data Profiler)'는 Data Lake 플랫폼에 데이터를 수집할 때마다, 해당 데이터의 유형, 포맷, 값의 분포 등에 대한 통계를 산출하여 Data Catalog 서비스에 제공합니다. 사용자는 Data Catalog 서비스에서 '데이터 프로파일링' 정보를 참고하여 실데이터를 직접 조회하지 않고도 어떤 데이터가 얼마나 있는지 이해할 수 있습니다. 또한 '데이터 Steward'는 '데이터 프로파일링' 정보를 통해 데이터 정합성을 파악하고 관리할 수 있습니다. '데이터 프로파일링'에 대한 상세한 내용은 이전 책《Data Catalog 만들기》에 기술되어 있으니 필요하신 분들은 참고하시기 바랍니다. (다음 '그림 26. 데이터 프로파일링 처리 흐름도 예시' 참조.)

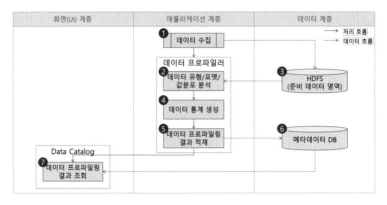

그림 26. 데이터 프로파일링 처리 흐름도 예시

그림 26은 '데이터 프로파일링' 처리 흐름을 예시적으로 도식화한 것입니다.

(1) '데이터 수집'은 원천 시스템으로부터 Raw Data를 수집하여 Data Lake 플랫폼의 '주 저장소'인 HDFS에 적재하는 프로세스입니다. 수집한 데이터는 사용자에게 서비스하기 전에 필요한 준비 처리를 하기 위해 '주 저장소'의 '준비 데이터 영역'에 적재합니다. '준비 데이터 영역'의 데이터에 대해 필요한 메타데이터를 추가로 생성하고, 민감 데이터에 대한 보안 처리 등을 수행합니다.

(2) '데이터 프로파일러'는 '준비 데이터 영역'에 수집된 데이터에 대해 유형, 포맷, 값의 분포 등을 분석합니다. 기본적인 분석 단위는 동일한 데이터 유형을 가진 '컬럼(혹은 필드)'입니다. '테이블(혹은 파일)'은 여러 컬럼의 집합이고, 각 컬럼은 특정 '데이터 유형(String, Integer, Date, Bool-

Data Lake 플랫폼 아키텍처

ean 등)'을 가지고 있기 때문에, 테이블 단위로 '데이터 프로파일링'을 수행하기는 불가능합니다. 각 '컬럼(혹은 필드)'는 어떤 유형의 데이터로 이루어져 있는지, 즉 특정 컬럼의 데이터가 '문자열(String)' 혹은 '숫자(Integer)' 혹은 '날짜(Date)' 등의 유형으로 구성되어 있는지를 분석합니다. 그리고 '컬럼(혹은 필드)'의 데이터가 동일한 포맷으로 이루어져 있는지, 예를 들어 특정 컬럼의 데이터가 'YYYY-MM-DD' 혹은 'YYYYMMDD' 등의 포맷으로 이루어져 있는지를 분석합니다. 또한 데이터가 어떤 값으로 입력되어 있는지를 분석합니다. '문자열' 데이터의 경우, 정해진 특정 문자열로 이루어져 있는지, 임의의 문자열로 구성되어 있는지 등을 분석하고, 빈값(Null)이 있는지도 분석합니다. '숫자' 데이터의 경우, 값의 범위인 최솟값(Min), 최댓값(Max) 등을 분석합니다.

(3) 원천 시스템으로부터 수집된 데이터는 '주 저장소'의 '준비 데이터 영역'에 임시로 보관하며, Data Catalog 서비스를 위해 필요한 준비 처리가 완료되면 '원천 데이터 영역'으로 이동합니다. '데이터 프로파일러'는 '준비 데이터 영역'의 데이터를 대상으로 프로파일링을 수행할 것입니다.

(4) '데이터 프로파일링' 작업이 완료되면, 각 분석 결과에 대한 통곗값을 생성합니다. 총 데이터 건수, 분석 결과 유형별 건수와 비중을 생성합니다. 모든 '데이터 객체'에 대해 동일한 통곗값을 생성하지는 않으며, 각 데이터 유형과 실제 데이터값에 따라 생성할 통곗값을 결정해야 합니다. 이를테면, 임의의 문자열로 구성된 데이터의 경우, 데이터 포맷이나 값의 분포에 대한 통곗값 생성은 불필요할 것입니다. 왜냐하면, 임의의 문자열은 특별히 정해진 데이터 포맷으로 입력되어 있지 않고, 값의 분포도 매우 다양하여 통계로 생성해 내는 것이 의미가 없기 때문입니다.

(5) 통곗값 생성이 완료되면 '메타데이터 데이터베이스'에 '데이터 프로파일링' 결과 정보를 적재합니다. '데이터 객체'별로 최초 데이터 수집 시에는 전체 데이터에 대해 통곗값을 생성하여 입력(Insert)해야 하겠지만, 그 이후에는 증분 데이터에 대한 통곗값을 생성하여 기존 통곗값을 업데이트하는 방식으로 적재해야 할 것입니다. 매번 모든 데이터에 대한 통곗값을 다시 생성하기 위해서는 대규모의 컴퓨팅 리소스(특히 대용량 데이터의 경우)가 필요하기 때문입니다. 실시간 스트리밍 데이터의 경우에는 증분 데이터에 대한 통곗값을 매번 생성하는 것이 사실상 불가능하므로, 일정 주기의 배치 처리로 생성해야 할 것입니다.

(6) '메타데이터 데이터베이스'에 '데이터 프로파일링' 결과 정보를 저장하기 위해 별도의 테이블을 구성해야 할 것입니다. 각 '컬럼(혹은 필드)'별로 여러 건의 프로파일링 유형이 있고, 각 프로파일링 유형별로 여러 개의 통곗값을 적재할 수 있으며, 각 통곗값은 여러 가지 단위를 저장할 수 있도록 데이터를 모델링해야 할 것입니다.

(7) Data Catalog 서비스에서 '데이터 프로파일링' 결과를 사용자에게 제공 시에는 가능하면 가시성을 높이기 위해 그래프 형태로 도식화하는 것이 좋습니다. 그래프 유형(원형 차트, 막대형 차트 등)별로, 분석 유형별로 가시성을 높이기 위한 방법을 마련해야 합니다. 예를 들어, 원형 차트에 4개 이상의 통곗값을 보여 주는 것은 가시성이 떨어집니다. 또한 수십만 건의 데이터 건수가 있는 '컬럼'에 대해, 막대형 차트에 결과 건수를 표시하는 것보다는 비중으로 표시하는 것이 바람직할 것입니다. 이를 통해 사용자는 실데이터를 조회하지 않고도 어떤 데이터가 적재되어 있는지 한눈에 파악할 수 있게 될 것입니다. 또한 '데이터 Steward'는 데이터 정합

성에 문제가 있는 데이터인지 신속하게 파악할 수 있을 것입니다.

'데이터 프로파일링' 기능을 제공하는 솔루션(혹은 도구)은 Trifac-ta, Paxata와 같은 '데이터 전처리 도구'와 Informatica, Talend와 같은 ETL(Extract, Transform, Load) 도구가 있습니다. 이들 솔루션은 별도의 도구로써, 특정 기능만 발췌하여 Data Lake 플랫폼의 내부 모듈로 활용하기는 어려울 것입니다. 하지만, 각 도구에서 '데이터 프로파일링' 결과를 제공하는 API가 있다면 이를 활용하여 Data Catalog 서비스에서 조회할 수 있도록 해도 될 것입니다. 만약 해당 도구에서 API를 제공하지 않는다면, 이들 도구의 '데이터 프로파일링' 기능을 참고하여 하둡의 에코시스템 (Spark 등)을 활용하여 별도로 구현해야 할 것입니다.

데이터 활용 현황 집계

'데이터 활용 현황 집계'는 Data Lake 플랫폼의 데이터를 활용하여 누가 어떤 작업을 얼마나 수행하고 있는지를 집계하여 'Data Lake 활용 대시보드'에 제공하는 프로세스입니다. 'Data Lake 활용 대시보드'는 개인별로 구성하고, 이를 종합한 전사 단위로도 구성하여 Data Catalog 서비스를 통해 제공합니다. 대시보드에는 데이터 검색을 수행한 건수, 카탈로그를 조회한 건수, 카탈로그를 큐레이션한 항목 건수, 실데이터 쿼리를 수행한 건수, 데이터를 다운로드한 건수, Data API를 생성한 건수, Data API를 실행한 건수, '데이터 객체'를 생성한 건수 등에 대한 통계를 제공해야 합니다. 따라서 이러한 대시보드 서비스를 위한 통계 데이터를 집계하여 제공해야 합니다. (다음 '그림 27. 데이터 활용 현황 집계 처리 흐름도 예시' 참조.)

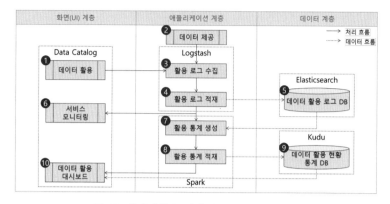

그림 27. 데이터 활용 현황 집계 처리 흐름도 예시

그림 27은 Data Lake 플랫폼의 데이터 활용 현황을 집계 처리하는 흐름을 예시적으로 도식화한 것입니다.

(1) '데이터 활용'은 사용자가 Data Catalog 서비스('대화식 쿼리 서비스' 포함)를 통해 필요한 데이터를 활용하는 프로세스입니다. 데이터 검색, 카탈로그 조회, 카탈로그 큐레이션, 실데이터 쿼리, 데이터 다운로드, Data API 생성, 데이터 객체 생성 등의 모든 활동을 포함합니다.

(2) '데이터 제공'은 Data Lake 플랫폼의 데이터를 다양한 애플리케이션에 제공하는 프로세스입니다. 애플리케이션은 Data Lake 플랫폼의 데이터를 'RESTful API'를 통해 확보하거나, 직접 적재소에 연결(JDBC 등)하여 필요한 데이터를 조회하고 다운로드할 수 있습니다. 또한 '실행 스케줄러'를 통해 주기적으로 쿼리를 실행하여 결과 데이터를 타깃 저장소 전송하도록 설정할 수도 있습니다. 이렇게 다양한 방식으로 데이터를 활용하는 로그는 모두 수집 대상에 포함될 것입니다.

(3) '활용 로그 수집'은 '데이터 활용', '데이터 제공' 프로세스를 통해

Data Lake 플랫폼의 데이터를 활용하는 모든 로그를 수집하는 작업입니다. 어떤 사용자가 어떤 키워드를 언제 검색했는지, 어떤 '데이터 객체'의 카탈로그를 조회했는지, 어떤 쿼리를 수행했는지 등의 모든 로그를 실시간으로 수집해야 합니다. 이러한 실시간 로그를 수집은 통상 Logstash와 같은 오픈 소스 솔루션을 활용하여 수행합니다.

(4) '활용 로그 적재'는 수집한 로그 데이터를 '데이터 활용 로그 데이터베이스'에 적재하는 작업입니다. 로그를 수집하는 즉시 실시간으로 적재해야만 Data Lake 플랫폼의 서비스 모니터링이 가능할 것입니다. 서비스 모니터링을 통해 Data Lake 플랫폼 운영자는 서비스의 이상 유무와 처리 현황을 파악할 수 있을 것입니다.

(5) '데이터 활용 로그 데이터베이스'는 Data Lake 플랫폼에 적재된 데이터의 모든 활용 로그를 보관하고 서비스하는 저장소입니다. 로그 수집을 위한 Logstash와 함께 Elasticsearch를 로그 저장소로 활용하는 경우가 많이 있습니다. Logstash(수집), Elasticsearch(저장), Kibana(시각화)를 함께 'Elastic Stack'이라고 부르며, 이를 통해 로그 데이터의 수집/적재/시각화까지 모두 수행할 수 있습니다. 이와 같은 로그 데이터의 처리는 서비스의 목적상 속도(성능)가 매우 중요하며, 'Elastic Stack'은 성능과 개발의 용이성까지도 충족시킬 수 있는 것으로 알려져 있습니다.

(6) '서비스 모니터링'은 Data Lake 플랫폼의 운영자가 서비스의 정상 동작 여부, 처리 현황 등을 모니터링하는 프로세스입니다. Data Lake 플랫폼의 운영자는 Data Catalog 서비스의 관리자 화면을 통해 각 기능의 정상 여부, 단위 시간당 처리 건수 등을 조회할 수 있습니다. 앞서 언급했듯이 로그 데이터의 시각화를 위해 'Elastic Stack'의 Kibana를 주로 활용합니다.

(7) '활용 통계 생성'은 사용자별/부서별/전사 단위의 'Data Lake 활용 대시보드' 구성을 위해 필요한 통계 데이터를 생성하는 작업입니다. 수집된 활용 로그를 바탕으로 활용 주체, 기간, 기능별로 이용 건수를 집계해야 합니다. 활용 주체는 일차적으로 해당 사용자이지만, 사용자가 소속된 부서, 그리고 전사 단위로도 집계해야 합니다. 기간은 기본적으로 일 단위로 집계하여 대시보드에서 시작일/종료일을 선택하여 조회가 가능하도록 해야 합니다. 따라서 일간 배치 작업에 등록하여 일별 통계를 생성하도록 합니다. 그리고 세부 기능별로 이용 건수를 집계하여 어떤 사용자/부서가 어떤 기능을 많이 사용하는지 파악할 수 있도록 해야 할 것입니다. 추가적으로 사용자별 'Data Lake 활용 점수(Score)' 산정이 필요합니다. 'Data Lake 활용 점수'는 Data Lake의 활성화를 위한 게임화(Gamification)의 요소를 도입하기 방법으로써, 어떤 사용자가 Data Lake를 많이 활용하는지에 대한 점수를 산정하고, 이 점수를 기반으로 사용자의 순위를 매기는 것입니다. 이를 전사의 구성원들에게 공유함으로써, 사용자들의 Data Lake 활용에 대한 가시성(Visibility)을 높이고, 이를 통해 활용을 유도하는 것입니다.

이 'Data Lake 활용 점수'는 기본적으로 각 기능별로 집계한 이용 건당 점수를 부여하고, 이를 합산하는 것입니다. 특정 기능에 대한 이용을 더욱 활성화시키기 위해 가중치를 부여할 수도 있을 것입니다. 예를 들어, '카탈로그 큐레이션' 활동을 적극 유도하기 위해 큐레이션 참여 건당 점수를 두 배로 가산하여 합산하는 것입니다. 이렇게 산정한 점수는 사용자의 역할별, 즉 '일반 사용자', 'Data Scientist', '데이터 Steward'별로도 조회할 수 있게 하고, 부서별, 사업부별, 전사 단위로도 조회할 수 있게 하면 사용자들은 더욱 관심을 가질 것입니다. 자신의 Data Lake 활용 정도에 따라 실시간으로 점수가 올라가도록 구성한다면 더욱 재밌다고 느낄 것입니다. 이를 위해서는 위의 '활용 통계 생성' 작업을 일 단위 배치가 아닌 실시간으로 생성하도록 프로그램을 구성해야 하며, Hive와 같은 배치 처리 도구가 아닌 Spark와 같은 실시간 스트리밍 처리 도구를 활용하여 통계 집계 프로그램을 개발해야 할 것입니다.

(8) '활용 통계 적재'는 생성된 활용 통계를 '데이터 활용 현황 데이터베이스'에 적재하는 작업입니다. '활용 통계 생성'을 일 단위 배치로 처리할 경우 적재 역시 일 단위로 처리될 것이며, 게임화의 강조를 위해 실시간으로 생성할 경우 적재는 실시간으로 처리되어야 합니다. 주로 기존 사용자별/기능별 건수를 신규로 입력(Insert)하기보다는 업데이트 처리가 많을 것입니다. 실시간으로 처리할 경우, 사용자 수가 많은 상황에서 많은 수의 동시 실시간 업데이트가 가능하도록 구성해야 할 것입니다. 따라서 처리 프로그램은 스트리밍 처리가 가능한 Spark 등을 활용하고, 이를 적재할 데이터베이스는 Kudu와 같은 '관계형 데이터베이스'가 적합할 것입니다.

(9) '데이터 활용 현황 데이터베이스'는 사용자별, 역할별, 부서별, 전사단위, 기간별, 기능별 이용 건수, 이용 점수 등을 저장하고, 'Data Lake 활용 대시보드'에 이 데이터를 서비스하는 역할을 수행합니다. 앞서 언급했듯이 데이터의 용량은 크지 않으나, 실시간 업데이트 위주의 트랜젝션(Transaction)을 처리할 수 있도록 구성해야 할 것입니다.

(10) '데이터 활용 대시보드'는 사용자가 Data Lake 플랫폼의 데이터 활용 현황을 한눈에 파악할 수 있도록 시각화하여 구성한 서비스입니다. 사

용자는 자신이 어떤 기능을 어떤 기간 내에 몇 건을 활용했는지 파악할 수 있을 뿐만 아니라, 각 통계를 클릭하면 언제 어떤 처리를 했는지 상세 로그를 확인할 수 있도록 구성해야 합니다. 예를 들어, 데이터 검색 건수를 선택 시, 언제 어떤 키워드로 검색했는지 목록을 조회할 수 있어야 합니다. 또한 총 이용 점수는 몇 점인지, 점수를 기준으로 전사의 사용자 중 몇 위를 차지했는지를 파악할 수 있습니다. 그리고 자신의 부서를 클릭하여 부서 내 사용자들의 이용 점수와 순위를 확인할 수 있고, 'Data Scientist'와 같은 역할별 순위도 확인할 수 있을 것입니다.

데이터 보안 처리

'데이터 보안 처리'는 민감 데이터에 대한 비식별화/마스킹/암호화 등의 보안 처리를 수행하는 프로세스입니다. 민감 데이터는 '개인 식별 정보(Personally Identifiable Information: PII)', '산업 보안 정보', '사내 민감 정보'의 유형이 있습니다. '개인 식별 정보'는 개인의 식별이 가능한 모든 정보(이름, 주민번호, 주소, 전화번호, 카드번호 등)를 포함하며, 외부에 유출되지 않도록 정부가 엄격히 규제하는 정보입니다. '산업 보안 정보'는 자국 산업의 중요한 '지적 자산(Intellectual Property)'으로(반도체 설계/공정 정보 등), 역시 정부가 외부에 유출되지 않도록 엄격하게 규제하는 정보입니다. '사내 민감 정보'는 사내에서 취급하는 정보 중 지정된 담당자가 외에는 조회할 수 없는 정보(인사 정보, 재무 정보 등)입니다.

이들 정보는 해당 규제나 사내 정책에 따라 비식별화/마스킹/암호화 처리가 필요하며, 데이터를 활용하려면 해당 부서장(데이터 오너)의 승인을 득해야 합니다. 원천 데이터 수집 후에는, 메타데이터와 실데이터를 분석하여 보안 데이터 요건에 해당하는지 여부를 확인합니다. 보안 요건에 해당하는 데이터에 대해서는 '보안 태그(Security Tag)'를 붙이며, 그에 따라 필요한 처리를 수행합니다. (다음 '그림 28. 데이터 보안 처리 흐름도 예시' 참조.)

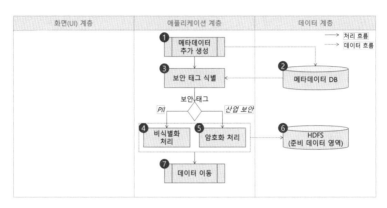

그림 28. 데이터 보안 처리 흐름도 예시

그림 28은 민감 데이터에 대한 보안 처리 흐름을 예시적으로 도식화한 것입니다.

(1) '메타데이터 추가 생성'은 원천 데이터 수집 후, Data Catalog 서비스를 위해 필요한 메타데이터를 추가로 생성하는 프로세스입니다. 이 과정에서 '카탈로그 Agent'는 수집한 실데이터와 메타데이터를 분석하여 '태그(Tag)'를 자동으로 생성합니다. 민감 데이터 요건에 해당하는 경우, 해당 '데이터 객체'에 대한 '보안 태그'를 생성합니다. 예를 들어, '개인 식별 정보'인 경우, 'PII' 태그를 생성하고, 고객의 이메일이 포함되었을 경우, '이메일'이란 '태그'를 추가로 생성합니다. 이러한 '태그' 생성/처리 정책은 '데

이터 보안 정책 관리' 프로세스에서 수행합니다.

(2) '메타데이터 데이터베이스'는 '메타데이터 추가 생성' 프로세스에서 생성한 '태그' 정보를 저장하고, 해당 '태그' 정보를 제공하여 이를 기반으로 보안 처리를 할 수 있도록 합니다.

(3) '보안 태그 식별'은 '메타데이터 추가 생성' 프로세스에서 생성한 '태그' 중 보안과 관련된 '태그'를 식별하는 작업입니다. 식별 대상 '보안 태그'는 '데이터 보안 정책 관리' 프로세스에서 지정해야 합니다.

(4) 식별한 보안 태그가 '개인 식별 정보(PII)'일 경우에는 '비식별화' 처리를 수행합니다. PII 정보일 경우에 물론 '마스킹' 처리 혹은 '암호화' 처리를 수행할 수도 있으나, 데이터 분석을 위한 목적으로는 '비식별화' 처리가 가장 바람직할 것입니다. 예를 들어, '이름'의 경우 '가명'으로 처리하고, '숫자'로 된 데이터의 경우(주민번호, 카드번호 등) '임의의 숫자 조합'으로 대체하는 것입니다. 하지만, '마스킹'이나 '암호화'의 경우 데이터를 일부만 볼 수 있거나 아예 볼 수 없으므로 분석의 용이성이 저하될 수 있습니다. 특히, '암호화'의 경우 대용량 데이터에 대한 처리를 위한 리소스의 부담과 시간 소요를 감수해야 합니다. '마스킹'의 경우, Cloudera의 RecordService와 같은 솔루션의 경우, 동적으로 '마스킹' 처리가 가능하므로, 이러한 Back-End 처리가 필요 없습니다. 화면에서 실데이터 조회 시 실시간으로 '마스킹' 처리하여 사용자에게 제공할 수 있기 때문입니다. 따라서 '마스킹' 처리는 관리자의 입장에서 간편할 수 있으니, 이 방법을 선택할 수도 있을 것이며, 어떤 처리 방법을 선택할지는 사내의 보안 데이터 관리 정책에 따라야 할 것입니다.

(5) 식별한 보안 태그가 '산업 보안'일 경우에는 '암호화' 처리를 수행합

니다. '산업 보안' 데이터의 경우, 특정 컬럼이 아닌 전체 테이블 혹은 파일
에 대한 보안 처리가 필요합니다. '마스킹' 혹은 '비식별화'는 통상 특정 컬
럼에 대해 처리하므로, 전체 파일 혹은 테이블에 대한 보안 처리가 필요
한 경우는 '암호화' 처리가 더 적합할 것입니다. '암호화' 처리한 데이터는
원본 데이터와 별도로 '주 저장소'의 '준비 데이터 영역'에 적재해야 합니
다. 원본 데이터는 향후 처리 프로그램의 문제 발생 시 재처리를 위해 필
요하기 때문에 폐기하지 않고 남겨 두어야 할 것입니다.

(6) '주 저장소'인 HDFS의 '준비 데이터 영역'은 원천 데이터를 수집 후,
Data Catalog 서비스 준비를 위해 임시로 데이터를 보관하는 영역입니다.
원본 Raw Data와 보안 처리를 수행한 결과 데이터를 함께 보관해야 합니다.

(7) '데이터 이동'은 데이터 보안 처리를 완료 후, '준비 데이터 영역'의
데이터를 '원천 데이터 영역'으로 이동하는 프로세스입니다. '원천 데이터
영역'으로 데이터를 이동한 후에는, 사용자의 요청에 따라 '대화식 쿼리
서비스'를 통해 보안 처리한 결과 데이터를 제공할 수 있습니다. 보안 처
리 결과 데이터는 일반 사용자도 조회가 가능하나, 다운로드나 활용을 위
해서는 해당 '데이터 오너'의 승인을 득해야 합니다. 보안 처리 전의 원본
데이터는 해당 권한을 보유한 담당자만 조회할 수 있으나, 조회를 위해서
는 역시 '데이터 오너'의 승인을 받아야 합니다. 이러한 보안 정책은 내부
의 보안 관리 규정을 따라서 처리하도록 합니다.

3-4. 데이터 제공 Layer

'원천 데이터 영역' 또는 '가공 데이터 영역'의 데이터는 **'RESTful API'** 혹

은 '**데이터 전송**' 프로세스를 통해 '비즈니스 애플리케이션'에 제공할 수 있습니다. 또한 '주 저장소' 혹은 '서비스용 데이터베이스'에 '**직접 접속**'하여 데이터를 조회하고 확보할 수도 있습니다.

RESTful API를 통한 데이터 제공

먼저 '**RESTful API를 통한 데이터 제공**'은 애플리케이션에서 필요한 데이터를 웹(HTTP)을 통해 요청하고 확보할 수 있는 프로세스입니다. (다음 '그림 29. RESTful API를 통한 데이터 제공 흐름도 예시' 참조.)

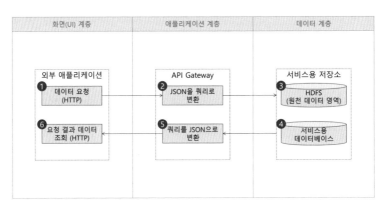

그림 29. RESTful API를 통한 데이터 제공 흐름도 예시

그림 29는 외부 애플리케이션이 필요로 하는 데이터를 'RESTful API'를 활용하여 웹(HTTP)을 통해 제공하는 흐름을 예시적으로 도식화한 것입니다.

(1) '데이터 요청'은 외부의 애플리케이션에서 웹(HTTP)을 통해 데이터를 요청하는 작업입니다. 'RESTful API'를 실행하여 요청하므로, 애플리

케이션 측에서는 내부적인 데이터 구조를 파악하여 쿼리를 작성할 필요 없이, 매개변수(Parameter)값만 지정하여 해당 'RESTful API'의 URL을 실행함으로써 필요한 데이터를 요청할 수 있습니다. 이때 애플리케이션은 JSON(혹은 XML) 포맷으로 해당 URL에 매개변수를 포함한 요청사항을 전송합니다. 사용자는 필요한 'RESTful API' 목록을 Data Catalog 서비스에서 검색하고 세부 내용을 조회할 수 있습니다.

(2) 'API Gateway'는 JSON 포맷의 데이터 요청을 쿼리 형태로 변환하여 '주 저장소' 혹은 '서비스용 데이터베이스'에 요청합니다. 'API Gateway'는 외부의 클라이언트와 내부 Back-End 기능/저장소 간의 연계 처리를 담당합니다. 이 'API Gateway'로 인해 외부의 클라이언트에서는 해당 API의 URL과 매개변수 정보만으로도 간편하게 필요한 데이터를 확보할 수 있는 것입니다.

(3) '주 저장소'인 HDFS의 '원천 데이터 영역'은 원천 시스템으로부터 수집한 모든 Raw Data를 보관하고 있는 영역입니다. 'API Gateway'의 쿼리 요청에 따라 실행 후 결과 데이터를 제공하는 역할을 수행합니다.

(4) 'RESTful API'를 통해 '주 저장소'뿐만 아니라 '서비스용 데이터베이스'의 데이터를 확보할 수도 있습니다. '서비스용 데이터베이스'는 원본 데이터가 아닌 가공한 데이터를 적재하여 서비스하는 역할을 수행합니다. HDFS의 '가공 데이터 영역' 혹은 '관계형 데이터베이스(Kudu 등)' 혹은 'NoSQL 데이터베이스(HBase)'가 이러한 '서비스용 데이터베이스'가 될 수 있습니다. 물론 HDFS의 '가공 데이터 영역'은 데이터베이스가 아니며, Hive 테이블 형태로 서비스를 제공합니다. '서비스용 데이터베이스' 역시 'API Gateway'의 쿼리 요청에 따라 실행 후 결과 데이터를 제공합니다.

(5) 'API Gateway'는 '주 저장소'와 '서비스용 데이터베이스'로부터 받은 쿼리 수행 결과 데이터를 다시 JSON(혹은 XML) 형태로 전환하여 요청한 애플리케이션에 전송합니다.

(6) 데이터를 요청한 애플리케이션은 'API Gateway'으로부터 받은 JSON 형태의 결과 데이터를 수신하고, 필요한 부분을 파싱(Parsing)하여 활용합니다.

데이터 전송

다음으로 **'데이터 전송'**은 Data Lake 플랫폼의 데이터를 사용자가 설정한 스케줄에 따라 지정된 위치의 적재소로 전송하는 프로세스입니다. 'RESTful API'는 애플리케이션에서 필요한 시점에 요청해야 하는 'Pull 방식'인 반면, '데이터 전송'은 Data Lake 플랫폼에서 정해진 주기에 따라 전송하는 'Push 방식'입니다. (다음 '그림 30. 데이터 전송 흐름도 예시' 참조.)

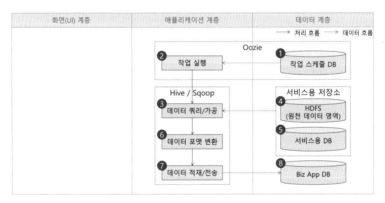

그림 30. 데이터 전송 흐름도 예시

Data Lake 플랫폼 아키텍처

그림 30은 데이터 전송 흐름을 예시적으로 도식화한 것입니다. 처리 흐름은 앞선 '데이터 처리 Layer'의 '배치 데이터 처리 흐름도'와 거의 유사하나, 마지막에 데이터는 적재하는 저장소가 Data Lake 플랫폼 내부가 아닌 외부의 '비즈니스 애플리케이션 데이터베이스'라는 점이 차이가 있습니다.

(1) '작업 스케줄 데이터베이스'는 '실행 스케줄러'에서 등록한 배치 작업(Job)의 스케줄을 보관하는 데이터베이스입니다. Apache Oozie에서 관리하는 내부 데이터베이스라고 이해하면 됩니다.

(2) '작업 실행'은 사용자가 지정한 작업 스케줄에 따라 배치 작업을 실행하는 기능을 수행합니다. 예를 들어, '대화식 쿼리 서비스'에서 쿼리 작업을 생성하여, '실행 스케줄러'에서 10분 단위로 배치 작업을 실행하도록 설정했다면, 해당 시간 단위로 지속적으로 쿼리 작업을 실행할 수 있습니다.

(3) '대화식 쿼리 서비스'에서 생성한 쿼리(혹은 데이터 가공 프로그램) 작업을 실행합니다. '주 저장소' 혹은 '서비스용 데이터베이스'를 대상으로 쿼리를 실행하여 결과 데이터를 생성합니다.

(4) '주 저장소'인 HDFS의 '원천 데이터 저장소'는 원천 시스템에서 수집한 Raw Data를 보관하고 서비스하는 영역입니다. 정형 데이터인 경우 통상 Hive 형태로 적재하여 SQL문을 통한 쿼리가 가능하도록 합니다.

(5) '서비스용 데이터베이스'는 가공 데이터를 보관하고 서비스하는 데이터베이스(혹은 적재소)입니다. 대용량 데이터의 고성능 서비스를 위해서는 'NoSQL 데이터베이스(HBase 등)', 업데이트 트랜젝션이 잦은 데이터의 경우 '관계형 데이터베이스(Kudu 등)', 그 외의 경우는 HDFS의 '가공 데이터 영역'을 통해서 서비스합니다.

(6) '실행 스케줄러'에서 작업 실행 주기 등록 시, '타깃 저장소'도 함께 설정할 수 있습니다. 이를테면, '타깃 저장소'의 유형(RDB, NoSQL DB 등), IP 정보, 접속 정보(아이디/패스워드), DB 인터페이스(JDBC, ODBC 등), DB 인스턴스명 등을 설정합니다. '데이터 포맷 변환'은 이 '타깃 저장소'의 유형에 따라 쿼리 결과 데이터의 포맷을 변환하는 작업입니다.

(7) 포맷을 변환한 결과 데이터를 '타깃 저장소'에 적재합니다. '타깃 저장소', 즉 '비즈니스 애플리케이션 데이터베이스'는 통상 '관계형 데이터베이스'일 것이며, 이 경우는 Apache Sqoop을 활용하여 적재하는 것이 가장 간편한 방법일 것입니다. 그 외 적재소의 경우는 Apache Pig, Hive 혹은 Spark 등 다양한 방법을 활용하여 적재할 수 있을 것입니다.

(8) '비즈니스 애플리케이션 데이터베이스'는 '실행 스케줄링'에서 설정한 '타깃 저장소'입니다. 쿼리/가공 처리한 결과 데이터의 최종 목적지이며, '비즈니스 애플리케이션'은 이 데이터를 활용하여 업무 처리를 하거나, 분석에 활용할 것입니다.

직접 접속

마지막으로 '**직접 접속**'은 '비즈니스 애플리케이션'에서 직접 '주 저장소' 혹은 '서비스용 데이터베이스'에 접속하여 '임의의 쿼리(Ad-hoc Query)'를 수행함으로써 결과 데이터를 확보하는 프로세스입니다. 이 경우도 역시 애플리케이션에서 필요한 시점에 요청하여 데이터를 확보하는 'Pull 방식'입니다. (다음 '그림 31. 직접 접속 흐름도 예시' 참조.)

사용자의 입장에서는 필요한 데이터를 자유롭게 쿼리하고 확보할 수 있는 장점이 있지만, 운영자의 입장에서는 어떤 쿼리를 수행할지, 그로 인한 리소스의 부하는 얼마나 될지를 예측할 수 없습니다. 또한 애플리케이션에서 생성한 쿼리를 다른 사용자와 공유하기도 어렵습니다. 따라서 이 방식보다는 '대화식 쿼리 서비스'에서 생성한 쿼리를 'RESTful API'로 전환하여 활용하는 것이 다른 사용자와 공유하기도 간편하고, 운영자의 관리도 용이한 장점이 있으므로, 더 바람직한 방식이라고 볼 수 있습니다. 따라서 Data Lake 플랫폼 관리자는 사용자들이 '직접 접속'방식보다는 'RESTful API' 혹은 '데이터 전송' 방식을 통해 필요한 데이터를 확보하도록 유도해야 합니다.

물론, 애플리케이션에서 '직접 접속'하여 실행한 쿼리도 '쿼리 로그 데이터베이스'로 수집하여 파싱을 통해 메타데이터로 생성함으로써 다른 사용자와 공유할 수는 있습니다. 하지만 이 경우도 '쿼리 객체'로 생성하여 설명, 태그 등을 추가로 입력하여 다른 사용자와 공유하는 것보다는 유용성이 낮을 수 있으므로, 바람직한 방식이라고 보기는 어려울 것입니다.

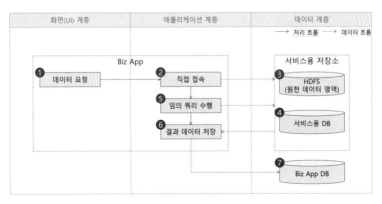

그림 31. 직접 접속 흐름도 예시

그림 31은 '비즈니스 애플리케이션'에서 Data Lake 플랫폼의 저장소에 '직접 접속'을 통해 필요한 데이터를 확보하는 흐름을 예시적으로 도식화한 것입니다.

(1) '비즈니스 애플리케이션'은 업무 처리를 수행하면서 Data Lake 플랫폼에 필요한 데이터를 요청합니다. 이를 위해 애플리케이션 담당자는 Data Lake 플랫폼 관리자와 협의하여, 어떤 저장소에 접속해야 하는지, 접속을 위한 IP, 계정, 인터페이스 정보는 어떻게 되는지 등에 대한 정보를 사전에 확보해야 합니다.

(2) '비즈니스 애플리케이션'은 Data Lake 플랫폼의 '주 저장소' 혹은 '서비스용 데이터베이스'에 JDBC 혹은 ODBC 등의 인터페이스, 사전 협의된 계정 정보 등을 활용하여 연결합니다. '주 저장소'에 접속 시, 정형 데이터의 경우 Hive로 연결해야 하며, 비정형 데이터(이미지, 동영상 등)의 경우 웹을 통해 파일시스템(WebHDFS)에 연결해야 합니다.

(3) '주 저장소'인 HDFS의 '원천 데이터 영역'은 원천 시스템으로 수집한 데이터를 원본 포맷 그대로 보관하는 영역으로, '비즈니스 애플리케이션'은 이 영역에 접속하여 필요한 데이터를 조회하고 확보할 수 있습니다.

(4) '서비스용 데이터베이스'는 가공한 데이터를 적재하여 서비스하기 위한 용도의 데이터베이스입니다. '비즈니스 애플리케이션'은 이 영역에도 접속하여 필요한 데이터를 조회하고 확보할 수 있습니다.

(5) '비즈니스 애플리케이션'은 Data Lake 플랫폼의 저장소에 접속 후 '임의의 쿼리(Ad-hoc Query)'를 요청할 수 있습니다. 이를 수행하기 전에 Data Catalog 서비스에서 필요한 데이터를 검색하고, 적재되어 있는 위치를 확인 후, '대화식 쿼리 서비스'를 통해 쿼리를 작성하여 실데이터를 점

Data Lake 플랫폼 아키텍처

검해 보아야 합니다. 점검 후 이상이 없다면 '비즈니스 애플리케이션'에서 해당 쿼리를 실제 업무에 적용할 수 있을 것입니다.

(6) '비즈니스 애플리케이션'은 쿼리를 요청한 결과 데이터를 전송 받아 '비즈니스 애플리케이션 데이터베이스'에 적재하여 활용합니다.

(7) '비즈니스 애플리케이션'에서 활용하는 데이터베이스이며, 외부의 현업 담당자가 관리하는 영역입니다. 데이터가 필요할 때마다 이렇게 해당 적재소에 접속하여 데이터를 쿼리하여 적재하는 'Pull 방식'보다는, '실행 스케줄러'에 쿼리 작업을 등록해 놓고, 주기적으로 타깃 저장소에 적재하는 'Push 방식'이 데이터 활용 측면에서 훨씬 편리할 것입니다.

3-5. 사용자 Self-Service Layer

'**사용자 Self-Service Layer**'는 사용자가 필요한 데이터를 직접 탐색하고 확보하여 전처리하고 분석할 수 있는 서비스 영역으로써, Data Catalog 서비스, 대화식 쿼리 서비스, 데이터 전처리 서비스, 데이터 분석 서비스, Sand-box 서비스로 구성됩니다.

Data Catalog 서비스

먼저 '**Data Catalog 서비스**'는 사용자가 필요한 데이터를 검색하고, 데이터의 배경지식(Context)을 이해하고, '데이터 전처리/분석 도구'로 연계하는 기능을 제공합니다. 또한 '데이터 Steward'가 자신의 담당하는 '데이터 객체'의 카탈로그 페이지에 메타데이터 정보를 입력하고 관리하는 큐레이션 기능도 제공합니다. (다음 '그림 32. Data Catalog 서비스 흐름도 예시' 참조.)

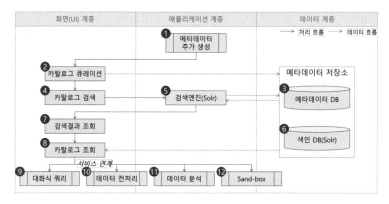

그림 32. Data Catalog 서비스 흐름도 예시

그림 32는 사용자가 Data Catalog 서비스를 활용하는 흐름을 예시적으로 도식화한 것입니다.

(1) '메타데이터 추가 생성'은 원천 데이터를 수집한 후에 Data Catalog 서비스를 위해 필요한 메타데이터를 추가로 생성하는 프로세스입니다. 이 프로세스가 종료된 후에는 '데이터 Steward'가 '카탈로그 큐레이션' 작업을 시작할 수 있습니다.

(2) '데이터 Steward'는 '메타데이터 추가 생성' 작업이 완료된 후에, 자신이 담당하는 '데이터 객체'에 대한 '카탈로그 큐레이션' 작업을 시작해야 합니다. '카탈로그 큐레이션'은 '카탈로그 Agent'가 자동으로 생성한 제목, 설명, 태그, 데이터 리니지 등의 메타데이터를 확인하고 수정하는 작업과, '데이터 프로파일링' 결과를 검토하여 데이터 정합성을 점검하는 작업을 포함합니다. '데이터 Steward'가 수정한 메타데이터는 곧바로 '메타데이터

데이터베이스'에 반영되고, 그에 따른 '색인 생성' 작업을 Back-End에서 처리해야 합니다. 그래야만 사용자가 메타데이터에 포함된 키워드로 검색이 가능할 것이기 때문입니다.

(3) '메타데이터 데이터베이스'는 Data Lake 플랫폼이 수집하는 모든 '데이터 객체'의 메타데이터를 저장하고 서비스하는 역할을 수행합니다.

(4) 사용자는 필요한 데이터를 찾기 위해 여러 가지 방법으로 '카탈로그 검색'을 수행할 수 있습니다. 먼저 일반적인 사용자에게 익숙한 업무 용어와 같은 키워드를 입력하여 검색할 수 있습니다. 정확한 '데이터 객체'명을 입력하여 검색할 수도 있으나, 일반적인 사용자는 정확한 테이블명, 컬럼명을 알 수 없으므로, 자신에게 익숙한 업무 처리 시 활용하는 용어로 검색할 수 있도록 해야 합니다. 그리고 '업무 카테고리' 혹은 '데이터 유형 카테고리'를 활용하여 검색할 수도 있습니다.

(5) 사용자가 키워드를 입력하여 검색 시, '검색엔진'은 '색인 데이터베이스'에서 해당 키워드를 포함하고 있는 '데이터 객체'를 실시간으로 검색하여 결과를 사용자에게 제공합니다. 하둡 에코시스템 내 검색엔진은 Apache Solr가 있으며, Solr는 '전체 텍스트 검색(Full-Text Search)' 기능을 지원합니다. Data Catalog 서비스의 메타데이터에는 '데이터 객체'의 '명칭', '설명'과 같은 자연어 문구, 문장으로 구성된 데이터를 포함하고 있으므로, '전체 텍스트 검색' 기능을 활용하여 이러한 데이터를 검색할 수 있습니다.

(6) '색인 데이터베이스'는 검색엔진이 키워드를 빠르게 검색할 수 있도록 색인을 적재하여 서비스하는 데이터베이스입니다. 하둡 기반의 검색엔진인 Solr가 제공하는 '문서 유형 NoSQL 데이터베이스'를 이용하며, 일

반적인 데이터베이스와 같은 레코드 단위가 아닌 문서(파일)를 저장하는 방식입니다. 따라서 검색엔진이 생성한 색인은 각 개별 문서(파일)로 적재하게 됩니다.

(7) 사용자가 요청한 키워드에 대해 검색엔진이 실시간으로 검색한 결과를 사용자에게 제공합니다. 사용자가 요청한 키워드를 메타데이터 내에 가장 정확하게 포함하고 있는 '데이터 객체'가 상위에 나타나며, 활용도를 고려하여 가장 많이 조회하고 쿼리하는 '데이터 객체'가 또한 검색결과의 상위에 조회될 것입니다. 여기서 주의할 사항은 검색 대상 '데이터 객체'는 '테이블'뿐만 아니라, '데이터베이스', '스키마', '컬럼', '파일시스템', '폴더', '파일', '필드', '이벤트 메시지', '토픽(Topic)', '쿼리', 'Data API', '보고서/대시보드', '지식(Article)'을 포함한 모든 '데이터 객체'가 검색의 대상이라는 것입니다. 사용자는 '테이블' 객체만으로는 결코 데이터를 원활하게 활용할 수 없을 것이기 때문입니다. 또한 '결과 내 검색'과 같은 추가 기능을 제공하여 사용자가 필요한 데이터를 손쉽게 찾을 수 있도록 지원해야 합니다.

(8) 사용자는 검색결과 중 하나의 '데이터 객체'를 선택하여 상세한 카탈로그 내용을 조회합니다. 제목, 설명, 태그와 같은 '비즈니스 메타데이터', 내부 스키마, 데이터 프로파일링, 데이터 리니지 등의 '기술 메타데이터', 해당 '데이터 객체'를 활용하는 '쿼리', 'Data API', '보고서/대시보드' 등의 '운영 메타데이터' 항목들을 조회할 수 있습니다. 또한 설명, 태그, 사용자 평가/리뷰 항목은 사용자가 카탈로그 페이지에서 직접 내용을 입력할 수 있습니다. 사용자는 추가로 문의할 내용이 있을 경우, '데이터 문의'를 통해 '데이터 오너' 혹은 '데이터 Steward' 혹은 '인기 사용자'에게 질의할 수

있습니다. 그리고 해당 '데이터 객체'의 실데이터를 조회할 수 없을 경우, '데이터 요청(VoC)'을 통해 실데이터 적재를 요청할 수 있습니다. '비즈니스 메타데이터'가 입력되어 있지 않을 경우, '데이터 Steward'에게 '데이터 큐레이션'을 요청할 수도 있습니다.

(9) 사용자는 '데이터 객체'의 카탈로그 페이지에서 실데이터를 조회하기 위해 '대화식 쿼리 서비스'로 연계할 수 있습니다. '대화식 쿼리 서비스'에서 쿼리를 작성하여 실데이터를 조회하고, 데이터를 다운로드 받고, Data API를 생성하고, 외부 저장소에 데이터를 주기적으로 전송하도록 설정할 수도 있습니다.

(10) 사용자는 '데이터 객체'의 카탈로그 페이지에서 데이터의 전처리를 위해 '데이터 전처리 도구'로 연계하여 작업할 수 있습니다. '데이터 전처리 도구'에서 작업을 수행한 후, 전처리 결과 데이터를 다시 Data Lake 플랫폼으로 배포하여 다른 사용자와 공유할 수 있습니다.

(11) 사용자는 '데이터 객체'의 카탈로그 페이지에서 데이터 분석을 위해 '데이터 분석 도구'로 연계하여 작업할 수 있습니다. '데이터 분석 도구'에서 작업을 수행한 후, 분석 과정, 결과물 혹은 결과 데이터를 다시 Data Lake 플랫폼으로 배포하여 다른 사용자와 공유할 수 있습니다.

(12) 사용자는 '데이터 객체'의 카탈로그 페이지에서 'Sand-box'로 연계하여 대용량 데이터를 서버 환경에서 분석할 수 있습니다. '데이터 분석 도구'와 마찬가지로 분석 과정, 결과물 혹은 결과 데이터를 다시 Data Lake 플랫폼으로 배포하여 다른 사용자와 공유할 수 있습니다.

대화식 쿼리 서비스

다음으로 '**대화식 쿼리 서비스**'는 Data Catalog 서비스에서 조회한 '데이터 객체'의 실데이터를 조회하고 확보하기 위한 서비스입니다. (다음 '그림 33. 대화식 쿼리 서비스 흐름도 예시' 참조.)

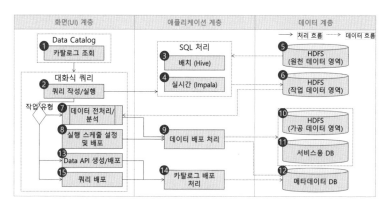

그림 33. 대화식 쿼리 서비스 흐름도 예시

그림 33은 사용자가 '대화식 쿼리 서비스'를 이용하는 흐름을 예시적으로 도식화한 것입니다.

(1) Data Catalog에서 '데이터 객체'에 대한 카탈로그 페이지를 조회한 후, 해당 객체의 실데이터를 조회하기 위해 후속 작업으로 '대화식 쿼리 서비스'를 실행합니다.

(2) '대화식 쿼리 서비스'에서 해당 '데이터 객체'에 대한 쿼리를 작성 후 실행하여 데이터를 조회합니다. '주 저장소'와 '서비스용 데이터베이스'의 데이터를 모두 조회할 수 있으며, 쿼리 결과 데이터는 '주 저장소'의 '작업 데이터 영역'에 적재한 후, 이를 '데이터 전처리/분석 도구'와 연계하여 후

속 작업을 진행할 수도 있습니다. 혹은 쿼리 결과 데이터를 '로컬 PC'로 다운로드하여, 추가 분석을 진행할 수도 있습니다.

(3) 사용자가 '대화식 쿼리 서비스'에서 쿼리의 실행엔진을 'Hive'로 설정하면, 사용자가 요청한 쿼리는 Hive를 통해 처리할 수 있습니다. Hive는 MapReduce를 기반으로 처리하므로, 배치 방식으로 처리되며, 대용량 데이터의 가공 처리에 적합합니다.

(4) 사용자 '대화식 쿼리 서비스'에서 쿼리의 실행엔진을 'Impala'로 설정하면, 사용자가 요청한 쿼리는 Impala를 통해 처리됩니다. Impala는 MPP(Massively Parallel Processing) 기반의 실시간 처리에 특화되어 있어, 비즈니스 업무 처리에 활용하는 것이 더 적합합니다. 즉 사용자가 대용량 데이터를 분석하는 용도로는 Hive를,[41] 비즈니스 업무에 필요한 데이터를 실시간으로 처리하는 용도로는 Impala를 활용하는 방법을 추천합니다.

(5) '주 저장소'의 '원천 데이터 영역'은 원천 시스템으로부터 수집한 원본 데이터를 저장하는 적재소입니다. '대화식 쿼리 서비스'의 주요 조회 대상 데이터를 보관하고 있습니다.

(6) '주 저장소'의 '작업 데이터 영역'은 사용자별/프로젝트별/부서별로 부여되는 작업 공간입니다. 사용자는 이 공간에 자신이 가공한 데이터를 적재할 수 있으며, '데이터 전처리/분석 도구'에서 해당 공간에 연결하여 추가 가공 작업을 진행할 수도 있습니다.

(7) '대화식 쿼리 서비스'에서 쿼리를 실행한 결과 데이터에 대한 추가

---

41) Hive도 LLAP(Live Long And Process)와 Tez를 병행 운영하여 쿼리 실행 속도를 증가시킬 수 있으니, 속도에 민감한 최근 사용자들을 위해 이 방법을 추천함.

작업으로 '데이터 전처리/분석 도구'를 실행하면, 해당 데이터는 '작업 데이터 영역'에 다운로드되고, 자동으로 해당 영역에 연결(Connection)하여 전처리 혹은 분석 작업을 진행할 수 있습니다. 처리 결과 데이터는 '작업 데이터 영역'에 저장할 수 있고, 처리 완료 후에는 '데이터 배포 처리'를 통해 Data Lake 플랫폼에 배포할 수 있습니다.

(8) 사용자가 작성한 쿼리를 주기적으로 실행하도록 '실행 스케줄'을 설정할 수 있습니다. '실행 스케줄러'는 설정된 주기에 따라 쿼리를 실행하고, 결과 데이터를 '작업 데이터 영역'에 저장할 것입니다. 결과 데이터를 '비즈니스 애플리케이션'에서 활용하고 싶을 경우는 '데이터 배포 처리'를 진행하여, '가공 데이터 영역'으로 결과 데이터를 이동해야 합니다. 배포 처리 시, '가공 데이터 영역'가 아닌 '서비스용 데이터베이스'에 적재하도록 '타깃 저장소'를 설정할 수 있습니다. 이 경우 '비즈니스 애플리케이션'은 '관계형 데이터베이스' 혹은 'NoSQL 데이터베이스'에 연계하여 데이터를 확보할 수 있습니다. 결과 데이터를 곧바로 '비즈니스 애플리케이션 데이터베이스'에 전송하도록 '타깃 저장소'를 설정할 수도 있을 것입니다. 이 경우는 '타깃 저장소'의 IP 주소, 접속 정보, DB 유형, 인터페이스 등을 추가로 입력해야 합니다.

(9) '데이터 배포 처리'는 사용자가 가공한 데이터를 Data Lake 플랫폼에 배포 처리하여 다른 사용자에게 공유하는 작업입니다. '작업 데이터 영역'의 데이터를 '가공 데이터 영역' 혹은 '서비스용 데이터베이스'로 이동(복사)하고, '작업 데이터 영역'의 데이터는 폐기 처리합니다. 배포 처리 시, 사용자가 입력한 '비즈니스 메타데이터'를 '메타데이터 데이터베이스'에 저장하고, '데이터 프로파일러'는 '데이터 프로파일링'을 수행하고, '카

탈로그 Agent'는 '데이터 리니지' 정보를 생성합니다. 또한 보안 데이터가 포함되어 있는지 점검하고, 포함되었을 경우, '데이터 보안 처리'를 수행합니다.

(10) '주 저장소'의 '가공 데이터 영역'은 사용자가 가공한 데이터를 보관하고 서비스하는 영역입니다. 다른 사용자들이 쿼리를 통해 조회가 가능하도록 Hive 형태로 보관합니다.

(11) '서비스용 데이터베이스'는 업데이트 트랜젝션이 잦은 데이터를 서비스하기 위한 '관계형 데이터베이스'와 대용량 데이터의 고성능 서비스를 위한 'NoSQL 데이터베이스'로 구성됩니다. '가공 데이터 영역'과 마찬가지로 사용자가 가공한 데이터를 보관하고 서비스하는 역할을 수행합니다.

(12) '메타데이터 데이터베이스'는 Data Lake 플랫폼에 적재된 모든 '데이터 객체'의 메타데이터를 보관하고 서비스하는 역할을 수행합니다. 아키텍처 구성에 따라 Data Lake 플랫폼에 실데이터를 적재하지 않더라도 메타데이터만 수집하여 적재할 수도 있습니다. 이 경우 사용자가 Data Catalog 서비스의 해당 '데이터 객체' 카탈로그 페이지에서 '데이터 수집 요청(VoC)'을 수행하면 Data Lake 플랫폼으로 실데이터를 수집하게 됩니다.

(13) 사용자는 '대화식 쿼리 서비스'에서 작성한 쿼리를 'RESTful API'로 전환할 수 있습니다. 매개변수(Parameter)를 지정 후 'RESTful API'로 전환을 요청하면, 해당하는 URL을 할당받을 수 있습니다. 이 'RESTful API'를 Data Catalog 서비스에 배포함으로써 다른 사용자와 공유할 수 있으며, 이를 위해서는 필요한 '비즈니스 메타데이터(제목, 설명, 태그 등)'를 입력해야 합니다.

(14) '카탈로그 배포 처리'는 '데이터 객체'를 Data Catalog 서비스에 배포하여 다른 사용자와 공유할 수 있도록 처리하는 작업입니다. 사용자가 입력한 '비즈니스 메타데이터'를 '메타데이터 데이터베이스'에 저장하고, 메타데이터의 검색이 가능하도록 색인을 생성하며, '데이터 리니지' 정보 등의 추가 메타데이터를 생성합니다. '카탈로그 배포 처리'는 '데이터 배포 처리'와는 달리 실데이터를 포함하지 않으므로, '데이터 보안 처리'는 수행하지 않습니다.

(15) '쿼리 배포'는 사용자가 작성한 쿼리를 Data Catalog 서비스에 배포하여 다른 사용자와 공유하는 작업입니다. 사용자는 작성한 쿼리에 대한 제목, 설명, 태그 등의 '비즈니스 메타데이터'를 입력하면, '카탈로그 배포 처리'를 통해 추가로 필요한 처리를 수행합니다.

데이터 전처리 서비스

다음으로 **데이터 전처리 서비스**는 사용자가 데이터를 분석하기 위한 사전 작업으로써, 프로파일링, 정제, 가공, 병합 처리를 수행하는 프로세스를 의미합니다. Paxata, Trifacta 등의 상용 도구들이 있으며, Data Catalog 서비스에서 조회한 '데이터 객체'를 해당 도구로 연계하거나, '대화식 쿼리 서비스'에서 쿼리한 결과 데이터를 해당 도구로 연계하여 전처리 작업을 추가로 진행할 수 있습니다. (다음 '그림 34. 데이터 전처리 서비스 흐름도 예시' 참조.)

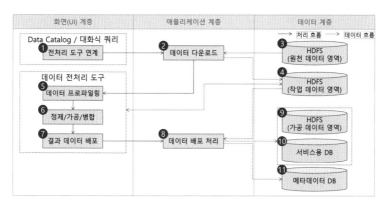

그림 34. 데이터 전처리 서비스 흐름도 예시

그림 34는 사용자가 데이터 전처리 서비스를 이용하는 흐름을 예시적으로 도식화한 것입니다.

(1) Data Catalog 서비스에서 '데이터 객체'를 조회한 후, 후속 작업으로 '데이터 전처리'를 선택하고, 도구 중 하나를 선택하면 해당 도구에서 데이터를 곧바로 전처리할 수 있도록 연계가 이루어집니다. '대화식 쿼리 서비스'에서도 쿼리를 실행한 후, 결과 데이터에 대한 후속 작업으로 '데이터 전처리 도구'를 선택하면 해당 결과 데이터를 전처리 도구로 연계하여 추가 작업을 진행할 수 있습니다.

(2) Data Catalog 서비스 혹은 '대화식 쿼리 서비스'에서 '전처리 도구 연계'를 실행하면, 해당 데이터를 '원천 데이터 영역'으로부터 '작업 데이터 영역'으로 다운로드합니다. '데이터 전처리 도구'에서는 다운로드한 데이터에 연결(Binding)하여 곧바로 추가 작업을 시작할 수 있습니다.

(3) '주 저장소'의 '원천 데이터 영역'은 원천 시스템으로부터 수집한 원본 데이터를 보관하는 영역입니다.

(4) '주 저장소'의 '작업 데이터 영역'은 사용자별/프로젝트별/부서별로 작업 중인 데이터를 보관하는 영역입니다. 사용자는 이 영역에 데이터를 다운로드하여 전처리 도구를 이용하여 정제, 가공, 병합 작업을 진행하고, 데이터를 자유롭게 생성하고 보관할 수 있습니다.

(5) '데이터 전처리 도구'에서는 먼저 데이터의 정합성 검토를 위해 '데이터 프로파일링'을 수행합니다. Data Catalog 서비스에서 제공하는 '데이터 프로파일링'과 사실상 동일한 기능으로, 실데이터의 유형/포맷/값에 대한 통계를 산출하는 기능입니다. 이 결과를 바탕으로 데이터 정합성을 분석 후 정제 대상 데이터를 식별합니다.

(6) 잘못 입력된 데이터의 포맷을 수정하고, 오류 데이터 값을 삭제/변경하는 등의 정제 작업을 수행하고, 분석하기 용이한 형태로 가공하거나, 분석을 위해 다른 데이터와의 병합 작업 등을 수행합니다.

(7) 전처리 결과 데이터를 Data Lake 플랫폼에 배포하여 다른 사용자와 공유하기 위해서는 '결과 데이터 배포' 처리를 수행해야 합니다. 해당 데이터의 제목, 설명, 태그 등의 '비즈니스 메타데이터'를 입력한 후 카탈로그 배포를 요청합니다.

(8) 배포 요청한 데이터를 '작업 데이터 영역'으로부터 '가공 데이터 영역' 혹은 '서비스용 데이터베이스'로 이동하고, 기본적인 '기술 메타데이터'와 '비즈니스 메타데이터'를 수집하여 '메타데이터 데이터베이스'에 적재합니다. 또한 Data Catalog 서비스에서 검색이 가능하도록 색인을 생성하고, '데이터 리니지', '데이터 프로파일링' 등의 추가 메타데이터를 생성합니다. 또한 민감 데이터가 포함되어 있는지 등을 점검 후 데이터 보안 처리를 수행합니다. 이러한 모든 '데이터 배포 처리' 작업은 자동으로 처리

Data Lake 플랫폼 아키텍처

할 수 있도록 구성해야 합니다.

(9) '주 저장소'의 '가공 데이터 영역'은 '작업 데이터 영역'에서 Data Lake 플랫폼으로 배포된 데이터를 보관하는 영역으로, 사용자가 가공한 데이터를 Hive 형태로 보관합니다.

(10) 사용자가 '결과 데이터 배포' 시, '타깃 저장소'를 지정할 수 있으며, '작업 데이터 영역' 외 '서비스용 데이터베이스'로 지정할 수도 있습니다. 주로 '비즈니스 애플리케이션'에서 실시간으로 업무에 활용해야 하는 데이터를 보관합니다.

(11) '메타데이터 데이터베이스'는 전처리 결과 데이터에 대한 메타데이터를 수집하여 보관하는 역할을 수행합니다.

데이터 분석 서비스

다음으로 **'데이터 분석 서비스'**는 데이터를 리포트/대시보드 형태로 시각화하거나, 분석 알고리즘을 개발하는 등의 다양한 분석 작업을 수행하는 프로세스입니다. Tableau, MicroStrategy, QlikView 등의 BI(Business Intelligence) 시각화 도구, Python, R, MATLAB 등의 데이터 분석 프로그래밍 언어, SAS, SPSS 등의 데이터 마이닝 도구 등의 다양한 유형의 데이터 분석 도구가 존재합니다. 데이터를 분석한 후에는 분석 과정(소스 코드 등)과 결과물(리포트/대시보드 등)을 Data Catalog 서비스로 배포하여 다른 사용자들과 공유할 수 있습니다. (다음 '그림 35. 데이터 분석 서비스 흐름도 예시' 참조.)

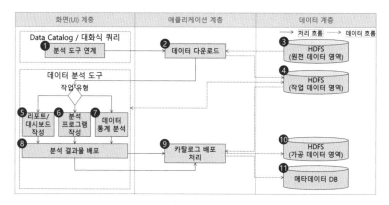

그림 35. 데이터 분석 서비스 흐름도 예시

그림 35는 Data Lake 플랫폼의 데이터 분석 서비스의 흐름을 예시적으로 도식화한 것입니다.

(1) Data Catalog 서비스의 '데이터 객체'에 대한 카탈로그 페이지를 조회 후 후속 작업으로 '데이터 분석'을 선택하고, 분석 도구 중 하나를 선택합니다. 혹은 '대화식 쿼리 서비스'의 쿼리 실행 후에 결과 데이터에 대한 분석을 위해 분석 도구를 선택합니다.

(2) 분석 도구를 선택하면, 해당 '데이터 객체'에 대한 데이터를 '원천 데이터 영역'으로부터 '작업 데이터 영역'으로 다운로드합니다(로컬 PC로 다운로드도 가능).

(3) '주 저장소'의 '원천 데이터 영역'은 원천 시스템으로부터 수집한 원본 데이터를 보관하고 서비스하는 영역입니다.

(4) '작업 데이터 영역'은 사용자가 자유롭게 데이터를 다운로드하고 생성하고 보관할 수 있는 영역입니다. 이 영역은 로그인한 사용자만 접근 가능한 영역으로, 다른 사용자는 접근이 불가능합니다. 프로젝트별/부서

Data Lake 플랫폼 아키텍처

별 공동 작업을 위한 공간도 별도로 생성할 수도 있습니다.

(5) 데이터를 다운로드한 후에는 BI 도구를 활용하여 리포트 혹은 대시보드를 생성하여 해당 데이터를 시각화할 수 있습니다. 분석 작업의 결과물로써 '리포트/대시보드' 파일이 생성됩니다.

(6) 혹은 분석 프로그래밍 언어를 활용하여 데이터에 대한 분석 알고리즘을 개발할 수 있습니다. 데이터에 대한 다양한 가공/병합 처리를 수행하거나, 데이터 내의 패턴을 발견하기 위한 다양한 분석을 수행합니다. 이러한 데이터 분석의 결과물로써 프로그램 소스 코드가 생성될 것입니다.

(7) 혹은 통계 분석 도구를 통해 다양한 통계 기법으로 데이터를 분석하고, 분석 결과물을 파일로 저장할 수 있을 것입니다.

(8) 다양한 도구를 통해 분석한 결과물을 Data Catalog 서비스로 배포하여 다른 사용자와 공유할 수 있습니다. 분석 결과물의 제목, 설명, 태그, 활용 데이터 등의 '비즈니스 메타데이터'를 입력 후 카탈로그 배포를 요청합니다. BI 시각화 도구를 통해 분석한 결과물은 '리포트/대시보드' 객체로, 분석 프로그래밍 언어 혹은 통계 분석 도구를 통해 분석한 결과물은 '지식(Article)' 객체 형태로 카탈로그에 배포될 것입니다.

(9) 분석 결과물 파일과 관련 '비즈니스 메타데이터'를 수집하여 각각 HDFS의 '가공 데이터 영역'과 '메타데이터 데이터베이스'에 저장합니다. 분석 결과물 파일은 쿼리를 통해 분석이 불가능하므로, 파일시스템에 원본 파일 객체를 그대로 적재하고, '메타데이터 데이터베이스'에 해당 파일이 적재된 경로를 저장해야 합니다. 결과 이미지가 있을 경우, 이를 함께 수집해야만 카탈로그 페이지에 이를 노출할 수 있을 것입니다. 이러한 정보는 각 도구에서 자체적으로 제공하는 API를 통해 수집하도록 합니다.

(10) '주 저장소'의 '가공 데이터 영역'은 분석 결과물을 저장하고 보관하는 역할을 수행하며, 분석 결과물 파일은 카탈로그 페이지를 통해서 다운로드할 수 있도록 제공해야 합니다.

(11) '메타데이터 데이터베이스'는 '리포트/대시보드' 객체, '지식(Article)' 객체의 메타데이터를 저장하고 보관하는 역할을 수행하며, 카탈로그 페이지에 저장된 메타데이터를 제공해야 합니다.

Sand-box 서비스

마지막으로 '**Sand-box 서비스**'는 사용자에게 대용량 데이터의 분석 환경을 제공하는 서비스입니다. 사용자는 분석에 필요한 리소스를 할당받고, Spark, Python, Jupyter Notebook 등 다양한 도구를 활용하여 분석 후 분석 결과물을 Data Catalog 서비스에 배포하여 다른 사용자와 공유할 수 있습니다. (다음 '그림 36. Sand-box 서비스 흐름도 예시' 참조.)

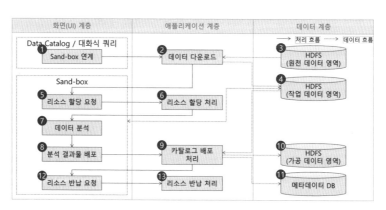

그림 36. Sand-box 서비스 흐름도 예시

그림 36은 사용자가 Sand-box 서비스를 이용할 때의 흐름을 예시적으로 도식화한 것입니다.

(1) Data Catalog 서비스에서 '데이터 객체'의 카탈로그 페이지를 조회 후, 후속 작업으로 'Sand-box 서비스'를 선택합니다. 혹은 '대화식 쿼리 서비스'에서 쿼리 실행 후 결과 데이터에 대해 후속 작업을 진행하기 위해 'Sand-box 서비스'를 선택합니다.

(2) Sand-box 서비스로의 연계를 위해 '원천 데이터 영역'에 저장되어 있는 데이터를 해당 사용자의 '작업 데이터 영역'으로 다운로드합니다.

(3) '주 저장소'의 '원천 데이터 영역'은 원천 시스템으로부터 수집한 원본 데이터를 보관하며, Sand-box 서비스에서 분석할 수 있도록 데이터를 제공하는 역할을 수행합니다.

(4) 원본 데이터를 사용자의 '작업 데이터 영역'으로 다운로드하여, Sand-box 서비스를 통해 분석합니다. 분석 결과 데이터는 이 영역에 임시로 저장됩니다.

(5) 사용자는 Sand-box 서비스를 이용하기 위해 필요한 컴퓨팅 리소스(CPU, 메모리, 저장소)의 할당을 요청합니다.

(6) '리소스 관리자'는 사용자가 요청한 리소스를 할당 처리하여 제공합니다. 이렇게 리소스를 유동적으로 이용하기 위해서는 Private Cloud 인프라를 기반으로 구성해야 합니다. Sand-box 서비스용 '리소스 풀(Resource Pool)'을 별도로 구성해 놓고, 이 리소스의 일부를 사용자별로 할당하여 이용하도록 합니다.

(7) 사용자는 할당받은 리소스와 다양한 분석 도구(Jupyter Notebook, Python, Spark 등)를 활용하여 대용량 데이터 분석을 위한 프로그램을 작

성합니다. 'Sand-box 서비스'와 '데이터 분석 도구'의 차이점은 'Sand-box 서비스'는 데이터 분석을 대규모 리소스를 보유한 서버 환경에서 진행할 수 있으며, 하둡 에코시스템의 처리 도구도 활용할 수 있다는 것입니다. 반면 '데이터 분석 도구'는 데이터는 서버에 저장되어 있지만, 분석 도구는 로컬 PC에 설치되어 있어 컴퓨팅 리소스의 활용이 제한적이고, 하둡 에코시스템을 활용하기도 어렵다는 단점이 있습니다. 따라서 대용량 데이터의 처리를 위해서는 많은 리소스를 활용할 수 있는 'Sand-box 서비스'를 이용하는 것이 바람직합니다.

(8) 분석 결과물인 프로그램 소스 코드 등을 Data Catalog 서비스로 배포하도록 요청합니다. 이를 위해 해당 분석 결과물에 대한 제목, 설명, 태그, 활용 데이터 등의 '비즈니스 메타데이터'를 입력해야 합니다.

(9) '카탈로그 배포 처리'를 위해 사용자가 입력한 메타데이터를 '메타데이터 데이터베이스'에 저장하고, 분석 결과물을 '가공 데이터 영역'에 적재합니다. 또한 Data Catalog 서비스에서 해당 객체에 대한 검색이 가능하도록 하기 위해 색인을 생성해야 합니다.

(10) '가공 데이터 영역'은 사용자가 생성한 분석 결과물과 가공 데이터를 보관하고 서비스하는 역할을 수행합니다.

(11) '메타데이터 데이터베이스'는 '데이터 객체'의 모든 메타데이터를 저장하여 보관하고, 해당 메타데이터를 Data Catalog에 서비스하는 역할을 담당합니다.

(12) 사용자는 Sand-box에서 데이터 분석을 완료한 후, 할당받은 리소스를 다시 '리소스 풀(Resource Pool)'에 반납 요청해야 합니다.

(13) 사용자가 반납을 요청한 리소스를 다시 '리소스 풀'에 복귀시키고,

다른 사용자가 활용이 가능하도록 합니다. 이러한 '리소스 풀'은 '데이터 분석가'의 수요를 고려하여 Data Lake 플랫폼의 하둡 클러스터의 일정 비중을 할당하여 운영해야 할 것입니다.

3-6. 데이터 거버넌스 Layer

'**데이터 거버넌스 Layer**'는 Data Lake 플랫폼의 데이터를 안전하고 안정적으로 보관하고, 고품질의 데이터 서비스를 제공하기 위해 관리 통제하는 역할을 담당합니다. 데이터의 수집, 생성부터 이동, 활용, 폐기에 이르기까지 데이터를 안정적으로 서비스하기 위한 '**데이터 수명 주기 관리**', 민감한 데이터를 안전하게 보관하고 서비스하기 위한 '**데이터 보안 관리**', 고품질의 데이터 서비스를 제공하기 위한 '**데이터 품질 관리**' 프로세스로 구성됩니다.

데이터 수명 주기 관리

먼저 '**데이터 수명 주기 관리**(Data Life Cycle Management)'는 Data Lake 플랫폼으로 데이터를 수집하여 보관, 활용하고 폐기하는 전체 데이터의 '수명 주기(Life Cycle)'를 원활하게 관리하는 프로세스입니다. 저장소의 여유 공간과 사용자의 활용 현황을 고려하여 언제 데이터를 이동하고, 보관/백업(Back-Up)하고, 폐기할지를 결정합니다. 이러한 데이터에 대한 이동/보관/폐기와 관련된 정책을 등록하고, 등록한 정책에 따라 자동으로 실행될 수 있도록 하여 관리자의 수작업을 최소화할 수 있도록 해야 합니다. (다음 '그림 37. 데이터 수명 주기 관리 흐름도 예시' 참조.)

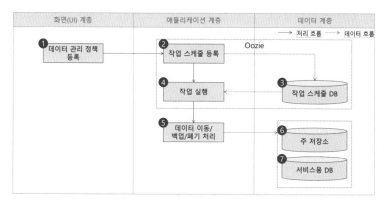

그림 37. 데이터 수명 주기 관리 흐름도 예시

그림 37은 데이터 수명 주기 관리를 위한 흐름을 예시적으로 도식화한 것입니다.

(1) '데이터 관리 정책'을 Data Catalog 서비스의 관리자 화면에서 등록합니다. Data Lake 플랫폼 관리자는 특정 위치에 적재되어 있는 데이터에 대해 언제 어떤 처리를 할 것인지를 등록해야 합니다. 이를테면, '주 저장소'의 '원천 데이터 영역'에 적재되어 있는 데이터 중 수집으로부터 3년이 지난 시점에 폐기 처리하도록 등록합니다.

(2) 이렇게 등록한 정책은 자동으로 Oozie의 작업 스케줄에 등록됩니다. 해당 스케줄은 '작업 스케줄 데이터베이스'에 등록되고, '작업 스케줄러'는 해당 시점이 도래했는지 계속적으로 모니터링합니다.

(3) '작업 스케줄 데이터베이스'는 일정 주기에 따라 수행하는 모든 작업의 일정을 저장하고 보관하며, '작업 관리자'에 해당 일정을 제공하는 역할을 담당합니다.

(4) '작업 관리자'는 등록한 작업 일정이 도래했을 때, 해당 작업을 자동

Data Lake 플랫폼 아키텍처

으로 실행합니다. Oozie는 현재 실행 중인 작업의 부하를 고려하여 신규 작업 수행을 위해 적절한 리소스를 자동으로 배분하고 진행상황을 모니터링합니다.

(5) 작업 일정에 등록된 '데이터 관리 작업'을 수행합니다. 이를테면, 일정 기간이 지난 데이터 혹은 일정 기간 동안 활용되지 않는 데이터를 폐기 처리하고, '장기 보관용 데이터[42]'는 일정 기간 후 별도 공간으로 이동합니다.

(6) '주 저장소'는 원천 데이터 수집 후 서비스 준비를 위해 임시로 보관하는 '준비 데이터 영역', 모든 원본 데이터를 보관하는 '원천 데이터 영역', 사용자 가공 데이터를 보관하는 '가공 데이터 영역', 사용자별/프로젝트별/부서별 작업용 데이터를 보관하는 '작업 데이터 영역'으로 구성됩니다. 각 영역별로 차별화된 '데이터 관리 정책'이 필요하며, 이를 관리자 기능에서 등록해야 합니다.

(7) '서비스용 데이터베이스'는 애플리케이션에 고성능으로 데이터 서비스를 제공하기 위해 별도로 구성한 데이터베이스입니다. '관계형 데이터베이스' 또는 'NoSQL 데이터베이스' 혹은 둘 다 구성할 수 있으며, 역시 각각 별도의 '데이터 관리 정책'을 등록하여 관리해야 합니다.

데이터 보안 관리
다음으로 **'데이터 보안 관리'**는 민감 데이터에 대한 보안 처리를 하도록

---

42) '장기 보관용 데이터'는 정부 규제에 의해 장기간 보관해야 하는 데이터를 의미함. 예를 들어, 전자 제품, 자동차 등의 생산 공정 이력 데이터는 향후 문제 발생 시 원인 추적을 위해 일정 기간(예: 10년) 이상 보관해야 함.

관리하고, 사용자의 플랫폼과 데이터 접근을 관리하는 역할을 수행합니다. 민감 데이터를 식별하기 위한 정책(보안 태그 활용), 식별된 데이터에 대한 처리 정책, 해당 데이터에 대한 사용자의 접근 관리하는 정책을 등록하고, 이 등록된 정책에 따라 자동으로 처리가 이루어지도록 해야 합니다. (다음 '그림 38. 데이터 보안 관리 흐름도 예시' 참조.)

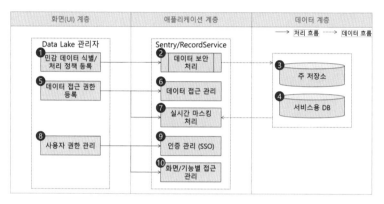

그림 38. 데이터 보안 관리 흐름도 예시

그림 38은 데이터 보안 관리 흐름을 예시적으로 도식화한 것입니다.

(1) Data Lake 플랫폼 관리자는 Data Catalog 서비스의 관리자용 화면에서 민감 데이터를 식별하고 처리하기 위한 정책을 등록해야 합니다. 민감 데이터 유형별 식별을 위한 '보안 태그'를 등록하고, 각 태그별로 보안 처리 방식을 지정합니다. 이를테면, '개인 식별 정보'의 경우 'PII' 태그를 붙이고, '산업 보안 정보'의 경우 '산업 보안' 태그를 붙이며, '사내 민감 정보'의 경우 '사내 민감' 태그를 붙입니다. 각 태그별로 '비식별화' 혹은 '마스킹' 혹은 '암호화' 처리를 하도록 설정하며, 각 보안 처리 유형별 세부 처리

Data Lake 플랫폼 아키텍처

방식도 설정해야 합니다.

(2) '데이터 보안 처리'는 '보안 태그'를 식별하여 태그별 보안 처리 정책에 따라 비식별화/암호화 처리를 수행하는 프로세스입니다. 마스킹의 경우 사용자가 실데이터 요청 시 실시간으로 처리하므로(RecordService 기능 활용), 실제 데이터 저장 시에는 반영되지 않습니다.

(3) '주 저장소'는 '원천 데이터 영역'에 보안 처리되지 않은 '원본 데이터'와 해당 데이터를 보안 처리한 '보안 처리 데이터'를 모두 저장하여 보관해야 합니다. '원본 데이터'는 처리 프로그램 오류 시, 재수행을 위해 필요하며, '보안 처리 데이터'는 사용자에게 서비스를 위해 필요할 것입니다.

(4) '서비스용 데이터베이스'도 민감 데이터에 대한 보안 처리를 하여 보관해야 합니다.

(5) 일부 민감 데이터의 경우, 비식별화/암호화 등의 보안 처리를 수행함에도 접근 가능 사용자를 제한해야 할 필요가 있습니다. Data Lake 플랫폼 관리자는 Data Catalog 서비스의 관리자용 화면에서 '보안 태그'별로 접근 가능 사용자(혹은 부서)를 지정하도록 합니다. 테이블, 컬럼, 파일, 필드, 토픽(Topic) 등의 '데이터 객체'에 접근 가능한 사용자를 지정할 수 있으며, 테이블의 경우 '레코드(Record)' 단위로도 지정할 수 있습니다(RecordService 기능). 예를 들어, 특정 테이블의 2020년에 생성된 데이터에 대한 접근을 제한할 수도 있을 것입니다.

(6) '데이터 접근 관리'는 설정한 데이터 접근 권한에 따라, 사용자의 데이터 접근 요청 시 이를 제한하는 기능입니다. Sentry, RecordService는 이러한 사용자의 권한에 따른 접근을 제한할 수 있도록 기능을 제공합니다.

(7) '실시간 마스킹 처리'는 사용자가 실데이터 조회 요청 시, 실시간으로 마스킹 처리하여 제공하는 기능입니다. 이로 인해 '마스킹' 처리 필요 데이터의 경우, 실데이터 저장 시에 마스킹 처리하여 보관할 필요가 없을 것입니다.

(8) '사용자 권한 관리'는 사용자가 Data Lake 플랫폼에서 수행할 '시스템 역할(System Role)'을 구분하여 관리하고, 사용자별로 역할을 부여하는 작업입니다. Data Lake 플랫폼의 '시스템 역할'은 '일반 사용자(Citizen 분석가)', '고급 분석가(Data Scientist)', '데이터 Steward', '데이터 오너', '시스템 관리자' 등이 있으며, 각 역할에 따라 사용 가능한 화면 및 기능을 설정해야 합니다. 또한 사용자별로 이들 역할을 부여함으로써, 해당 역할에 부여된 권한에 따라 시스템을 이용할 수 있도록 합니다.

(9) '인증 관리(Single Sign-On: SSO)'는 사용자의 회사 내부의 조직, 부서, 사용자 정보를 가지고 있는 LDAP(Lightweight Directory Access Protocol)과 연동하여 인증을 처리하는 작업입니다. 전사 통합 SSO에 로그인한 후에는 별도로 Data Lake 플랫폼에 로그인할 필요가 없도록 해 주며, 사용자 정보도 별도로 관리할 필요 없이 전사에서 관리하는 사용자 정보를 활용할 수 있도록 해 줍니다.

(10) '화면/기능별 접근 관리'는 사용자의 '시스템 역할'이 보유한 권한에 따른 화면과 기능에만 접근할 수 있도록 관리하는 작업입니다. 이 역시 Sentry, RecordService에서 내부적으로 처리하는 기능입니다.

데이터 품질 관리

마지막으로 '**데이터 품질 관리**'는 '데이터 프로파일링' 정보를 기반으로 데이터 정합성 문제를 식별할 수 있는 규칙(Rule)을 등록하고, 규칙 위반 건 발견 시 해당 '데이터 객체'를 담당하는 '데이터 Steward'에게 즉시 알려주어 조치하도록 관리하는 프로세스입니다. (다음 '그림 39. 데이터 품질 관리 흐름도 예시' 참조.)

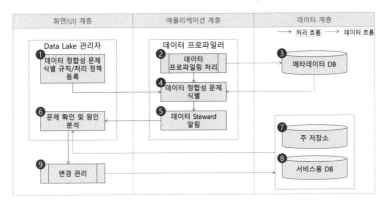

그림 39. 데이터 품질 관리 흐름도 예시

그림 39는 데이터 품질 관리 흐름을 예시적으로 도식화한 것입니다.

(1) '데이터 Steward' 혹은 'Data Lake 관리자'는 데이터 정합성 문제를 식별하는 규칙(Rule)을 등록하고, 규칙에 따른 문제 식별 후 알림 메시지를 전송 받을 담당자를 지정합니다. 규칙은 '데이터 프로파일링' 결과를 기반으로 등록하며, 대상 '데이터 객체'를 지정할 수 있습니다. 예를 들어, '날짜(Date)' 형식의 컬럼의 데이터 포맷이 'YYYY-MM-DD'가 아닌 데이터를 식별하도록 등록합니다. 알림 메시지를 받을 담당자는 대상 '데이터 객체'를 담당하는 '데이터 Steward'가 될 것입니다.

(2) '데이터 프로파일러'는 원천 데이터 수집 후 '데이터 프로파일링'을

수행하여 데이터 유형/포맷/값에 대한 통계를 생성합니다.

(3) '데이터 프로파일링' 결과는 '메타데이터 데이터베이스'에 적재합니다.

(4) '데이터 프로파일링' 결과를 바탕으로, 등록된 식별 규칙에 따라 데이터 정합성 문제를 식별합니다.

(5) 데이터 정합성 문제 식별 시, 해당 '데이터 객체'의 담당자인 '데이터 Steward' 등에게 알려야 합니다. 일반적으로 '사내 커뮤니케이션 플랫폼'을 활용하여 알림 메시지를 전송합니다.

(6) '데이터 Steward'는 '사내 커뮤니케이션 플랫폼'에서 알림 메시지를 확인 후, Data Catalog 서비스에 접속하여 문제를 확인하고 원인을 분석합니다. 원인 분석을 위해 '데이터 프로파일링' 결과를 확인하고, 세부 로그를 분석합니다.

(7) '주 저장소'의 '원천 데이터 영역'과 '가공 데이터 영역'이 데이터 정합성 관리의 대상이며(사용자 서비스 대상이므로), '가공 데이터 영역'의 경우, 해당 '데이터 객체'를 배포한 사용자가 '데이터 Steward'의 역할을 수행해야 합니다.

(8) '서비스용 데이터베이스' 역시 데이터 정합성 관리의 대상이며, '가공 데이터 영역'과 마찬가지로 해당 '데이터 객체'를 배포한 사용자가 '데이터 Steward'의 역할을 수행합니다.

(9) 원인 분석 결과, 처리 프로그램 반영, 데이터 정제 등의 조치를 위한 '변경 관리' 프로세스를 진행합니다. 원천 시스템의 오류, 데이터 수집 프로그램 오류, 데이터 처리 프로그램 오류 등 원인에 따라 해당 프로그램을 수정하고, '원천 데이터 영역'의 원본 데이터를 바탕으로 재처리해야

합니다. 기존 오류 데이터는 상황에 따라 폐기하거나 정제 처리해야 합니다. '변경 관리' 프로세스는 변경 영향도 분석 후 변경 작업 계획을 수립하고, 부서장의 승인, Data Lake 플랫폼 관리자의 승인을 득한 후 변경을 실행하는 절차로 진행합니다. 이러한 '변경 관리'는 IT 부서에서 이미 사용 중인 프로세스를 준용하여 적용할 수 있습니다.

맺음말

　지금까지 설명한 'Data Lake 플랫폼 아키텍처'는 저의 경험과 지식을 바탕으로 예시적으로 구성한 것입니다. 각 기업에서는 이를 참고하여 여러 가지 대안을 검토하여 신중하게 의사결정해야 합니다. **Data Lake 플랫폼은 '기술 성숙도'의 관점으로 보았을 때, 이제 태동기를 거쳐 성장기에 진입하고 있는 단계로**, 여러 가지 다양한 시도가 이루어지고 있습니다. 그런 만큼 다양한 기술적 대안이 존재하고, 이를 면밀히 검토해야 합니다.

빅데이터 "플랫폼"의 개념 적용

　최근 빅데이터 관련 기술은 눈부신 발전을 거듭하고 있고, 모두 파악하기 불가능할 만큼 다양한 솔루션이 쏟아져 나오고 있습니다. 기존의 기술도 지속적으로 새로운 기능을 탑재하고 기존의 단점을 보완하고 있습니다. 하지만 대부분의 사람들은 'AI(Artificial Intelligence)', '기계 학습(Machine Learning)'과 같은 **최신의 '데이터 분석 기술'에 지나치게 관심이 집중**되고 있는 것이 사실입니다. 물론, 이러한 데이터를 활용하는 방법과 관련된 기술에 관심을 가지는 것은 일면으로 당연하고 바람직합니다. 이러한 기술은 업무에 적용하여 곧바로 성과를 낼 수 있는, 눈에 보이는 가시적인 부분이기 때문입니다.

　하지만 '데이터 분석 기술'을 가능하게 해 주는, **눈에 보이지 않는 Back-**

End의 구조의 완성도를 높일 수 없다면, 이러한 '데이터 분석 기술'의 적용 속도는 오히려 감소할 수 있습니다. 새로운 분석 기술을 적용하기 위해, 내부의 구조를 변경해야 한다면, 추가적인 개발 기간이 소요됩니다. 또한 특정 전문가만 이러한 도구를 활용할 수 있고, 특정 담당자만 결과 데이터를 조회하고 활용할 수 있다면, 성공적인 분석 과정과 결과물의 사내 전파가 더디게 이루어질 것입니다.

이러한 문제점을 해결하기 위해서 **빅데이터 시스템은 견고한 "플랫폼"의 형태로 구성**되어야 합니다. "플랫폼"이란 특정 목적을 위한 단위 애플리케이션이 아닌, 다양한 업무를 자율적 혹은 자동화하여 수용할 수 있는 기반 구조를 의미합니다. 즉 '빅데이터 플랫폼'의 형태로 구성하여 어떤 다양한 목적을 가진 도구 혹은 애플리케이션도 손쉽게 수용할 수 있는 구조를 갖추어야 합니다. 또한 특정 전문가만 이용하는 것이 아닌, 전사의 모든 사용자들이 자신의 역량과 스킬에 맞게 이용할 수 있도록 구성되어야 합니다. 그리고 이들 다양한 사용자 그룹 간의 원활한 협업을 통해 빅데이터의 '자산화(Assetization)'가 이루어지도록 해야 합니다.

'Data Lake 플랫폼'은 이러한 '빅데이터 플랫폼'을 현실화할 수 있는 요소들을 가지고 있습니다. 'Data Lake 플랫폼'은 단순히 빅데이터를 저장하는 저장소가 아니며, 또한 Data Scientist의 분석 알고리즘 개발을 지원하는 도구도 아닙니다. 전사의 모든 원천 데이터를 수집하고, 보관하고, 처리하고, 활용하고, 관리할 수 있는 구성요소를 모두 갖추고 있고, 어떤 데이터 전처리/분석 도구도 Data Lake 플랫폼의 데이터를 손쉽게 활용할 수 있도록 합니다. 또한 전사의 모든 사용자는 자신의 역량과 보유 스킬에 따라 필요한 도구를 선택하여 사용할 수 있으며, 데이터를 기반으로 한 협업도 원활하게 수행할 수 있습니다. 그리고 수집한 Raw Data를 자산화 (다양한 메타데이터 추가)하여 모든 사용자에게 공유하고, 필요한 데이터를 빠른 시간에 찾아 자신이 선호하는 도구를 활용하여 추가 작업을 수행할 수 있습니다. 이 모든 'Data Lake 플랫폼'의 기능은 많은 사용자들이 자신의 역할에 맞게 이용할수록 더욱 더 그 가치가 커지고, 진정한 회사의 '전략적 무기'로 이용될 수 있을 것입니다.

Cloud 기반으로의 구현

일부 IT 업계의 전문가는 이제는 모든 IT 시스템은 Cloud 기반으로 구현하는 것을 우선적으로 고려해야 한다고 주장합니다. 실제로 2025년까지 정부의 모든 IT 시스템은 Cloud 기반으로 이관(Migration)한다고 합니다.[43] Cloud 기술은 분명 많은 장점을 가지고 있고, 많은 기업들이 DT(Digital Transformation)라는 이름의 Cloud 이관 프로젝트를 진행하고 있습니다.

'Data Lake 플랫폼'의 경우도 예외가 아닙니다. AWS 혹은 Azure 등 Cloud 서비스 벤더는 Public Cloud 기반의 Data Lake 솔루션을 제공하고 있고, Cloudera와 같은 하둡 솔루션 벤더도 Private Cloud 기반의 하둡 빅데이터 플랫폼 솔루션을 출시했습니다. 또한 Data Catalog 솔루션 벤더(Alation 등)도 Cloud 기반의 솔루션을 최근에 출시한 상황입니다.[44] 이제

---

43) https://zdnet.co.kr/view/?no=20201203172435
44) https://www.alation.com/product/cloud-service/

는 Cloud 기반의 'Data Lake 플랫폼'을 구현하는 것이 당연한 일이고 반드시 해야 하는 것처럼 인식하고 있는 것 같습니다.

하지만 이렇게 **Cloud 기반의 'Data Lake 플랫폼'을 기본으로 하여, 여러 Cloud 벤더의 솔루션을 조합하여 구현하는 방법은 제한적으로 활용**해야 합니다. Cloud 기반의 구현은 분명 구현 비용과 기간 측면에서 유리하고, 이용한 만큼 요금을 지불하므로 합리적인 방식입니다. 또한 운영의 부담도 낮아 최소의 비용과 인력으로 운영이 가능하다는 장점이 있습니다. 하지만, 상용 제품을 그대로 활용해야 하는 점, 그리고 해당 벤더에 의존 및 종속(Lock-In)되어, 향후에 서비스에 불만이 생기더라도 쉽게 다른 벤더로 이동하기 어려운 점, 무엇보다 실시간 처리가 필요한 경우에는 활용하기 어려운 점 등의 단점이 있습니다.

이러한 장/단점을 고려했을 때, Public Cloud 기반의 'Data Lake 플랫폼'을 이용해야 하는 기업은, Data Lake 플랫폼을 구축할 만큼의 충분한 리소스와 역량을 가지고 있지 못한 기업(대체로 규모가 작은 기업), 혹은 데이터의 활용과 분석이 비즈니스에 별로 중요하지 않은 기업으로 필요할 경우에만 제한적으로 Data Lake를 활용하고자 하는 기업 등이 있을 것입니다. 혹은 Data Lake 플랫폼 기획 초기에 일부 데이터와 업무에 시험적으로 적용해 보고자 하는 기업도 이에 해당할 것입니다.

그 외의 기업은 **자사의 비즈니스 상황과 보유한 리소스와 역량을 종합 검토하여 자신들만의 'Data Lake 플랫폼 아키텍처'를 수립**해야 합니다. 즉 Cloud 솔루션 벤더가 제시하는 아키텍처를 각 기업의 'To-Be 아키텍처'로 생각해서는 안 됩니다. 각 기업의 상황에 맞는 자신들만의 고유한 'To-Be 아키텍처'를 설계한 후, 어떤 기술과 솔루션을 이용하여 이를 구현할 수 있을지를 고민해야 합니다. 이 과정에서 아키텍처의 구성요소별 구현 방법 검토 시 On-Premise로 구현하는 것이 좋을지, 아니면 Private Cloud 혹은 Public Cloud로 구현하는 것이 나을지를 검토해야 합니다.

아키텍처 설계의 과정은 앞서 설명한 것처럼 우선적으로 여러 가지 '빅데이터 참조 아키텍처'와 '빅데이터 솔루션 아키텍처'를 충분히 비교 검토하여, 다양한 요소 기술들의 장/단점을 이해해야 합니다. 다음으로, 사내의 여러 구성원들의 요구사항과 의견을 검토하여, 기본 설계 방향이라고 할 수 있는 '아키텍처 설계의 기본 원칙'을 수립하고, Data Lake 플랫폼의 '개념 아키텍처'를 수립합니다. '개념 아키텍처'는 단기와 장기로 구분하여 수립하고, 아키텍처에 대한 주요한 의사결정 사항에 대한 대안을 비교 검토하고 방향을 수립합니다. 다음으로 데이터 수집, 적재, 처리, 거버넌스, 사용자 Self-Service Layer별로 개별 구성요소에 대해 설계하는 절차로 진행해야 합니다.

최신 기술의 도입

아키텍처 설계의 과정에서 주의해야 할 점은 최신의 값비싼 기술을 도입하면 무조건 좋아질 것이라는 생각은 버려야 합니다. 그보다는 전체 아키텍처 구성의 조화와 균형에 초점을 맞추어야 합니다. 예를 들어, AWS의 '객체 저장소(Object Storage)'인 S3의 출시 이후, 많은 업체에서 유사한 성격의 '객체 저장소' 제품을 출시했고, 가격 또한 매우 비쌉니다. '객체 저장소'는 기존의 하둡에서 제공하기 어려운 실시간 동영상 스트리밍 서비스, 다양한 프로토콜 보유로 웹을 통한 직접 서비스가 가능한 점 등 데이터 분석용 외에도 다양한 용도로 활용할 수 있는 장점이 있습니다.

하지만 Data Lake 플랫폼의 기반 기술을 하둡으로 선정하고, 하둡의 에코시스템을 활용하여 전반적인 기능을 구성하는 것으로 결정한 상황에서, '객체 저장소'를 도입해야 할 이유가 있을까요? '객체 저장소'를 도입한다면, '주 저장소'인 HDFS와의 역할을 어떻게 구분해야 할까요? 하둡 에코시스템과 '객체 저장소'와의 연동이 원활하지 않을 경우, '객체 저장소'의 데이터 수집, 처리, 제공을 위해서는 하둡 에코시스템 외 추가 기술을 도입해야 하지 않을까요? 이 경우 전체 아키텍처가 너무 복잡하지 않을까요?

이와 같이 '객체 저장소'의 추가 도입으로 인해 아키텍처 구성상의 여러 가지 의문이 생길 수밖에 없습니다. 특히 비용 효율성의 측면에서 보면 '객체 저장소'의 도입은 결코 정당화될 수 없을 것입니다. 차라리 하둡 에코시스템의 구성을 포기하고, 전체 구성요소를 '객체 저장소'를 중심으로 재구성하는 것이 오히려 현실적인 아키텍처를 구성하는 방법일 것입니다.

따라서 최신 기술 도입을 검토할 경우에는 기술적인 우수성과 완성도뿐만 아니라, 자사의 전체 아키텍처 구성에 부합하는지, 구체적으로 어떤 역할을 수행할 것인지, 기존에 유사한 역할을 담당하는 기술이 있는지, 이를 대체할 수 있는 비교 대상 기술은 무엇인지, 비용 대비 효과는 무엇이 더 우수한지, 운영은 용이한지 등을 면밀하게 검토한 후 도입할지에 대한 의사결정을 수행해야 합니다.

단순한 아키텍처의 추구

어떤 아키텍처가 좋은 아키텍처일까요? 아키텍처 구성 시 가장 중요하게 고려할 사항은 무엇일까요? 저의 지금까지 경험으로 **가장 우수한 아키텍처는 가장 "단순한" 아키텍처**입니다. 여기서 '우수한'이라는 의미는 성능이 우수하다는 것뿐만 아니라, 비용 효율적으로 구축과 운영이 가능하면서, 사용자와 애플리케이션의 데이터 활용 요구사항을 충족시킬 수 있는 것을 포함한 것입니다.

앞서 설명했던 '람다 아키텍처'와 '카파 아키텍처'를 다시 한번 비교하면, '람다 아키텍처'는 현재 분명 많은 기업에서 도입해서 활용하고 있는 검증된 아키텍처이나, '실시간 스트리밍 프로세스'와 '배치 처리 프로세스'가 혼합된 복잡한 구조로 구축과 운영 비용이 많이 소요됩니다. '실시간 스트리밍 프로세스'를 위해서는 '메시지 브로커' 기반의 기술 구조가 필요하고, '배치 처리 프로세스'를 위해서는 하둡 기반의 기술 구조가 필요하여 두 가지 기술 구조를 모두 구축하여 운영해야 하기 때문입니다. 그리고 성능 측면에서도 '배치 처리'가 중심이 되는 구조이므로, 결코 우수하다고 얘기하기 어렵습니다. 또한 사용자와 애플리케이션 서비스 측면에서는 배치 처리 중심의 분석 업무에 유리한 구조이며, 실시간 데이터를 실제 업무에 활용해야 하는 경우 데이터의 정합성 보장이 어려우므로 적용이 용이하지 않습니다.

반면 '카파 아키텍처'는 '실시간 스트리밍 프로세스' 중심의 비교적 단순한 구조로 구축과 운영 비용이 더 적게 소요되고, 성능 측면에서도 실시간 스트리밍 처리가 가능한 구조이므로 더 우월하며, 사용자와 애플리케이션 서비스 측면에서는 실시간 데이터를 정합성을 보장하여 제공할 수 있습니다. 그리고 장기간 데이터 혹은 대용량 데이터 분석 서비스는 별도의 대용량 저장소(Tiered Storage)를 마련하고, '서비스용 데이터베이스'를 구성함으로써 가능할 것입니다.

두 아키텍처의 비교 결과에서 알 수 있듯이, 사실상 **모든 측면에서 '카파 아키텍처'가 '람다 아키텍처'와 비슷하거나 우월함**을 알 수 있습니다. 이러한 우월함은 사실상 **단순한 구조로부터 기인**합니다. 구조가 단순하므로, 구축과 운영이 용이하고, 성능을 개선하기도 용이하며, 데이터 정합성 보장도 용이합니다.

하지만 실제로 Data Lake의 참조 아키텍처로 많이 활용되는 것은 '카파 아키텍처'가 아닌 '람다 아키텍처'입니다. 그 이유는 첫 번째로, Data Lake 는 대부분의 경우, Data Scientist에게 분석용 데이터를 제공하거나, '데이터 웨어하우스'의 'ETL 부하경감'용으로 많이 활용되고 있기 때문입니다. Data Scientist는 대개는 대용량/장기간 데이터의 분석을 요구하는 경우가 많고, 이러한 요구사항은 배치 처리로도 충분히 충족시킬 수 있습니다. 또한 '데이터 웨어하우스'의 ETL도 배치 처리가 기본이므로, 굳이 실시간 으로 데이터를 추출/변환/적재 처리할 필요가 없습니다. 실시간 스트리 밍 처리는 대개 많은 리소스를 필요로 하고, 처리하기도 까다로우며, 아직 은 배치 처리에 비해 관련 기술의 성숙도가 낮다고 생각하는 경우가 많습 니다. 따라서 IT 관리자는 굳이 실시간으로 처리해야 하는 경우가 아니면 이를 기피하는 경향이 있습니다. 배치 처리만으로도 충분한데 굳이 왜 비 용과 리스크를 감수하면서 실시간 처리를 해야 하느냐고 반문하는 IT 담 당자들을 자주 목격합니다.

두 번째로, 대부분의 사람들은 기능과 기술요소가 많을수록 우수한 아키텍처로 인식하는 경향이 있습니다. 즉 '람다 아키텍처'는 실시간과 배치를 처리하는 기능과 기술요소가 모두 존재하나, '카파 아키텍처'는 실시간을 처리하는 기능과 기술요소만 존재하므로, '람다 아키텍처'가 더 많은 다양한 기능을 처리할 수 있는 완성도가 높은 아키텍처로 인식한다는 것입니다. 이는 각 아키텍처의 특성을 정확하게 파악하지 못하고, 피상적으로 판단한 사실상 잘못된 판단입니다. 하지만 이렇게 의사결정 할 수밖에 없는 이유는 경영진이나 의사결정권자들과 커뮤니케이션 시 '카파 아키텍처'보다는 '람다 아키텍처'로 설득하는 것이 훨씬 용이한 측면이 있기 때문입니다. 의사결정권자들은 대부분 기술적인 이해도가 낮아 아키텍처의 특성을 정확하게 이해하기 어려우므로, IT 담당자는 피상적으로 설명할 수밖에 없고, 기능이나 기술요소를 더 많이 가지고 있어 더 다양하게 활용하기 용이하다는 '람다 아키텍처'를 강조하는 것이 훨씬 대화하기 수월할 것입니다.

하지만 IT 담당자는 단순한 아키텍처의 추구를 기본 원칙으로 하여, 아키텍처에 대한 깊이 있는 논의를 하도록 유도해야 합니다. 피상적인 보고를 통해서만 의사결정한다면 또다시 실수를 반복할 수밖에 없습니다. 경영진은 이런 구체적인 기술적인 내용은 알 필요가 없다는 생각을 버리고, 더 적극적으로 알려고 노력하고, 아키텍트(설계자)와 대화하려고 시도해야 합니다. 그래야만 경영진이 진정으로 추구하고자 하는 'AI 기반의 엔터프라이즈'를 구현할 수 있는 기반을 마련할 수 있기 때문입니다.

참고자료

윤선웅.《차세대 빅데이터 플랫폼 Data Lake》. 좋은땅. 2021

윤선웅.《Data Catalog 만들기》. 좋은땅. 2021

Alex Gorelik. *Enterprise Big Data Lake*. O'Reilly. 2019

Amazon Web Service. *Data Lake on AWS*. https://aws.amazon.com/ko/solutions/implementations/data-lake-solution/. 2019

Amazon Web Service. *Data Lake Solution: AWS Implementation Guide*. https://docs.aws.amazon.com/solutions/latest/data-lake-solution/welcome.html. 2019

Apache Hadoop. *WebHDFS REST API*. https://hadoop.apache.org/docs/stable/hadoop-project-dist/hadoop-hdfs/WebHDFS.html. 2021

Apache Confluence. *LLAP*. https://cwiki.apache.org/confluence/display/Hive/LLAP. 2017

Cloudera. *Apache Hadoop 에코시스템*. https://kr.cloudera.com/products/opensource/apache-hadoop.html. 2021

Cloudera. *Cloudera Introduces RecordService, Unified Role-Based Policy Enforcement for the Apache Hadoop Ecosystem*. https://www.cloudera.com/about/news-and-blogs/press-releases/2015-09-28-cloudera-introduces-recordservice-for-the-apache-hadoop-ecosystem.html. 2015

Cloudera. *CDP Private Cloud*. https://www.cloudera.com/products/cloudera-data-platform/cdp-private-cloud.html. 2021

Cloudera. *Components of the Impala Server*. https://docs.cloudera.com/documentation/enterprise/6/6.3/topics/impala_components.html#intro_components. 2021

Confluent. *Change Data Capture Pipelines with Debezium and Kafka Streams.* https://www.confluent.io/resources/kafka-summit-2020/change-data-capture-pipelines-with-debezium-and-kafka-streams/?utm_medium=sem&utm_source=google&utm_campaign=ch.sem_br.nonbrand_tp.prs_tgt.dsa_mt.dsa_rgn.apac_lng.eng_dv.all_con.resources&utm_term=&creative=&device=c&placement=&gclid=Cj0KCQjwsqmEBhDiARIsANV8H3b-MPdMsjfhf0mFNHUQ9hP9z0W6isNJJblixkGAGTzugauy5qvMuhlwaAksX-EALw_wcB. 2020

Debezium. *Debezium Architecture.* https://debezium.io/documentation/reference/architecture.html. 2021

James Dixon. *Pentaho, Hadoop, and Data Lakes.* https://jamesdixon.wordpress.com/2010/10/14/pentaho-hadoop-and-data-lakes/. 2010

Jay Kreps. *Questioning the Lambda Architecture.* https://www.oreilly.com/radar/questioning-the-lambda-architecture/. 2014

Microsoft Azure. *빅데이터 아키텍처.* https://docs.microsoft.com/ko-kr/azure/architecture/data-guide/big-data/. 2018

Microsoft Azure. *Data Lake.* https://azure.microsoft.com/ko-kr/solutions/data-lake/. 2021

Microsoft Azure. *제품 설명서.* https://docs.microsoft.com/ko-kr/azure/. 2021

Nathan Marz. *How to beat the CAP theorem.* http://nathanmarz.com/blog/how-to-beat-the-cap-theorem.html. 2011

Nathan Marz; James Warren. *Big Data: Principles and best practices of scalable realtime data systems.* Manning Publications. 2013

Pulsar. *CDC connector.* https://pulsar.apache.org/docs/en/io-cdc/. 2021

Wikipedia. *Data Lake.* 2021

Wikipedia. *Lambda architecture.* 2021